Anton Heinrich Emil von Oven

Das erste städtische Theater zu Frankfurt a. M.

Anton Heinrich Emil von Oven

Das erste städtische Theater zu Frankfurt a. M.

ISBN/EAN: 9783743665194

Hergestellt in Europa, USA, Kanada, Australien, Japan

Cover: Foto ©ninafisch / pixelio.de

Weitere Bücher finden Sie auf **www.hansebooks.com**

DAS

ERSTE STÄDTISCHE THEATER

zu

FRANKFURT A. M.

EIN BEITRAG

ZUR ÄUSSEREN GESCHICHTE DES FRANKFURTER THEATERS.

1751—1872.

NACH DEN ACTEN BEARBEITET

VON

D^R. A. H. E. von OVEN,
SENATOR.

MIT EINER ANSICHT DES JUNGHOFS UND DES DORTIGEN THEATERSAALS.

FRANKFURT AM MAIN.
SELBSTVERLAG DES VEREINS.
1872.

Vorwort.

Unter allen Projecten, welche zur äusseren Entwicklung unserer Vaterstadt von der lebhaften Unternehmungslust der Jahre 1863 bis 1865 angeregt, aber durch die Ereignisse des darauf folgenden Jahres zurückgedrängt worden waren, hat keines bei der später wieder erwachten Bauthätigkeit so lebhaften Anklang im gesammten Publicum und so thatkräftige Unterstützung gefunden, als der Vorschlag eines Theater-Neubaues. Kaum hatte der Jahresbericht des Magistrats vom 14. December 1869 die öffentliche Aufmerksamkeit auf ein solches Unternehmen, als in hervorragendem öffentlichen Interesse gelegen, hingelenkt, als in kürzester Frist durch den Zusammentritt patriotischer Männer ein freiwilliger Beitrag von fl. 480,000, unter Verzicht der Geber auf Verzinsung und Rückersatz, zum Zweck der Erbauung eines neuen den modernen Anforderungen genügenden Theaters aufgebracht und der Stadt zur Verfügung gestellt wurde; schon am 5. April 1870 war der Magistrat in der Lage, der Stadtverordneten-Versammlung eingehende Vorlage in dieser Richtung zu machen und von letzterer wurde nicht gesäumt, auf den Antrag eines Theater-Neubaues auf den gegebenen Grundlagen einzugehen. So sieht die Stadt der Entstehung eines grossartigen Bühnenhauses entgegen, und so sehr der Werth des jetzigen, für die Bedürfnisse der zahlreicheren Bevölkerung nicht mehr ausreichenden Theatergebäudes in mancher Beziehung geschätzt und dessen Erhaltung neben dem grösseren neuen Opernhause als Schauspielhaus von einer oder der andern Seite befürwortet wird; so sehr können doch Gründe der zweckmässigen Abrundung der Umgebung, der Herstellung eines grossartigen Strassenplans, der bequemeren Zugänglichkeit, vielleicht auch finanzieller Erwägung sich vorwiegend gegen die Beibehaltung des alten Theaters und gegen den Fortbestand des jetzigen Gebäudes geltend machen. Ein seit bald 100 Jahren stehendes, Vielen liebgewordenes, für Frankfurts Culturgeschichte bedeutungsvolles Gebäude würde in diesem Falle verschwinden; ein Bau und ein Institut würden fallen, die in ihrer Entstehung und in ihrem Fortbestande vielfach die öffentliche Meinung nicht ohne leidenschaftliche Erörterung beschäftigt und schon öfter den Stoff zu den eingehendsten, alle Kreise der Bürgerschaft erfassenden Discussionen gegeben hatten. Sollte aber auch das jetzige Haus erhalten bleiben, — einen höchst wichtigen Abschnitt in der äusseren Geschichte des Frankfurter Theaters bildet jedenfalls das neue Unternehmen; eine andere Aera des Frankfurter Bühnenlebens wird sich von dessen Ausführung datiren.

Nahe liegt es nun bei einem so natürlichen Abschnitt in der Entwicklung einer im modernen Culturleben so wichtigen Anstalt, wie die Bühne unleugbar geworden ist, einen Rückblick zu werfen auf die Entstehung und Entfaltung des ersten ständigen Theaters zu Frankfurt am Main. Von höherem Interesse wird es sein, eine geschichtliche Uebersicht über die Verhandlungen zu gewinnen, welche zur Erbauung einer ständigen Schaubühne am Ende des vorigen Jahrhunderts geführt hatten, und über die Schicksale, welche dieselbe bis in unsere Tage gehabt hat.

Der Verfasser dieses Abrisses, durch die Theaterkrisis der Jahre 1854—55 zu einem eingehenderen Studium der einschlägigen Verhandlungen amtlich veranlasst, hatte schon früher die Materialien zu einer solchen Uebersicht aus den reichen Acten des Archivs über den Theaterbau gesammelt und die Absicht gehabt, diese Materialien zu einer Mittheilung im Kreise des Vereins vorzubereiten. Eine Behandlung der Theaterbau-Geschichte, welche, ganz unabhängig von seiner Arbeit, bald darauf in einem hiesigen öffentlichen Blatte durch befreundete Hand gegeben wurde, musste die Zurücklegung der Arbeit damals veranlassen. Gern entspricht der Verfasser aber der Aufforderung des Vorstands des Vereins, diese Arbeit einer erneuten Prüfung, Umarbeitung und Vervollständigung zu unterziehen und sie in erweiterter, bis zur Neuzeit fortgeführter Darstellung nunmehr den Mitgliedern des Vereins als ein Neujahrsblatt darzubieten. Möge dieser Versuch, welcher einfach und historisch getreu die Verhandlungen schildern will, wie sie die Acten und gleichzeitigen Quellen geben, eine freundliche Aufnahme finden; wird er ja doch Manchem unserer Mitbürger Erinnerungen aus seiner Jugendzeit und an Persönlichkeiten wachrufen können, die auch in den späteren Generationen noch Wiederklang gefunden haben! Selbstverständlich vermag diese Skizze nur die äussere Geschichte des Theaters zu behandeln; die Archivalacten geben keine andere und nur hier und da treten Vorkommnisse hervor, welche einen flüchtigen Blick auf die Bühnenleitung werfen lassen. Die innere Geschichte der hiesigen Bühne würde aus den Acten der Theaterverwaltung, den Protokollen des engeren Ausschusses, der Correspondenz etc. zu entnehmen sein und gewiss, soweit Material dazu dort noch vorhanden ist, interessanten Stoff für die deutsche Bühnengeschichte bieten, wie sich schon aus den noch in Frankfurts älterer Generation lebenden Traditionen und einzelnen literarischen Beiträgen, sowie der hiesigen älteren Tageslitteratur schliessen lässt. Allein zu ihrer Behandlung gehört mehr Musse und mehr Raum, als für die nachfolgenden Blätter aufgewendet werden konnte.

Durch das freundliche Entgegenkommen des um die Topographie Frankfurts durch seine werthvollen Aufnahmen historisch und künstlerisch interessanter Bauten hochverdienten Herrn Carl Theodor Reiffenstein wurde es ermöglicht, diesem Hefte eine Abbildung des alten Junghofs, sowie das Innere des dortigen Theatersaals, welches derselbe vor deren Abbruch gezeichnet hatte, beizugeben, wofür demselben der Unterzeichnete dankbar verpflichtet ist.

Frankfurt a. M., 1. Mai 1872.

Dr. von Oven.

Inhalt.

	Seite
Vorwort	V

Erster Abschnitt. Vorgeschichte.
   I. Einleitung 1

Zweiter Abschnitt. Erste Versuche zur Herstellung eines ständigen Schauspielhauses.
   II. Theater im Junghof. Städtisches Project. 1750—1767 9

Dritter Abschnitt. Vorverhandlungen wegen des Baues eines Comödienhauses von Seiten der Stadt.
   III. Erste Periode. 1767—1770 12
   IV. Weitere Vorverhandlungen. Zweite Periode. 1774—1776 16
   V. Vorverhandlungen. Einsprachen der Geistlichkeit. 1774—1776 18
   VI. Verhandlungen vor dem Reichshofrath. 1776—1778 19

Vierter Abschnitt. Bau-Ausführung.
   VII. Vorbereitung zur Bauausführung 1778—1780 22
   VIII. Die Ausführung des Baues. 1780 Juni bis 1782 September 24

Fünfter Abschnitt. Eröffnung des Hauses und Ueberlassung an Unternehmer.
   IX. Verpachtung des neuen Hauses an Hofrath Tabor. 1782—1792 29

Sechster Abschnitt. Das Frankfurter Nationaltheater.
   X. Das Frankfurter Nationaltheater der ersten Actiengesellschaft. (1. Concessionsvertrag). 1792—1802 . . 34
   XI. Erneuerung des ersten Actienverbandes und des Vertrags mit der Stadt (2. Vertrag). 1802—1810 . . 42
   XII. Fortsetzung des Actienverbandes und 3. Concessionsvertrag. 1810—1822 45
   XIII. Projecte zu einem Umbau. Prolongation des Concessionsvertrags. 1820—1825 48
   XIV. Erneuerter Actienvertrag. Anbau an das Theatergebäude (4. Concessionsvertrag). 1826—1841 51

Sechster Abschnitt. Frankfurter Stadttheater geleitet von Unternehmern.
   XV. Auflösung des ersten Actienverbandes. Uebertragung des Theaters an die Herren Guhr, Malss und Meck als Unternehmer. Frankfurter Stadttheater (5. Concessionsvertrag). 1842—1848 . 56
   XVI. Bauliche Herstellungen im Theatergebäude. 1842—1848 60
   XVII. Krisis des Theaters. Ankauf der Decorationen durch die Stadt. Neuer (6.) Vertrag. Wechsel der Unternehmer. 1848—1852 62
   XVIII. Ueberlassung des Theaters an Herrn J. Hoffmann als alleinigen Unternehmer. Subvention. 1853—1854 66
   XIX. Verhandlungen über Neubau des Theaters und über Erneuerung der Subvention. Auflösung des Contracts mit Herrn Hoffmann. November 1854 bis 1. Mai 1855 70

Siebenter Abschnitt. Interim. Umbau.
    XX. Das Interim. 1. Mai bis 31. Juli 1855 75
    XXI. Umbau und Herstellung des Theaters im Innern. 1. August bis 31. October 1855 77
    XXII. Ankauf des Theaterinventars. März bis Juli 1855 80
Achter Abschnitt. Theater zu Frankfurt a. M. Die 2. Theater-Actiengesellschaft.
    XXIII. Uebergabe des Theaters an die 2. Theater-Actiengesellschaft. Technischer Director (7. Concessionsvertrag). Juli bis Nov. 1855 82
    XXIV. Erweiterte Subvention. Abänderung des Actienstatuts. Wegfall des technischen Directors. 1855—1861 85
    XXV. Verlängerung der Concession an die neue Actiengesellschaft (8. Concessionsvertrag). 1861—1867 89
    XXVI. Fortsetzung der Concession durch die Actiengesellschaft (9. Concessionsvertrag). 1867—1872 91
Neunter Abschnitt. Pensionsanstalten.
    XXVII. Die Theater-Pensionsanstalt. 1807—1872. Wittwen- und Waisen-Pensionsfonds der Orchestermitglieder. 1854 94
Zehnter Abschnitt. Schluss.
    XXVIII. Uebersicht der Verwaltungsmitglieder des hiesigen Theaters 100
    Verzeichniss der Mitglieder der Theater-Oberdirection, des Theatercomités, des Engeren Ausschusses, der Theater-Actiengesellschaften und der Theaterdirectionen zu Frankfurt a. M. 1782—1872 . 101
Anhang.
    I. Die Theaterzettel der Frankfurter Bühne 103
    Verzeichniss der Daten der ersten Aufführungen der klassischen und der seiner Zeit beliebtesten Stücke (alphabetisch geordnet) 1790—1812 114
    II. Zwei Briefe Friedrich von Schiller's an Dalberg und Rennschüb vom 1. Mai 1784 117
Quellen und Litteratur 119

Das erste städtische Theater zu Frankfurt a. M.

Erster Abschnitt.

Vorgeschichte.

I. Einleitung.

Die Errichtung eines ständigen Schauspiel- und Opernhauses zu Frankfurt a. M. kam aktenmässig zuerst im Jahre 1751, in sehr bescheidener Form, ernstlicher und nachhaltiger aber nicht vor den Jahren 1767 und 1768 in officielle Behandlung und Erörterung. Vor dieser Zeit waren theatralische Darstellungen zwar der Stadt nicht fremd geblieben; allein sie hatten nur bei ausserordentlichen Gelegenheiten Eingang gefunden; eine ständige Schaubühne war, auch nachdem schon die deutsche Schauspielkunst sich der Periode ihrer höheren Entwicklung genähert hatte, vor dem Jahre 1782 in Frankfurt nicht vorhanden gewesen.

Werfen wir einen flüchtigen Blick auf die Art, wie dramatische Darstellungen vor dem letzten Viertheile des achtzehnten Jahrhunderts in Frankfurt dargeboten wurden, so ist es bekannt, dass dahier im Mittelalter und bis zur Reformationszeit jene Darstellungen aus der heiligen Geschichte, wie sie als Mysterien und Passionspiele allbeliebt waren, häufig und mit grosser Betheiligung der Bürgerschaft gegeben worden sind. Wir dürfen uns nur jener lebhaften Beschreibung erinnern, welche die Chronik des Canonicus Job Rohrbach über ein solches Spiel von 1498 enthält und Herr Dr. Steitz in dem Archiv f. Frankfurts Gesch. u. Kunst, N. F. III. Bd. S. 77, eingehend wiedergibt. Auf öffentlicher Schaubühne vor dem Römer wurde am 2. Pfingsttage 1498 (4. Juni) mit Scenen aus dem alten Testamente begonnen (die Anfopferung Abrahams, die Geschichte der Susanna), an welche sich die Parabel des reichen Mannes und armen Lazarus und des verlornen Sohnes anschloss. Diesen einleitenden, die Zuschauer für die Hauptbandlung vorbereitenden Vorspielen folgte dann die Darstellung der Passion in allen ihren Theilen an den drei folgenden Tagen, wobei, wie heute noch in dem Passionsspiel zu Oberammergau, die Kreuzigung selbst durch eine zweistündige Anheftung des Darstellers am Kreuze vor die Augen der Zuschauer gebracht und der Darsteller des Heilands bei der Gefangenuahme durch die Strassen der Stadt geführt ward. Die angesehensten Geistlichen, die Schüler der Stiftsschulen und eine Reihe von Bürgern betheiligten sich an den einzelnen Rollen; die Zahl der Vorsteller belief sich auf 280 Personen. Aehnliche Darstellungen wurden 1456, 1467 und 1468, letztere mit 267 Personen, erwähnt, ferner 1492 sowie 1506, letztere unter Leitung von Joh. Kolmesser und Petrus Seligenstadt, Vicarien an der Liebfrauenkirche, von denen ersterer auch das Spiel von 1498 dirigirt hatte.[1]) Die Bühne war ein, auf der Strasse, wie z. B. Römerberg, Liebfrauenberg oder in einem Hofe der Stiftsschulen unter freiem Himmel errichtetetes erhöhtes Brettergerüste, hatte keine Seitenwände oder Coulissen, höchstens grüne Bäume oder Teppiche zum Schmucke; brauchte man Erhöhungen, so mussten aufgestellte Fässer aushelfen; doch mochte auch öfter die Bühne im Niveau verschiedene Abtheilungen haben und so eine leichtere Vertheilung der Handlung und der Handelnden zulassen. Aehnlich waren die Schulcomödien der Stiftsschulen und später der lateinischen und deutschen Schulen.

Als sich diese grossartigeren Aufführungen mit der Reformation mehr und mehr verloren, fand sich ein Ersatz für sie in den mehr populären und einfacheren Aufführungen, wie sie in Deutschland fast überall von Zünften, Genossenschaften, Schulen etc., und auch in Frankfurt, z. B. von den Schuhmachern und Buchdruckern 1549 auf dem Römerberg durch die Vorstellung der Geschichte des verlornen Sohnes und der zehn Lebensalter, 1572 von den Schuhmachern durch Darstellung des jüngsten Gerichts gegeben wurden.

Waren schon bei jenen ernsten sich an das religiöse Element anschliessenden Spielen scherzhafte Scenen und Episoden, wie z. B. bei den Volksscenen vor Pilatus, den Wachen am Grabe etc., herkömmlich, so entwickelte sich bald mehr der Sinn für Possenspiele und den Hanswurst. Schauspielerbanden kamen auf, und wurden hier öfter in den Messen zugelassen. Zwar waren im Laufe des 16. Jahrhunderts die Fastnachtsspiele, weltlichen Comödien und Tragödien, neben geistlichen Tragödien und Comödien, wie sie Hans Sachs so zahlreich dichtete und aufführen liess, noch meistens durch die Zünfte, Studenten, Schulen oder freien Vereine aufgeführt worden und ausser den herumziehenden, fahrenden Leuten, Sprachsprechern, Tänzern, die meistens in einzelnen komischen Auftritten und Maskensprüchen sich producirten, waren keine eigentlichen Berufsschauspieler zu finden. In Italien, Frankreich und Spanien, sowie in England waren dagegen schon bedeutende Fortschritte in der Entwicklung eines nationalen Dramas und seiner Darstellung geschehen. Namentlich in England hatten sich Schauspielergesellschaften gebildet, die schon Ende des 16. und Anfangs des 17. Jahrhunderts auch in Deutschland — wahrscheinlich im Verein mit deutschen Possenreissern — Vorstellungen gaben und am Hofe des Herzogs Heinrich Julius von Braunschweig-Lüneburg und des Kurfürsten Joh. Sigismund von Brandenburg, sowie am sächsischen Hofe Aufnahme gefunden hatten. Bereits 1619 traten sie in Frankfurt in der Frühjahrs- und Herbstmesse auf mit Comödien und Tragödien; ebenso 1651 niederländische Schauspieler in Comödien, Tragödien und Pastoralen. 1654 und 1657 bei der Kaiserwahl Leopold I. spielten wieder englische Comödianten hier und zwar im Krachbein (jetzigem König von England in der Fahrgasse). Der Rath legte ihnen eine

---

[1]) Vgl. Kirchner, Gesch. I. S. 564. Ansichten von Frankfurt I. S. 356. Devrient, Gesch. d. deutschen Schauspielkunst I. S. 46. ff. Fichard, Frankfurter Archiv III. 131. Kriegk, Deutsches Bürgerthum S. 435—442.

Abgabe von 50 Thalern an das Hospital auf, und gestattete ihnen ein Eintrittsgeld von 2 Albus an der ersten Thüre, 3 Albus vom hohen Gerüst und 4 Albus vom Theater. Gleichzeitig 1654 und 1657 agiren auch deutsche Comödianten. Später, 1661, hatte Jennike Comicus aus Weissenfels, 1665 der Comödiant Peter Schwarz, 1668 Johann Ernst Hofmann die Erlaubniss erhalten, in den Messen gegen eine namhafte Abgabe an das Hospital hier aufzutreten. Auch der Magister Johann Velthen (Velthem, Veltheim) aus Halle, der Begründer der s. g. »berühmten Schauspielerbande« und des ersten deutschen Hoftheaters am kursächsischen Hofe (kurf. sächs. Hofcomödiant), der neben grossen Spectakelstücken, Molière's und Corneille's Stücke in Uebersetzungen einführte, aber auch die Stegreifdramen und Possen aufbrachte, war 1683 und 1686 zugelassen; der Rath erlaubte ihm am 14. Sept. des letzteren Jahres Vorstellungen auf 8 Tage gegen eine Abgabe an die Armen der drei Häuser (Kasten, Armenhaus und Hospital) und gegen die Bedingung, dass er an Eintrittsgeld nur 10 Kreuzer erhebe und bei guter Zeit (3 Uhr Nachm.) anfange und (um 6 Uhr Abends) aufhöre.[1]

Während für das Schauspiel noch selten fest angestellte Schauspieler an den Höfen Aufnahme gefunden, war seit 1627 auch in Deutschland die alte Oper von Italien her heimisch geworden; mit grossem Pompe, mit brillanten Decorationen, Maschinerien ausgerüstet und von Balleten begleitet, auch zuerst die Frauen auf die Bühnen einführend, war sie allbeliebt geworden und hatte Anlass zur ersten Errichtung ständiger Bühnenhäuser an den Höfen deutscher Fürsten nicht allein, sondern auch in deutschen Städten gegeben. So war in Hamburg 1667—78, in Leipzig 1693, in Nürnberg und Augsburg 1687 ein Opernhaus gebaut worden; in Frankfurt dachte man hieran noch lange nicht. Von nun an gaben die hier auftretenden Comödianten nicht allein Schauspiele und Possen, sondern auch Opern und Singspiele, diese freilich in einfacherer Weise mit Recitativen oder Dialogen, immer aber mit lustigen Vor- oder Nachspielen des Hanswurstes (Pickelhärings, Arlequins). Diesen gesellten sich, im Anschluss an die Stegreifcomödien, die Haupt- und Staatsactionen zu, welche ebenfalls nur in den Hauptteilen der Handlung skizzirt, dem Schauspieler freie Hand in der Improvisation des Dialogs liessen, aber zu einem hohen Grade von Gemeinheit und Rohheit in Sprache und Darstellung führten und eine auffallende Verwilderung der kaum entstandenen Schauspielerbanden zeigten. Zu verwundern war es daher weniger, dass theils in Folge der traurigen Zeiten des 30jährigen Krieges, die zu ernsteren Betrachtungen über sündhaftes Treiben hindrängten, theils in Folge der strengeren theologischen Richtung im Laufe des 17. und Anfang des 18. Jahrhunderts in Frankfurt, wie auch in anderen Städten (Magdeburg, Hamburg, Wien) vielfach von der Geistlichkeit und der frömmeren Bürgerklasse Aergerniss an den theatralischen Productionen genommen und der Rath mehrfach z. B. 1687, 1697 und 1698 zu Verboten derselben oder ihres Besuchs in Nachbarorten, wie Bockenheim, und zur Abweisung von Comödianten durch Vorstellungen des luth. Predigerministeriums bewogen wurde.[2] Doch siegte über solche Bedenken bald wieder die Messfreiheit und der Einfluss der hohen Herrschaften, welche bei Krönungen, Fürstentagen, Kreistagen dieses Vergnügen nicht entbehren wollten, oder der Zwang fremder Truppenführer; so kam es, dass im Laufe des 18. Jahrhunderts

---

[1] Vgl. Vortrag von Prof. Dr. Th. Creizenach in Mittheilungen des Vereins f. Gesch. u. Alterth. in Frkft. III. S. 80—84.

[2] Vgl. K. Chr. Becker, Beiträge zur Kirchengeschichte in Frankfurt a. M. 1842, S. 163.

— 4 —

fast alle bedeutenderen Schauspielerbanden hier fortwährend Zulassung erlangten und das Publikum mit dem Entwicklungsgange der deutschen Bühne vertraut machten. Velthen's Wittwe war schon 1711 zur Krönung Kaiser Carl VI. gleichzeitig mit ihrer Concurrentin, der kursächsisch-königl. polnischen privilegirten Haak'schen Gesellschaft hier, welche letztere einen bedeutenden Gewinn mitnahm und in der folgenden Messe ihre Rivalin so völlig verdrängte, dass sie mit Verlust ihrer Garderobe flüchtig wurde. Später kam Friederike Neuberin 1727, um Staatsactionen, Lustspiele und Masqueren aufzuführen; in der Herbstmesse 1732 »Italienische Operisten, welche auf dem theatro auf dem Rossmarkte Actionen« darstellten; 1736 und 1737 spielten die k. polnisch-hochfürstlich-Braunschweig-Lüneburg'schen und schleswig-holstein'sche Hofcomödianten[1]) zwei Wochen lang (im Mai) in »deutschen Schauspielen«. Der Eintrittspreis war für den 1. Platz 30 kr., für den 2. 20 kr., für den 3. 12 kr. Es war dies die Gesellschaft der Neuber, welche sich diese Privilegien 1727 und 1736 erworben hatte; sie zählte die bedeutendsten Kräfte jener Zeit (Koblhard, G. H. Koch) und hatte damals schon unter Gottsched's Einfluss die Stegreifstücke durch die öffentliche Verbrennung des Hanswurstes (im Okt. 1737 zu Leipzig) zu beseitigen versucht. Sie führte Molière's Stücke, Uebersetzungen franz. Tragiker, die Stücke Gottsched's, Schlegel's, Gellert's, Holberg's etc., selbst die Erstlingsstücke des jungen Lessing von nun an auf, konnte aber Lustspiele als Vor- oder Nachspiele nicht ganz missen. Auch 1742, November, spielte ihre Gesellschaft (sächsische Comödianten) alle Tage um 5 Uhr drei Stunden im Engen Gang auf der Allerheiligengasse (im jetzigen Römischen König B. 3, 4, nen Nr. 67). Im Herbste 1745 zur Wahl und Krönung Franz I. war sie wieder dahier und spielte unter Anderem: »Ein beliebtes Stück aus Molière, der scheinheilige Betrüger Tartuffe; hierauf »Le deuil, Comédie en vers par Hauteroches, und der Todte und der Lebendige, oder der betrogene Pachter. Ein lustiges Stück.

In der Herbstmesse 1739 begannen »die k. preussischen Hofkomödianten auf ihrem Theater auf dem Rossmarkt ihre Actionen« und bemerkten ausdrücklich, dass«, nicht durch Trommelschlag, sondern durch gedruckte Zettel dazu avertieret werde«. Die Anwesenheit Kaiser Carl VII. (1742) hatte französische Schauspieler hierher gezogen.

In der Ostermesse 1749 kündigte die darmstädterische deutsche Schaubühne die Eröffnung ihrer Schauspiele auf dem Rossmarkt in der grossen Hütte, am 8. April um 5 Uhr, an mit »Mahomet«, einem Trauerspiele, wobei vorher »der Luftspringer Herr Mussou verschiedene bewunderungswürdige Exercitien« vorstellen sollte.

In den Messen 1750 und 1751 spielte hier die Gesellschaft von Franz Schuch wieder Stegreifstücke und Ballete, mit denen er grossen Ruhm in Norddeutschland erlangt und für die er ein kgl. Preussisches Generalprivileg sich verschafft hatte. Seine »admirablen Masqueren« waren hier sehr beliebt. Mit ihm war, wie wir später sehen werden, über Errichtung einer städtischen Bühne damals

---

[1]) Die Stadtbibliothek besitzt von ihnen folgende Dedication: »Einem Hoch Edlen und Hochweisen | Magistrat | des heil. Reichs freyen Stadt Frankfurt | am Mayn. | Zu Ehren und schuldigster Dankbarkeit, | wird heute ein deutsches | Schauspiel, genannt: | Die Horatier | oder: | Die vor ihre Vaterstadt treu gesinnten Patrioten, | Nebst einem neu dazu verfertigtem Vorspiele, | genannt: | Die Herbst-Freude, | zugeeignet und vorgestellt | von den | Königl. Pohln. churfürstl. Sächsischen | Ingleichen | Hoch-Fürstl. Braunschweig-Lüneb. Wolffenb. | nunmehr auch | Hoch-Fürstl. Schleswig-Holsteinischen | Hof Komödianten | Freitags den 2. November 1736.

verhandelt worden.¹) — Auch die »Churbayerschen, wirklich decretirten Hofacteurs« kündigten in der Herbstmesse 1775 Vorstellungen, unter Anderen Seneca, ein Trauerspiel, an.

Dass während der französischen Occupation (2. Jan. 1759 bis 29. Dez. 1762) eine französische Truppe lange Zeit hier spielte, weiss Jedermann aus Göthe's Wahrheit und Dichtung, 3. Buch. Eine Anzeige im Nachrichtsblatt besagt: »Den 3. Mai 1759 wird auf dem französischen Theater im Junghof eine italienische in 3 Aufzügen bestehende Oper: Der Spieler, mit vortrefflicher Musik aufgeführt, den Schluss macht ein Feuerwerk von Herrn Moretti.

Bei der Krönung Joseph II. (März und April 1764), welche Göthe beschrieben hat, spielten französische Comödianten unter Barizon im Junghof, italienische Operisten unter Franz Maggiore in der kleinen Allee, und deutsche Schauspieler unter Joh. Ludw. Ludwig. Das Jahr 1766 brachte den am kais. Hof in Wien damals sehr beliebten Joh. Felix Kurz (auch v. Kurz), von einem seiner Lieblingscharaktere Bernardon genannt, mit seiner Gesellschaft hierher; vorzugsweise waren Burlesken, (Stegreifspiele mit Gesang und Ballet)²) und Zaubercomödien, die er selbst in zahlloser Menge entwarf, die Stücke, die er vorführte, obwohl er auch hier und da ernstere Vorstellungen gab. Seine am meisten beliebten Farcen waren: »Die getreue Prinzessin Pumphia und Hans Wurst, der tyrannische Tartar Kulikon«, der »Ruchlose Juan del Sole«, ferner: »Bernardon, der aus einem Schmeltztiegel entsprungene flüchtige mercurialische Geist nebst einem Poetischen Prologuen genannt: Der kreuzweis mit Fesseln belegte Cupido, oder der Streit zwischen denen Göttern und Göttinnen über den unschuldig verklagten Bernardon-Mercurium«, worin Kurtz als Amor, Venus, Jupiter, Merkur, altes Weib, Paviau, Tanzbär und Pandur erschien und französische und italienische Arien sang, n. s. w. Ein beliebtes historisches Stück war: »Cleveland, oder Cromwell der tyrannische Heuchler und Verleugner seines eigenen Geblüts«. — Fast gleichzeitig, 1765, kamen durch Sebastianis Gesellschaft zuerst Operetten hierher, die von der Koch'schen Truppe in Leipzig damals in Aufnahme gebracht, bald durch Weisse die moderne dramatische und komische Oper anbahnten und ausbildeten.

Das deutsche Theater nahte sich inzwischen seiner gänzlichen Umbildung. Die an den Höfen und in grösseren Städten schon im Laufe dieses Jahrhunderts erbauten Opernhäuser wurden nach und nach auch dem Schauspiele gewidmet. Die bedeutende Einwirkung, welche Lessing in Hamburg durch seine Dramaturgie und seine Mitwirkung als Consulent und Dramaturg auf die Schauspieler sich erwarb, brachte das erste auf Actien durch eine Anzahl wohlhabender Kaufleute in Hamburg gegründete «deutsche Nationaltheater« (1767—69) unter Ackermann und Seyler, später Schröder zu hoher Bedeutung. Lessing's Miss Sarah Sampson und Minna von Barnhelm (28. September 1767) machten Epoche; ein tüchtiger Schauspielerstamm wuchs aus dieser Hamburger Schule hervor. Auch in Leipzig war 1766 ein neues Schauspielhaus entstanden, das Oeser mit Malereien und Decorationen

---

¹) Von Schuch findet sich auf der Stadtbibliothek auf 4 Blättern in 4°. »Der Sieg der Schauspielkunst. | Ein Vorspiel, | welches Einer | hochgebietenden Obrigkeit der | Kays. Freyen Reichs- Wahl- und | Handelsstadt ; Frankfurt a. M. | zu Ehren und schuldigster Dankbarkeit | für die bisher gnädigst ertheilte Erlaubniss | von der | Schuchischen Gesellschaft | zugeeignet und vorgestellt wardt | den 16. April 1750«. Ebenso auf Blättern in 4°: »Das danckbare Schuchische | Schauspiel. Ein Poetischer | PROLOGUS | von sieben Personen. | MDCCLI«.

²) Der später als Principal der Ackermann'schen Truppe so berühmt gewordene F. L. Schröder war damals als Balletmeister und Groteskttänzer der Truppe in Frankfurt aufgetreten.

versehen, und die Koch'sche Gesellschaft mit den Stücken von Cronegk, El. Schlegel und den Opern Weisse's, Ad. Hiller's belebte. In Wien ward unter Maria Theresia das Burgtheater schon 1753 eine deutsche Bühne und 1776 von Joseph II. zu einem deutschen **Nationaltheater** unter kaiserlicher Garantie erklärt, auch das Kärnthnerthortheater dem lediglich französischen Repertoir entzogen — ein Beispiel, das in Brünn und Gratz Nachahmung fand. In Gotha war 1775 ein ständiges Hoftheater unter **Eckhof**, von dem grössten Einflusse für Schauspiel und Oper, gebildet worden. In Weimar, wo schon früher ein später abgebranntes Theater bestanden, begannen bald nach Göthe's Ankunft am Hofe die theatralischen Vorstellungen durch Liebhaber. Während in München und Stuttgart die italienische Oper und französisches Schauspiel noch lange vorherrschten, hatte Kurfürst Carl Theodor in Mannheim die Gesellschaft des Principals Marchand für seine Nationalbühne 1775 engagirt und für die Glanzperiode des Mannheimer Theaters den Grund gelegt, die von da an bis Ende des Jahrhunderts unter Beil, Beck, Iffland, Seyler, sodann unter Heribert v. Dalberg's Intendantur für die besten Meisterwerke der neuaufgeblühten deutschen dramatischen Litteratur — man denke an Schiller's Räuber, Fiesco, Kabale und Liebe, Don Carlos (1782—88), Göthe's Jugendwerke, Lessing, Brandes, Engel, Jünger, Babo, Uebersetzungen von Shakespeare, später Iffland und Kotzebue — die Bahn brach und sie in massgebender Weise auf die Bühne einführte. In der nächsten Nähe Frankfurts waren gegen Ende der 70er Jahre durch die Kurfürsten von Köln und Mainz Nationaltheater zu Bonn und Mainz, »um die Schauspielkunst zu einer Sittenschule für das Volk zu erheben,« errichtet, und die Grossmann'sche Gesellschaft zum abwechselnden Spiele auf der einen und anderen Bühne engagirt worden, obwohl sie auch andere Orte frequentiren konnte. Diese Anführungen mögen genügen, um in Erinnerung zu bringen, wie für das deutsche gebildete Publikum gerade in den letzten 30 Jahren des vorigen Jahrhunderts das Theater eine Bedeutung und einen Werth gewonnen hatte, der zur lebendigsten Theilnahme hinriss an Allem, was diese jugendliche, in frischer Kraft sich entwickelnde Anstalt darbot. Es war die Periode der kräftig emporstrebenden deutschen Litteratur, der Production ihrer grössten Meisterwerke und der an ihr heranwachsenden ernsten Schule der Schauspielkunst, sowie der mit dieser Hand in Hand gehenden neuen deutschen Oper.

Frankfurt war diesen Strömungen um so weniger fremd geblieben, als, wie schon aus den obigen Beispielen erhellt, die bedeutenderen Theatergesellschaften stets ihr Augenmerk auf das hiesige Publikum gerichtet hatten und durch ihre häufige Wiederkehr bewiesen, wie sehr Beifall und Geldgewinn sie hier lohnten. Der ungeheure Zusammenfluss von Fremden aller Länder in den Messen, bei den Krönungen und sonstigen ausserordentlichen Gelegenheiten, z. B. der längere Aufenthalt K. Carl VII. in Frankfurt (1742—44), wo er glänzenden Hof hielt, bot ihnen Beides, Leichtigkeit des Ruhmgewinnes und eines reichlichen Kasseneertrags. Der Frankfurter Bürger musste freilich ausser diesen Zeiten des Theatergenusses in seiner Vaterstadt entbehren; aber um so empfänglicher war er für die ephemeren theatralischen Aufführungen, und der Frankfurter Kaufmann und Gelehrte, den seine Reisen und Studien viel in Deutschland und dem Auslande, namentlich Italien, Frankreich und England herumgeführt, begrüsste gewiss mit Freuden die anderwärts leicht zugänglichen und ihm bekannt gewordenen dramatischen Genüsse, wenn sie zeitweilig in Frankfurt entgegengebracht wurden. Er sehnte sich vielfach darnach, sie hier zu fesseln und leichter zur Hand zu haben, namentlich im Winter ihnen eine Stätte bereitet zu sehen. Aber freilich stand solchem Wunsche auch wieder die reichsstädtische ängstliche Sorge entgegen, keinen ersparbaren Aufwand für anders, als materiell nützliche Einrichtungen zu machen, der Bürger Geld nicht für anscheinende Luxusausgaben, zu verschleudern, erst die Schulden des siebenjährigen Krieges zu decken und die Stadt von neuen Schulden freizuhalten.

Nicht minder war seit der Reformation hier, wie in allen Reichsstädten, eine strenge, kirchliche Richtung geblieben, welche alle solche Lustbarkeiten, wie Schauspiele, Possen, Maskeraden, die sie für frivol, seelenverderblich und des Himmels Zorn hervorrufend ansah, um so mehr fernhalten wollten als sie darin einen Gegensatz gegen den Katholicismus, der in Süddeutschland sie duldete, zu finden glaubte, abgesehen davon, dass in Frankfurt seit Spener's Wirksamkeit in den höheren und mittleren Ständen ein pietistischer Puritanismus Verbreitung gefunden hatte, der dem Theater natürlich feind war. Dessen ungeachtet gewann die Bestrebung nach einem festen Theater immer mehr Boden. Genährt wurde sie durch die seit 1770 fast alljährlich wiederholten Besuche der damals in Mainz, Strassburg und Mannheim abwechselnd spielenden Marchand'schen Truppe und der Seyler'schen, welche ein ausgedehntes Repertoire aus der neuesten Literatur darboten und mit den Dramen von Lessing, Weisse, Leisewitz, Bretzner, Wieland, Shakespeare etc. wiederholt bekannt machten.

Dazu kam, dass die den sporadisch erscheinenden Schauspielergesellschaften zu Gebote stehenden Localitäten doch nach und nach anfingen, weder den Bedürfnissen der Bühne noch den Annehmlichkeiten des Publikums zu entsprechen. Für die wenigen Wochen ihrer Anwesenheit mietheten die Principale entweder einen Saal in einem Wirthshause (z. B. Krachbein, Langen Gang, Schärfensaal, im Junghofe) oder, sobald sie irgend grössere Darstellungen aufführen oder auf zahlreicheres Publikum rechnen wollten, eine Bude von Brettern, wie noch jetzt die Kunstreiter, Seiltänzer, Athleten und andere herumziehende Schausteller, denen sie übrigens auch durch die Art ihrer Ankündigungen ähnelten, die mittelst Austheilung von Zetteln von Haus zu Haus, durch Austrommeln oder mittelst herumreitender Trompeter geschahen. Diese Buden waren einfach, häufig den Nachtheilen der Witterung die Zuschauer aussetzend, so dass oft bekannt gemacht wurde, es sei die Bude jetzt nicht mehr der Einwirkung des Regens und schlimmer Witterung ausgesetzt und der Schaden des Daches reparirt; früher hatten sie höchstens ein Zeltduch. Seltner hatten die Principale eigene Buden, wie 1711 ein Gönner der Frau Haak, geb. Elenson eine für fl. 2000 in Frankfurt hatte bauen lassen, die sie mitnahm. Decorationen und Coulissen waren noch bis zum Anfange des achtzehnten Jahrhunderts wenig gebräuchlich; Teppiche gaben den Abschluss der Bühne; später kamen einfache Coulissen (Bäume, Strauchwerk etc.) auf; die luxuriösen Decorationen und Maschinerien der Hofoperu konnten natürlich der wandernden Bühne nicht angehören; aber auch hierin steigerte sich die Anforderung des Geschmacks, und wie man nach und nach anfing, die Galacostüme des gewöhnlichen Lebens, in welchen mit wenigen Zusätzen, je nach Gestalt der Rolle, Männer und Frauen noch bis zum letzten Viertheile des Jahrhunderts auftraten, — wie z. B. Chodowiecki's Rollenbilder von Garrick, Eckhof, Brandes etc. zeigen — mit solchen Costümen, die Ort und Zeit der Handlung entsprachen, zu vertauschen; so konnte die einfache, nicht wandelbare Decoration der Bühne nicht länger der Phantasie des Zuschauers anheimgeben, alle durch Orts- und Zeitveränderungen bedingten Veränderungen der Scene sich dazu zu denken; es drängte zur ausgiebigen Ausschmückung des Bühnenraums und auch dazu bot die Bretterbude mit ihrer auf wenigen Wochen berechneten Ausstaffirung nicht Raum und Anlass. Diese Mängel hatten meist die Erbauung ständiger Schauspielhäuser, wie oben erwähnt, anderwärts herbeigeführt; die auswärtigen Städte vermietheten ihre Comödienhäuser, für die sie auch die üblichsten Decorationen angeschafft hatten und mit dieser Einrichtung erleichterten sie den Besuch und längeren Aufenthalt der besseren Schauspielertruppen.

Aehnliches wollten auch diejenigen bewirken, welche in Frankfurt den Gedanken an die Herstellung eines ständigen Bühnenhauses in der Mitte und zweiten Hälfte des vorigen Jahrhunderts in Anregung brachten und mit Consequenz verfolgten. Sie dachten noch nicht an eine Jahr aus Jahr ein allwöchentlich auftretende Gesellschaft; sie wollten vorerst nur den messentlich eintreffenden Gesellschaften ein stabiles Lokal, deren Zuhörern einen freundlichen Aufenthalt verschaffen und den Behörden die regelmässig wiederkehrenden Beschwerden und Kämpfe wegen der für die Buden bewilligten öffentlichen Plätze ersparen. Daher wurden für diese neue Idee auch nicht bloss ästhetische, sondern vornehmlich finanzielle und äussere Gründe vorgebracht, zumal die Sache, als neu und allem Hergebrachten zuwider, anfänglich sehr vorsichtig angefasst werden musste, sollte sie nicht den Angriffen ihrer zahlreichen Gegner unterliegen. Der Verlauf der nachfolgenden Darstellung wird zeigen, wie Abneigung gegen die Comödie und Comödianten, Festhalten am Hergebrachten, Opposition vom Standpunkte der Kirchlichkeit und Moralität, finanzielle Bedenken, aber auch Privatinteressen, sodann Eifersüchtelei der bürgerlichen Collegien gegen die vom Magistrat gewünschten Massregeln, sowie endlich die vorherrschende Neigung, alle neuen Pläne, Vorschläge und Massregeln Jahre lang bemäkeln und verbessern zu wollen, ehe man zur Ausführung sich entschliesst — auch bei dem Projecte, ein ständiges Schauspielhaus in Frankfurt zu errichten, reichlich sich geltend zu machen Stoff, Gelegenheit und Zeit gefunden und dessen Gegner mit Waffen versehen haben, die den Bau, wenn auch nicht zu hintertreiben, doch hinauszuschieben geeignet waren. Es war dies eine Erbkrankheit der reichsstädtischen, in mancher anderen Beziehung so rühmlichen Verwaltung, welche besonders gegen Ende des vorigen Jahrhunderts auch andere Projecte, wie Neubau der Barfüsserkirche, eines Arbeitshauses, Irrenhauses, der Stadtbibliothek u. s. w. nicht zum Austrag kommen liess. Und doch kam der Theaterbau früher zu Stande, als jene ebenerwähnten, damals schon angeregten Pläne; so mächtig förderte ihn der Geist und Drang der neuen Bildungsepoche des deutschen Volkes!

Zweiter Abschnitt.

Erste Versuche zur Herstellung eines ständigen Schauspielhauses.

II. Theater im Junghof. Städtische Projecte. 1750—1767.

Wenn oben bereits erwähnt ist, dass verschiedene Schauspielprincipale sich nicht der Bretterbuden, sondern vorhandener Säle für ihre Productionen bedienten, so waren dies doch Ausnahmsfälle. Die vorhandenen Säle waren zu klein, um Bühne und Zuschauer bequem aufzunehmen und dem Unternehmer eine gute Einnahme zu sichern. Auch mochten sie im Verhältniss zu der Zahl der Plätze, welche sich für Zuschauer verwerthen liessen, zu theuer sein. Eine bessere Gelegenheit bot sich erst den Schauspielertruppen, als der Besitzer des Junghofs,[1]) der holländische Oberst Bender v. Bienenthal, in seinem hinter dem Jungwall gelegenen Besitzthume ein grösseres Gebäude für einen Concertsaal im Jahr 1756 errichtet, im Juli 1773 erweitert und umgebaut hatte. Dieser Concertsaal war in dem hintersten westlichen Theile des Junghofs gelegen, ein längliches Viereck von einem Stockwerk ebener Erde und Mansarde, in Stein erbaut, wie der bei den Acten befindliche Aufriss zeigt. Im Innern war das Erdgeschoss, zu dem man auf einer mehrstufigen Treppe gelangte, ringsum in einem Halbkreise mit erhöhten Logen umgeben, vor denen ein Parterre lag. Nach der Nordostseite zu war der Raum für die Bühne. Eine Gallerie war über den Logen angebracht. Ursprünglich als Ueberbau über einen Keller angelegt, war dieser Bau zuerst an eine Gesellschaft zu ihren Zusammenkünften, dann auch für den zeitweise hier im 7jährigen Kriege 1758 und 1759 zugelassenen Gottesdienst der Reformirten vermiethet gewesen. Bei Eintreffen der französischen Besatzung 1759 musste obige Gesellschaft und die reformirte Gemeinde der französischen Schauspielertruppe weichen, welche den Saal miethete. Es war dies das erste Mal, dass der Saal für Schauspiele diente; das zweite Mal war dies 1764 ebenfalls für französische Schauspieler (unter Barizone) bei der Wahl Joseph II. als römischer König der Fall und von da an vermiethete sein Erbauer den Saal sowohl für Concertaufführ-

---

[1]) Vgl. Battonn, Oertl.-Beschreibung von Frankfurt. 6. H. S. 282, 283. Der Junghof hatte hiernach seinen Namen von den Jungen von Friedberg, Wechslern (Junge Wechselers Hof in der Neustadt 1360), später im Besitz der v. Glauburg 1406, dann der Weys von Limburg 1439, des Hartmann Becker 1466, der Bauer von Eymenock 1708 und endlich der Bender v. Bienenthal. In der Neuzeit, als er in den Besitz des Herrn J. M. Mannskopf übergegangen war, wurden die Gebäude niedergerissen und der Saalbau und die Junghofstrasse 1860 an deren Stelle erbaut.

rungen, als für die theatralischen Aufführungen an die Schauspielerprincipale und soll, wie ihm wenigstens später in den Acten vorgeworfen wird, dafür exorbitant hohe Miethpreise und damit eine Jahreseinnahme von fl. 1500—2000 bezogen haben. Im Jahre 1776 bezahlte ihm z. B. Marchand in der Ostermesse 500 Reichsthaler, in der Herbstmesse für 4 Wochen 500 Reichsthaler und von da ab für jede Vorstellung 3 Ducaten oder fl. 15. Der Saal wird jedoch als zu klein und auch seine innere Einrichtung noch nicht für passend und ansprechend geschildert, wie denn auch die Beschreibung, welche Göthe (Dichtung und Wahrheit, III. Buch) davon gibt,. ihn weder als bequem, noch als günstig darstellt, und es scheint, dass sowohl dieser Kleinheit des Locals wegen, als auch wegen der hohen Forderungen ein grosser Theil der Principale die Errichtung besonderer Buden auf freien Plätzen vorgezogen zu haben. Denn auch aus der Zeit von 1750—1766 werden die Schaubühnen in den Buden auf dem Rossmarkt oder der kleinen Allee (jetzigem Theaterplatz), z. B. die des Joh. v. Kurtz 1768 in der Ostermesse in letzterer, erwähnt. Dass v. Bienenthal alle Mittel anwandte, sich ein Monopol für das Theaterlocal factisch zu verschaffen und daher als heftiger Gegner später gegen die Errichtung eines Theatergebäudes von Seiten der Stadt auftrat, ist begreiflich; sein Einfluss scheint nicht gering gewesen zu sein und wesentlich zu der anfänglichen heftigen Opposition gegen ein solches Project beigetragen zu haben.

Schon vorher hatten sich aber die städtischen Behörden mit der Frage über ein ständiges Theater beschäftigt. Es war dies im Frühjahr 1751. Anlass gab die Wiederkehr der Gesellschaft des Franz Schuch; derselbe wünschte ein Privileg auf zehn Jahre, um in den Messen, oder wenn möglich noch 14 Tage länger »agiren« zu dürfen; dabei kam im Rathe in Erwägung, ob die Errichtung eines Comödienbaues in dem neuen Marstall oder Reithaus practicabel und was etwa solcher Bau kosten möge, um allenfalls einen Fonds zum Verbesserungsbause ausfindig zu machen. Durch Rathsschluss vom 13. Mai 1751 zum Bericht hierüber aufgefordert, machte das Bauamt am 14. d. Mts. den Vorschlag, für städtische Kosten ein vollständiges Comödienhaus in Holz, bestehend aus Theater, Logen, Parterre, Amphitheater und Paradies für die Messen, das am Marstall aufgeschlagen werden könne, für 1000 Rthlr. zu erbauen. Der Eingang sollte von der Hammelsgasse, (Taubenhofstrasse) ans stattfinden, die Kutschen auf dem leeren Platz hinter dem Reithaus sich aufstellen. Um dem Unfug mit Fackeln und allenfalls daher zu befürchtender Feuersgefahr vorzubeugen, sollten die Fackeln — man bedurfte ihrer in Ermangelung einer Strassenbeleuchtung vor 1759 — vor dem Gässchen erst angesteckt, auch eine Laterne angebracht werden, das Haus sollte dem Principal der deutschen Schauspielergesellschaft Franciscus Schuch miethweise. überlassen werden. Die Bedingungen dieser Ueberlassung, entsprechend den Schuch'schen Vorschlägen, waren: Schuch erhält auf zehn Jahre das Privileg, in den beiden Messen und wenn möglich noch 14 Tage länger hier »agiren« zu dürfen, zahlt dagegen fl. 400 für jede Messe, auch wenn er nicht kommt und Andere nicht hier spielen dürfen, und richtet das Haus im Innern durch Behängung der Logen und Ornirung. Beleuchtung, Decorationen etc. ein.

Man dachte sonach nur daran, einen den Bedürfnissen mehr entsprechenden Bau, aber auch nur in Holz aufzuführen und dabei ein finanziell gutes Geschäft zu machen, denn bei einem Baucapital von 1000 Rthlr. = fl. 1500, musste eine wesentliche Rente von fl. 400 jedenfalls sehr vortheilhaft erscheinen und bei weitem das seither wesentlich an die Stiftungen bezahlte Concessionsgeld übersteigen. Es trat jedoch alsbald Opposition ein. Denn gegen den Antrag remonstrirte das ev.-luth. Predigerministerium sofort in einer Eingabe vom 18. Mai 1751 (unterschrieben von Senior J. P. Fresenius, J. Fr. Starck, Ludw. Hch. Schlosser, J. G. Schmidt, J. J. Heinold, P. Chr. Seelig, F. L. Wallacher, J. M. Gnckelin, C. C. Griesbach, J. Val. Hoppe, J. M. Decke, J. Math. Burck, E. Reichard, F. N. Weitz), und führte aus: Es seien die Geistlichen überzeugt, dass der Rath die Comödien für sündlich halte und nur auf hohe auswärtige Protection hin zugelassen habe; es sei leicht zu beweisen, dass die Comödien in Verbindung aller ihrer Umstände Gott missfällig und auch immer von den Geistlichen nachgewiesen worden, zu wie viel Unordnung und Sünde sie geführet. Als geistliche Wächter der Stadt von der Obrigkeit gesetzt, müssten sie um Christi und seines Reiches willen den Rath ersuchen, nie ständige Comödien hier zu dulden und zwar jetzt um so weniger, als da man eben erst den Reformirten eine Kirche hier nicht habe gestatten können, den Comödianten ein Versammlungshaus für ihre Eitelkeiten zu erlauben einen gerechten Vorwurf der Stadt zuziehen müsse und als es fast den Anschein habe, dass man von gewisser Seite her die Comödianten eben in dieser Absicht zu ihrem Ansuchen verleitet habe.

Der Rath ging jedoch auf diese Eingabe nicht ein; er beschloss am 27. Mai: »Solle man über den Bauamtsvorschlag mit den bürgl. Collegien occasione der wegen des Verbesserungshauses resolvirten Conferenz reden.« In letzterem Betreff, d. h. wegen Erbauung eines Arbeits- und Besserungshauses für arbeitsscheues Gesindel fand aber erst 1753 eine Conferenz statt, in welcher kein Resultat für die eine, wie die andere Angelegenheit erzielt wurde, und merkwürdiger Weise liefen beiderlei Verhandlungen eine Zeitlang gleich erfolglos nebeneinander, indem noch 1773 die für den Arbeitshausbau bestellte Rathsdeputation den Rahmhof für diese Correctionsanstalt empfahl, während 1774 die dortigen Plätze für den Theaterbau ernstlich in Betracht kamen.

Bei den späteren Verhandlungen wird erwähnt, man habe das damalige Project von 1751 fallen lassen, weil der Raum am Marstall sich als zu enge, für die Zufahrt als ungeeignet und wegen der in der Nähe befindlichen Heuvorräthe des Marstalls als zu feuergefährlich erwiesen habe. Auch mochte die Opposition in der Bürgerschaft, welche mit der Auffassung der Geistlichkeit einverstanden war, zu der Aufgabe des Plans, den Schuch seinerseits nicht weiter betrieb, mitgewirkt haben.

Dritter Abschnitt.

Vorverhandlungen wegen des Baues eines Comödienhauses.

III. Erste Periode 1767—1770.

Die Sache ruhte nun mehrere Jahre. Der siebenjährige Krieg (1756—63) hatte die Stadt zu stark in Mitleidenschaft gezogen, um den Gedanken an ein solches Unternehmen nicht zurückzudrängen, bis die Wunden des Krieges anfingen zu verharrschen. Erst im September 1767 kam die Verhandlung wieder in Fluss, als der Schauspiel-Entrepreneur Joseph v. Kurtz vorstellte, man möge ihm auch für die folgenden beiden Messen die Erlaubniss zu Aufführung ertheilen, und gestatten, seine »grosse erbaute Hütte« in der dazu sehr schicklichen kleinen Allee (jetzigem Theaterplatz) den Winter über stehen zu lassen. Würde er hier, wie in anderen grossen Städten ein zu theatralischen Actionen wohl eingerichtetes Haus gefunden haben, so hätte er gern ein Namhaftes für dessen messentlichen Gebrauch bezahlt; da er aber dieses nicht angetroffen, so habe er ein eignes Gebäude mit dem Aufwand von fl. 4000 bauen müssen, dessen Abbruch und Verkauf ihm grossen Verlust bringen werde. Er bitte daher ihm zur Vermeidung dieses Schadens zu willfahren.

Es wurde am 22. September 1767 vom Rathe beschlossen:

»Solle man ihm pro petito willfahren, jedoch anweisen, seine jetzige Hütte innerhalb 14 Tagen abbrechen; wegen Erbauung einer anderen aber eine besondere Deliberation anstellen wo man hierzu einen schicklichen Platz ausfindig machen könnte. Uebrigens wären von löblichem Bau-Amt Vorschläge zu Erbauung eines eigenen der Stadt angehörigen Theatre ehestens Einem Hoch Edlen Rath vorzulegen.«

Mit diesem Beschlusse war die Initiative Seitens des Magistrats zur Erbauung eines städtischen Theaters ergriffen und beginnen die eigentlichen Verhandlungen zu diesem Zwecke. Schon am 15. December 1767 wurde in der Rathssitzung ein vom Stadtbaumeister J. A. Liebhardt ausgearbeitetes Project durch die Deputirten des Bau-Amts und Rechnei-Amts vorgelegt »über das neu zu bauende Comödienhaus, so auch zu einem grossen Muster- und Concertsaal mit zu aptiren, welches in das sogenannte weisse Haus nach dem Plane zu 130 Sch. lang, 50 Sch. breit, 30 Sch. hoch eingerichtet werden soll.«

— 13 —

Dieser Umbau des weissen Hauses[1]), das seither unbenutzt gewesen, war auf 5787 fl. ohne innere Einrichtung angeschlagen, wenn dasselbe ganz umgebaut werde. Dieser Plan wurde am 15. Dec. 1767 bei Rath genehmigt. Als Gründe dafür wurden bei der Conferenz mit den bürgerl. Collegien, welche am 18. December 1767 durch die Rechneideputirten Schöff von Glauburg, Sen. Dr. Rüppel, Schmidt des Raths, die Bauamtsdeputirten Schöff von Heydn, Sen. Dr. Siegner, Rau des Raths, die 51ger Bansa und Weisheikel und den 9er Dobel gepflogen wurde, angeführt:

Die Schauspiele hätten jetzt sehr viele Liebhaber, und bei dem Aufenthalt vieler vornehmen Fremden und Herrschaften und nach dem Beispiel der ansehnlichern Städte Deutschlands sei es fast eine Nothwendigkeit geworden, Schauspiele wenigstens in den Messen zu gestatten. Es sei nun für die Schauspielprincipale sehr lästig, alle Messe eine Hütte zu bauen, und je mehr sie auf solche verwendeten, um so weniger könnten sie an das Aerar zahlen und um so höhere Eingangspreise müssten sie nehmen. Ueberdies entständen jede Messe Streitigkeiten mit den Anwohnern der leeren für diese Hütten angewiesenen Plätze wegen der gestörten Aussicht, Feuersgefahr etc., während ein ständiges Local sich, namentlich bei Herrichtung des verfallenen, jetzt unbenutzten weissen Hauses, sehr gut rentiren und zwischen den Messen als Mustersaal ja benutzbar bleiben werde; das Unternehmen habe schon auf den blossen Ruf hin vielseitigen Beifall erhalten.

Die bürgerl. Collegien erklärten sich jedoch 7. Juni 1768 gegen den Vorschlag und motivirten ihre Ansicht weitläufig. Es seien, — hiess es in diesen Rationibus, — die Schauspiele zwar jetzt nicht mehr so grob pöbelhaft ärgerlich, als ehedem; aber sie gäben nun auf eine feinere Art doppeltes Aergerniss und subtiles Gift, indem z. B. den jungen Leuten practisch alle mögliche Griffe zur Hintergehung der Eltern in Liebesverständnissen gezeigt und durch die Tänzer alle Begriffe von Schamhaftigkeit in den jungen Herzen ausgerottet und ihnen nur böse Gedanken und listige Streiche eingelernt würden, die man nicht mehr vertreiben könne. Eine christliche Sittenlehre werde durch sie nicht gefördert; die Comödienmoral mache höchstens den Geiz lächerlich, andere Laster lasse sie etwa durch einen unvermutheten Zufall, nicht durch ihre Schändlichkeit beschämen. Bringe daher ein Theater noch so viel ein, so sei es doch nicht zu fördern. Ohnedem bestehe schon ein kleines Theater im Junghof, das genügen könne. In den Messen könne man etwa noch ein Theater nachsehen; denn da hätten alle jungen Leute von hier zu viel zu thun, um hingehen zu können; aber selbst da schade es eher, da die Fremden mit viel mehr Nutzen für die Bürgerschaft das Geld, statt es für das Theater auszugeben, im Wirthshause verzehren sollten, wovon dann Metzger, Bäcker, Weinhändler und fast Alle, die offenen Laden hätten, profitiren würden. Die Comödianten verzehrten wenig. Profitire der Director viel, so schleppe er das Geld weg, leide er Schaden, so bleibe er und seine Gesellschaft allenthalben in der Kreide. Da hätten die Fremden Gelegenheit zum Umgang mit guter Gesellschaft, während der Umgang mit den Comödianten immer bedenklich sei, wie ja schon die alten Römer, so grosse Freunde der Schauspiele sie waren, diesen Umgang für enterbungsfähig

---

[1]) Das weisse Haus war nach Battonn VI. S. 208 im vorigen Jahrhundert für eine Bibliothek angekauft worden, lag an der Stelle des jetzigen Schauspielhauses, zwischen v. Humbracht und v. Groote (Grode), von ersterem durch den Eingang zum Marstall getrennt.

Ueber Stadtbaumeister J. Andr. Liebhardt, geb. 1725, † 1788, seit 1759 Stadtbaumeister, s. Gwinner, Kunst und Künstler in Frankfurt 1862, S. 301 und Zusätze 1867, S. 121.

erachteten).¹) Fremde Herrschaften und Messfremde kämen der Comödie wegen nicht hierher und ihnen, wie kaiserl. und königl. Herrschaften seien auch die Bretterbuden schon gut genug gewesen; andere Städte hätten schwerlich grosse Freude an ihrem eigenen Comödienhaus, wie z. B. Aachen, und müssten, wie hier wohl auch der Fall sein werde, benachbarten Fürsten bei ihren Besuchen aus Höflichkeit das Haus für deren Comödiantenbanden umsonst, also ohne den berechneten Vortheil überlassen. Müsse ein Schauspieler viel Geld für die Hütte ausgeben, so lasse er desto mehr Geld hier und könne er bei guten Preisen die Abgabe ans Aerar nicht erschwingen, so seien seine schlechten Actionen schuld. Noch nie habe es an leeren Plätzen für 2—3 Buden gefehlt. Die Anwohner leerer Plätze hätten auch wieder durch den Conflux der Theaterbesucher Entschädigung für ihre Unannehmlichkeiten. Ueberdies sei es nicht zu empfehlen, dem Herrn Bender v. Bienenthal sein seither im Junghof zugelassenes Theater zu entziehen, das für kleine Banden stets doch vorgezogen werden würde. Der Voranschlag der Kosten sei, wenn man die Auszierung des Innern und Maschinerien, wie nicht ausbleiben werde, mitverlange, auf wenigstens fl. 20,000 zu erhöhen, welche Summe sich nicht rentiren werde, während der Platz für den Bibliothekbau oder sonst nützliche Zwecke verloren gehe. Da jedes Theater höchst feuergefährlich sei, so empfehle sich auch nicht der vorgeschlagene Bauplatz in der Nähe des Marstalls und Zeughauses. Sollten auch beifällige Stimmen für das Project sich haben hören lassen, so werde jeder Patriot bei Beherzigung obiger Gründe diesen letzteren beistimmen und für die Stadt mehr Ehre und unsterblichen Ruhm darin finden, wenn man, statt ein Comödienhaus zu bauen, an eine Veränderung des Tollhauses, Errichtung eines Verbesserungshauses, Herstellung der banfälligen Peterskirche denke.

Zu gleicher Zeit erbot sich (18. Jan.) F. M. v. Bienenthal, sein Schauspielhaus im Junghof zu vergrössern, wenn man von andern Bauten absehen und den fremden Schauspielern das Aufschlagen besonderer Buden nicht ferner gestatten wolle. Dieses Gesuch wurde am 19. Jan. 1768 abgeschlagen. Nachdem ein Gutachten der ständigen Senatsdeputation vom 18. Jan. 1768 (Deputatio ordinaria), dessen Einleitung lautete: Endlich wurde urgirt, dass man des ks. H. Gesandten Exc. eine Antwort wegen des neu zu erbauenden Comödienhauses geben müsse, sich dafür ausgesprochen hatte, dass der in Conformität mit den kaiserl. Resolutionen und des 1755 mit bürgerl. Collegien getroffenen Einverständnisses über die quaestionem: an? — der Rath allein zu unterschreiben habe, wurde am 19. Januar 1768 beschlossen:

»Solle man nunmehr das vorgeschlagene Comödienhaus zum Besten des Aerars erbauen, jedoch dasselbe nur in beiden Messen oder jedesmal nicht länger als 14 Tage nachher vermiethen und dessfalls löbl. Bauamt die Besorgung auftragen.«

Hiergegen protestiren die beiden bürgl. Collegien mündlich bei dem älteren Bürgermeister feierlichst am 21. Januar 1768 und man beschloss bei Rath am 21. Januar die reservirte Vorstellung und eventuelle Berufung beider bürgerl. Collegien abzuwarten, inzwischen aber mit dem Demoliren und Bauen einzuhalten. Die Protestation ward schriftlich noch am 21. Januar 1768 überreicht; sie stützte sich theils auf die früheren Einwände, theils auf die misslichen Finanzen der Stadt, welche von den

---

¹) Elegantes Citat von Nov. 115 c. 3. — Si praeter voluntatem parentum inter arcenarios et mimos filius suae sociaverit et in hac professione permanserit!

— 15 —

Collegien als zu den Oeconomicis zählend wohl in Betracht zu ziehen seien. Dessenungeachtet beschloss der Rath am 26. Jan. 1768: »Man wolle mit Erbauung des Comödienhauses fortfahren, jedoch in der Art, dass die Kosten von Entrepreneurs vorgeschossen — fl. 12,000 — in 24 Billets (Actien) von fl. 500 — zu 4°/₀ verzinslich und allmählich zu tilgen —, ohne Belästigung des Aerars aus den Ravennen — (jährlich fl. 1000) — verzinst und in 24 Jahren getilgt werden sollten und solle hierauf mit coll. civ. conferirt werden. Man sieht, der Rath wollte auf diesem Wege die an die bürgerl. Collegien allein gehörige finanzielle Frage beseitigen und diesen somit ihre Hauptwaffe entziehen.

Auch diese Conferenz war vergeblich (2. Febr. 1768), weil die bürgerl. Collegien sich gegen die von dem Aerar hierbei zu übernehmende Garantie erklärten: und eine neue Conferenz, einer besonderen aus den Deputirten des Rechnei-Amts und Bauamts, sowie Synd. Dr. Hofmann bestehenden Rathsdeputation vom 20. Febr. 1768 führte zu keinem bessern Ergebniss, indem die bürgerl. Collegien die Rentabilität der Anlage bestritten und zugleich die Verfassungsfrage, ob der Magistrat quaestionem an? zu entscheiden habe, als strittig anfochten. Den 28. Febr. 1768 wurde dem Comödianten-Entrepreneur Joh. v. Kurtz gestattet in der kleinen Allee eine Theaterbude für die nächste Messe zu errichten.

Gleichzeitig kam die Nachbarschaft der kleinen Allee (jetzt Comödienplatz) mit einer heftigen auch den bürgerl. Collegien überreichten Reclamation gegen die Absicht eines solchen Theaterbaues, der die Unsittlichkeit fördere und ihren Häusern Feuersgefahr bringe, ein, wurde aber unter Verweisung der unziemenden Schreibweise abgewiesen. Man blieb fest bei der früheren Ansicht, in dieser kleinen Allee ein Comödienhaus zu bauen, Subscribenten für das Baucapital nach dem nunmehr speciell in obigem Sinne entworfenen Bedingungen unter der Hand zu suchen, definitive Risse zu entwerfen und demgemäss mit den bürgerl. Collegien über den Platz und die Bedingungen des Anlehens nochmals, sobald die Subscription erfolgt sei, zu conferiren. (12. April 1768.)

Interessant ist es in diesem der Actienzeichnung unterstellten Prospecte bereits eine Zusicherung zu finden, dass der Bau unter Aufsicht und Direction eines Ausschusses der Interessenten geschehen solle. Die Actien sollen aus dem Ertrage des allmessentlich und zwar in der Ostermesse zu sechs und in der Herbstmesse zu acht Wochen vermietheten Hauses allmälig getilgt werden, nachdem 4°/₀ Zinsen im Voraus abgezogen worden. Die Rechneikasse übernimmt jedoch keine andere Garantie, als dass das Haus unentgeltlich jede Messe, ohne eine andere Comödienbande zuzulassen, sowie ausserdem zu Concerten den Actionären überlassen sei, um es zu vermiethen; im Falle eines Brandes trägt die Stadt nicht die Gefahr, vielmehr bleibt es den Actionären überlassen, das Gebäude alsdann auf ihre Kosten, wenn sie dies unter den früheren Bedingungen wollen, neu zu erbauen. Nach Tilgung der Actien ist das Haus der Stadt.

So wenig einladend diese Bedingungen waren, so fanden sich doch alsbald Liebhaber zu den Actien, die aber sowohl bei dem Bau als auch bei der Wahl der später in dem Hause zur Messzeit spielenden Truppen mitwirken und die Einnahmen und die Verzinsung und Tilgung des Capitals in Selbstverwaltung übernehmen wollten, sowie sich auch der Oberst v. Bisenthal am 18. October 1768 mit dem Anerbieten neuerdings meldete, jährlich fl. 400. — dem Aerar zu zahlen, wenn man ihm das Privileg zu Theatervorstellungen durch von ihm vorgeschlagene Gesellschaften für sein Haus im Junghof gewähre. Letzteres wurde durch Rathsschluss vom 6. December 1768 abgelehnt, und ersteres Anerbieten, dessen Modificationen in den Subscriptionsbedingnissen, namentlich soweit sie die Mitwirkung beim Bau und der Verwaltung betrafen, gebilligt wurden, zur Conferenz verstellt. Erst am 6. Februar 1770, nach mehrmaliger Mahnung, erklärten sich collegia civica wiederholt und finaliter dagegen.

IV. Weitere Vorverhandlungen. Zweite Periode 1774—1776.

Die Verhandlungen ruhten einige Jahre. Im Jahre 1774 (den 19. Mai) wurden sie wieder aufgegriffen und mit zwei aufgetretenen Actiengesellschaften über die früher aufgestellten Bedingnisse, welche durch die Auflage einer wesentlichen Abgabe von fl. 150 an die Rechnei und eine Vorstellung zum Besten des Almosenkastens und Spitals verschärft worden waren, verhandelt, jedoch keine Einigung über die Zeit der angesprochenen Concession und die verlangte Abgabe erzielt, daher am 4. Oct. 1774 beschlossen, durch ein Anlehen zu 3°/₀ das Capital zum Theaterbau aufzunehmen und von der Entreprise abzusehen.

Zu diesem Entschlusse konnte man nur gelangen, wenn die Aussicht zu einer Einigung mit den bürgerl. Collegien eine günstigere war. Und in der That zeigte sich, dass wenigstens ein Gegner für die Sache zu gewinnen sei, wenn man ihm einigermassen entgegenkomme und zwar den früheren Bedenken ihr Gewicht nicht abspreche, aber Berücksichtigung der veränderten Umstände und eines demnach modificirten Vorschlages empfehle, und das Colleg activ bei der Ausführung betheilige. In dieser Richtung sprach sich die dafür bestellte Senatsdeputation: Schöff v. Heyden, Syndicus Hoffmann, Sen. v. Lilienstern, Sen. Ettling aus, deren Feder Hoffmann führte.

Ein ausführliches Conferenzprotokoll vom 28. Oct. 1774 setzte das Project in diesem Sinne den bürgerl. Collegien auseinander, und nachdem die 51er unter dem 16. Dec. 1774 sich unter Bedingungen einer dem Collegium zu sichernden Mitwirkung mit dem Vorschlag einverstanden, die Neuner aber am 21. Dec. dagegen erklärt hatten; wurde durch Rathsschluss vom 23. Dec. 1774 beschlossen, zunächst mit Ersteren sich zu verständigen. Dies geschah durch Conferenz vom 25. Jan. und 3. März 1775 dahin: dass die 51er ihren Consens zu der auf Aerarialkosten geschehenden Erbauung des Schauspielhauses ertheilten, wogegen der Magistrat ihnen die Zusage gab, dass ihnen der Riss zur Mitgenehmigung vorgelegt; vorerst eine Begebung in Entreprise für den ganzen Bau versucht, den bürgerl. Deputirten die Mitwirkung bei der Aufsicht, dass accordmässig beim Bau verfahren werde, jedoch ohne einseitige Verfügung gewährt; die Bausumme auf fl. 12—15,000 beschränkt und theils aus der Rechneikasse vorgeschossen, theils vom Stadtlotterieamt gegen 3% Obligationen aufgenommen; eine besondere Rechnung über die Einnahmen aus dem Hause geführt, das wesentliche Concessionsgeld der Comödianten vom Rath zwar bestimmt, aber nur für je eine Messe; jedoch keinem fremden Comödianten das Bürgerrecht ertheilt, und denselben nicht länger als 14 Tage der Frühjahrs- und 3 Wochen der Herbstmesse zu spielen gestattet werden solle.

Eine neue Conferenz mit den Neunern am 8. März 1775 hatte deren Erklärung vom

15. April 1775 zur Folge, dass sie eine solche Speculation, deren angebliche Rentabilität nicht zu den in dem Tit. 29 der Visitationsordnung vorgesehenen Vermehrung der Stadtgefälle sich zählen lasse, und die zu einem nicht zum Stadt-Besten zu rechnenden Anlehen führen solle, nur widerrathen könnten, daher bei ihren früheren Ansicht beharrten.

Am 23. Mai 1775 beschloss hierauch der Rath, sich bei dieser Meinungsdifferenz an Kaiserl. Majestät Entscheidung zu wenden, zuvor aber Risse und Kostenanschläge machen zu lassen und solche der Vorstellung nach Wien beizulegen. Die Risse sollten auf Grund des Liebhard'schen Plans entworfen, von diesem oder bei dessen Verhinderung von geschickten Werkmeistern der Maurer-, Zimmer- und Steinhauer-Profession in ihrem Kostenaufwand taxirt und von letztern über den Preis, wie solche allenfalls die Arbeit zu übernehmen gemeint sein möchten, berichtet werden.

Von dem Bauamt wurden im Juli 1776 die von dem Maurermeister Jos. Wilhelm Kayser, Steinmetz Leonh. Arzt und Zimmermeister Georg Friedrich Mack entworfenen, von Ersterem detaillirt beschriebenen und vom Stadtbaumeister approbirten Ueberschläge und 12 Risse vorgelegt. Der Bau sollte nach denselben fl. 27,000 kosten, die sich wohl noch um fl. 4000—5000 mindern liessen, und an die Stelle des wegen Baufälligkeit abzubrechenden weissen Hauses vor dem Marstall zwischen v. Humbracht und v. Groote zu stehen kommen; die Kellerfundamente des alten Hauses sollten mit benutzt werden. Der Eingang zum Marstall neben Humbracht in der Bibergasse sollte bleiben. Der Plan des Hauses zeigt drei Logenränge und eine Gallerie, doppelte Treppen und eine Façade, wie die am jetzigen Hause. Im Ganzen waren 33 Logen vorgesehen; die Bühne nach dem Hintergrund in drei Abtheilungen ansteigend, davor ein Orchester und Parquet, hinter diesem Parterre; Garderobenzimmer auf der Marstallseite; drei Thüren nach jeder Seite.

Der Rath billigte diesen Plan, legte ihn den 51ern vor und versuchte zugleich nochmals eine Verständigung mit den Neunern. Erstere consentirten zur Aufnahme von fl. 25,000 für Rechnung des Stadtlotterieamts zum Zweck des Theaterbaues, verlangten aber damals, dass der Rath ihnen bündig zusage, keinem fremden Comödianten ex mera gratia das Bürgerrecht zu verleihen, noch ohne Consens des Bürgerausschusses die Comödien noch 14 Tage nach der Frühjahrs- und 3 Wochen nach der Herbstmesse zu gestatten; letztere beharrten bei ihrer Ablehnung und provocirten der Kais. Majestät Entscheidung; der Rath sicherte am 29. October 1776 dem Bürgercolleg hinsichtlich der beiden urgirten Punkte zu, dass er zwar in diesem seinem obrigkeitlichen Amte von collegiis civicis nicht könne vorgreifen lassen, aber bezüglich der Reception wie bisher dem Wunsche möglichst entgegenkommen werde und hinsichtlich der Zeit der Vorstellungen wohl der Nutzen des Aerars entscheiden müsse. Zugleich wurde die Aufstellung der Submissionsbedingnisse und der Abbruch des ruinosen weissen Hauses, dessen Baufälligkeit man nochmals vom Stadtbaumeister vorsichtiger Weise und um alle Einwände abzuschneiden, hatte attestiren lassen, dem Bauamte aufgetragen.

Den Neunern gegenüber wurde sodann die Uebergabe einer entsprechenden Vorstellung an den Reichshofrath beschlossen.

V. Vorverhandlungen. Einsprachen der Geistlichkeit 1774—1776.

Bereits oben ist die Einsprache erwähnt, welche das Ev.-luth. Predigerministerium gegen den Theaterbau 1751 erhoben hatte. Auch jetzt, als man ernstlicher an diesen Plan ging, erhob dasselbe wieder seine Stimme dagegen. Es war dies nicht zu verwundern, da grade in der Periode von 1751 bis 1770 in Frankfurt verschiedene Vorfälle die den Schauspielen abgeneigte Stimmung der Geistlichkeit bewiesen oder genährt hatten.

Schon 1748 waren Schauspieler mit ihrem Ansuchen, sie zum Abendmahl zuzulassen, in der Stadt abgewiesen worden und hatten erst von dem Pfarrer in Bornheim ihren Wunsch erfüllt gesehen. Als 1751 die Mitglieder der Schuch'schen Gesellschaft mit einem Befehle des ältern Bürgermeisters und des Consistorialdirectors am 1. Mai mit dem Ersuchen, ihnen das Abendmahl im Hause zu reichen, sich meldeten, widersetzte sich das Predigerministerium diesem Ansinnen und es gab dies Anlass zu lebhaften Streitigkeiten auch im Publikum, da die Schauspieler Beschwerde dagegen erhoben. Ebenso grosses Aufsehen hatte die Verweigerung des Abendmahls an den Schauspieler Uhlich, der sich schon von der Bühne zurückgezogen, 1753 dahier erregt, der hierauf in der poetisch verfassten »Beichtbekenntniss eines christlichen Comödianten bei verweigerter öffentlichen Communion« den Senior Starck angegriffen hatte. — Gerade in unserer Periode hatte 1767 in der Herbstmesse der Schauspielprincipal Joh. v. Kurtz die Darstellung von »In doctrina interitus oder das lastervolle Leben und erschreckliche Ende des weltberühmten und jedermänniglich bekannten Erzzauberers Doctoris Johannis Fausti, professoris theologiae Wittenbergensis, mit Crispin, einem excludirten Studentenfamulo, von Geistern übel vexirten Reisenden, geplagten Kameraden des Mephistopheles, unglücklichen Luftfahrers, lächerlichen Bezahler seiner Schuldner, natürlichen Hexenmeister und närrischen Nachtwächter« in 14 Scenen angekündigt. Das Predigerministerium fand hierin eine Verhöhnung des geistlichen Lehramts der berühmtesten lutherischen Universität, beschwerte sich hierüber und Kurtz musste auf dem Theaterzettel, 22. Oct. 1769, auf Befehl des Magistrats Abbitte dahin thun, es sei nicht seine Absicht gewesen, die Würde des Lehramts anzugreifen. Auch in Leipzig hatte 1768 Koch auf Antrag der Geistlichen sein Spiel auf nur 2 Tage in der Woche beschränken müssen und in Hamburg war zu gleicher Zeit ein heftiger Kampf des Pastors Götze gegen das Nationaltheater entstanden.[1]) Hatten nun die bürgerl. Collegien die Unsittlichkeit und Gottlosigkeit des Schauspiels als Hauptmotiv gegen die Pläne des Magistrats ins Feld geführt und selbst jene oben erwähnte Remonstration der Anlieger der Allee vorzugsweise sich hierauf berufen, so konnte die Geistlichkeit nicht wohl schweigen. Es war daher bei Wiederbeginn obiger Verhandlungen auch sofort das Predigerministerium am 28. November 1774 mit einer Vorstellung gegen den Bau eingekommen. Diese Remonstration bewegt sich jedoch in einem viel milderen Tone, als jene frühere von 1751 und nähert sich in ihrer Begründung jener Anschauungsweise, welche nur die Missbräuche der Bühne anzufechten versucht. Es wird darin

---

[1]) Becker, Beiträge zur Frankfurter Kirchengeschichte S. 164. Devrient Gesch. etc., II. S. 188, 188, 212.

auseinander gesetzt: Es sei ihnen zwar bekannt, dass das Theater, von jeher eine beliebte Lustbarkeit grosser Städte, von den sonst gewöhnlichen Missbräuchen zu reinigen in neuerer Zeit versucht worden; allein die besten Vertheidigungen der Schauspiele bezögen sich weniger auf deren wirkliche Beschaffenheit, als auf die Eigenschaften, die sie nach dem Wunsche der Moralisten haben sollten. Die wenigen diesen Ansprüchen genügenden Stücke, wie die Gellert'schen, machten kein Glück. Nicht die Tugend, sondern die Leidenschaft der Liebe werde geschildert und eine Schule der Buhlerei gebildet. Daher habe der bekannte Rousseau schon geurtheilt: »Zugegeben, dass sie in einer grossen und volkreichen Stadt wegen der vielen Müssiggänger, um sie von noch schädlicherem Zeitvertreib abzuhalten, ein nothwendiges Uebel seien, so würden sie in einer Stadt, die sich durch den Fleiss und die stille Tugend ihrer Einwohner nähre, eine Pest sein.« Sie bitten daher, sich nicht durch Aussicht auf Gewinn zur Förderung eines die geistige Wohlfahrt der Bürger gefährdenden Unternehmens, wie der Schauspielbau, verleiten zu lassen. — Diese Eingabe ging den 8. Nov. 1774 lediglich ad acta.

VI. Verhandlungen vor dem Reichshofrath. 1776—1778.

Die an den Reichshofrath beschlossene Vorstellung[1]) wurde von Syndicus Dr. Hofmann verfasst und am 12. Nov. 1776 im Senate approbirt, am 21. d. Mts. an den städtischen Agenten Bittner nach Wien abgelassen. Ihm und dem Agenten Fischer von Ehrenbach wurde sie zur Sollicitatur empfohlen; Beide sollten insbesondere mündlich bei dem Reichsreferendar v. Leykam, welcher die elende Beschaffenheit der seitherigen Schauspielbuden in Frankfurt kenne, persönlich den Antrag unterstützen. Aus der Motivirung dieser Vorstellung ist Folgendes hervorzuheben:

Das öffentliche Schauspiel gehöre jetzt zu den unentbehrlichen Vergnügungen bei allen grösseren Feierlichkeiten und zahlreichen Versammlungen, wie in Messen. Es sei gegenwärtig von den grössten Geistern des Welttheils bearbeitet, in der Gunst und Unterstützung der höchsten Fürsten und des Aufwands kostbarer Anstalten würdig gehalten worden. In Frankfurt habe man diesen Werth des Schauspiels auch erkannt und solche in den Messen oder bei sonstigen feierlichen Anlässen gestattet. Allein seither habe jeder Entrepreneur sich eine Bude für seine Vorstellungen aufrichten müssen, die, wie bei den kais. Krönungen von 1742 und 1745, sehr schlecht gebaut und mit Einsturz drohend nur eine kleine Zahl Zuhörer fassen konnten. Bei der öfteren Wiederkehr von Comödianten hätten Particuliers verschiedene Säle für Concerte und Schauspiele eingerichtet und namentlich habe

---

[1]) Die Rubrik lautete: Ad Imperatorem allerunterthänigste Anzeige und allergehorsamste Bitte Implorantischen Reichsstadt Frankfurtischen Syndici um allergnädigste kayserl. Genehmigung innen bemerkten zu gemeiner Stadt und aerarii Besten gereichenden Vorhabens und desssfalls allerhuldreichst per rescriptum Caesareum zu erlassende Verfügung. — In Sachen Frankfurt c. Frankfurt Commissionis finitae, in sp. die vom Rath und Bürgerausschuss beliebte Erbauung eines öffentlichen Schauspielhauses und den von den bürgerl. Neuerern desssfalls eingelegten ungegründeten Widerspruch betreffend. Cum adjectis sub Num. 1—29 incl.

der holl. Obrist v. Bienenthal in seinem Hofe (Junghof) einen Concertsaal errichtet, den er in den letzten zehn Jahren mit des Raths Erlaubniss fast jede Messe an Comödianten vermiethet habe. Dieses Local genüge aber weder hinsichtlich des Raumes noch der schicklichen Einrichtung dem zunehmenden Geschmack an der Schaubühne und werde von dem Eigenthümer wie ein Monopol zu exorbitanten Preisen zum Nachtheil der Theaterprincipale und des Publikums, wie nicht minder des Aerars, das kein ordentliches Concessionsquantum ziehen könne, ausgebeutet. Daher empfehle sich ein Neubau durch die Stadt. Die gegen denselben von den Neunern erhobenen Bedenken werden mit den früheren Gründen widerlegt.

Bei dem Reichshofrath waren BürgerL Neuner schon am 10. Dec. 1776 pro clem** communicando Magistratus Francf. exhibito de aedificando novo theatro jamdudum obseratii aerarii publici sumtibus, insp. pro conclusa causa terminum concedendo addicto in exhibito praesumtive allegatas plerumque statui Francof. contradicentes rationes dissecandum earumque caducitatem demonstrandum eingekommen. Ebenso hatte der Oberst v. Bienenthal eine Intervention pro clem** ferenda intuspetita ordinatione Caesarea, d. h. um ein Privileg zur ausschliesslichen Verwendung seines Schauspielhauses zu theatralischen Vorstellungen — eingereicht. Er behauptete einen Anspruch auf ein solches Monopol, da er sein Haus im Junghof eigens als Theater mit Genehmigung des städt. Bauamts erbaut und später erweitert und mit Anerkennung des Raths an Schauspieler vermiethet habe, so dass der Stadt nicht das Recht zustehe, einem Bürger den ihm bisher nachgelassenen Verdienst aus diesem Schauspielhause zu entziehen. Zugleich wiederholte er seine früheren Anerbieten als allein dem Aerar förderlich. Sämmtliche wechselseitige Exhibita wurden nun zur Erklärung mitgetheilt.

Gegen v. Bienenthal's Antrag erklärten sich Magistrat und beide bürgerl. Collegien in einem sehr gereiztem Tone abgefassten Schriftsatze. In demselben wurde erwähnt, dass das Local im Junghof kein Schauspielhaus sei, sondern nur ein Parterrestock mit Mansarde, ursprünglich zu anderen Zwecken erbaut, zufällig einer Gesellschaft zur Zusammenkunft, dann zu öffentlichen Concerten und Bällen, später aber zu Schauspielen bei der franz. Occupation und bei der kaiserl. Krönung 1764 gedient habe; bei letzterer an die französische Schauspielergesellschaft um 4 franz. Louisd'ors für jede tägliche Vorstellung und für jeden Ball um 8 Louisd'ors — einem exorbitanten Preis — vermiethet worden sei; der gedachte Saal sei nicht anständig eingerichtet, man höre und sehe schlecht in ihm; seine Logen seien Löcher, der Saal zu niedrig, habe eine enge und schlechte Treppe und nur einen Haupteingang. Aus der seitherigen Zulassung der Vermiethung an Schauspieler könne v. Bienenthal ein Recht in keiner Weise für sich ansprechen, und sein Eigennutz, der in lebhaftester und anecdotenhafter Weise geschildert wird, nicht patriotischer Eifer oder Sorge für des Aerars Bestes, wie er unberufen und frech zu behaupten sich anmasse, sei die Triebfeder seiner unerhörten Einsprache.

Bis die Entscheidung von Wien kam, verging das Jahr 1777. Allein offenbar stellte sich die Sache günstig, und davon benachrichtigt, suchten die Neuner eine Abweisung dadurch zu umgehen, dass sie am 31. Dez. 1777 einen neuen Vorschlag in Wien einbrachten, der die Aufbringung der Fonds zum Theaterbau durch ein Actienunternehmen bezweckte.

Unter dem 8. Januar 1778 erfolgte auch darauf des kaiserlichen Reichshofraths Entscheidung; v. Bienenthal wurde mit seinem Gesuch abgewiesen, dem Magistrat aber aufgegeben, nach dem von den Neunern nachträglich gemachten Vorschläge mit den bürgerl. Collegien weiter zu unterhandeln.

So war denn endlich in der Hauptsache entschieden, dass der Theaterbau stattfinden solle; freilich erheischten die weiteren Schritte zur Ausführung noch mannichfache Verhandlungen, die dem Plane nicht selten gefährlich zu werden drohten. Allein eine bessere Stimmung war jetzt zwischen den städtischen Collegien vorherrschend, sicherlich den Ansichten der Bürgerschaft entsprechend.

Vierter Abschnitt.

Bauausführung.

VII. Vorbereitung zur Bau-Ausführung 1778—1780.

Es musste nun zunächst über die Vollziehung des Reichshofrathsbeschlusses eine Verständigung eingeleitet werden.

Am 4. Februar, 2. März bis 8. April 1778 wurde deshalb zwischen den betreffenden Rathsund bürgerl. Deputirten (von Seiten des Raths: Schöff v. Heyden, Synd. Hofmann, Schöff v. Stalburg, Senator v. Lilienstern; von 51ern: Consulent Huth, Fellner, F. W. v. Oven, Andreä, von den Neunern: Schnberth und Brönner) in einer Reihe von Conferenzen die Ausführung des kaiserl. Rescripts besprochen und folgendes Abkommen erzielt: Die Risse wurden gemeinschaftlich unter Zuziehung des Stadtbaumeisters Liebhard festgestellt, ein bölzernes Modell des Ganzen gearbeitet und dabei 45 Logen in 3 Ränge vertheilt, (von 10' Höhe im Lichten) und eine Gallerie (Paradies), im Parterre aber keine Logen angenommen; der Bau zu ca. fl. 33,000 veranschlagt, und deren Aufbringung und Verzinsung auf eine Jahreseinnahme für Miethe und Concessionsgeld von ca. fl. 2500 basirt; das Capital sollte aus den rechneiamtlichen Depositen mit Einwilligung der Deponenten entnommen und ihnen zu 1 1/2 % verzinset werden, oder durch eine Actiengesellschaft von 220 Actien zu fl. 150 mit 3 % verzinslich und in 17 Jahren tilgbar, aufgebracht werden.

Diese Deputationsvorschläge billigte der Rath am 14. April 1778, die 51er am 29. Mai und die Neuner, letztere beide vorbehaltlich kaiserl. Approbation, indem sie sich zugleich für die Aufnahme des Capitals aus den Depositen, deren Verzinsung und Remboursement durch die Erträgnisse des Hauses zu geschehen habe, sich entschieden, während man bei dem Bau auf Actien die allzulange Entziehung einer Disposition über das Haus zu Gunsten der Actionisten für bedenklicher hielt. Auch fanden sich die Deponenten von über fl. 33,000 bereit, gegen 1 1/4 % Zinsen ihr hinterlegtes Geld vorzuschiessen, und es wurde demgemäss einstweilen der entsprechende Betrag anderer Rechneicapitalien zur Gewinnung der Zinsen gekündigt. — Es sollte jetzt hierzu die kaiserl. Approbation eingeholt werden; allein die nach mehrfachen Verhandlungen vereinbarte Eingabe ad Imperatorem vom 18. Juli 1778 wurde auf Anrathen des Agenten Bittner, der das impetrirte Approbationsdecret für sehr kostspielig, zu Weiterungen führend und bei dem vorhandenen Consens der bürgerl. Collegien für überflüssig hielt, im Einverständniss mit letzteren nicht exhibirt.

Man schritt nun zur genaueren Ermittelung des Kostenanschlags zum Behuf der Submission. Hier ergaben sich von Neuem Schwierigkeiten, da die jetzigen Berechnungen viel höhere Summen zu Tag brachten, als vorher in Aussicht genommen waren. Nach Bauamtsprotokoll vom 17. Mai 1779 waren die Kosten in Folge der erhobenen Ueberschläge der Werkmeister auf fl. 42,121. 4 kr., beziehungsweise nach einer Reduction auf fl. 38,000 vom Stadtbaumeister Liebhard angeschlagen worden. Verschiedene geringere Ueberschläge wurden versucht und Ersparnisse in Aussicht genommen, die etwa auf fl. 32,000—35,000 den Anschlag herabbrachten. Wie vorauszusehen, gab dies bei den bürgerl. Collegien Anlass zu neuen Weiterungen.

Bei der Conferenz mit den bürgerl. Collegien am 18. August 1779 erklärten diese: Sie sähen jetzt schon, dass der Bau mit allen früher nicht besprochenen Verzierungen im Innern, Ameublement der Logen und der Bühne, Feuerspritzen etc. gewiss fl. 60,000 kosten, dann sich aber nicht rentiren könne; sie könnten aber höchstens fl. 36,000 bewilligen; sonst solle man den Bau lassen oder an Actionäre begeben. Dies bewirkte, dass der Rath, um allen Aufenthalt zu vermeiden, am 5. Oct. 1779 dem Bauamt aufgab, den 3. Logenrang wegzulassen, die Risse und Ueberschläge nochmals zu revidiren und die Gesammtarbeiten bis zum Betrag dieser fl. 36,000 auszubieten. Unter dem 29. November 1779 wurde vom Bauamt ein solcher neuer, sich auf fl. 36,000 erstreckender Ueberschlag, den in Verbindung des Stadtbaumeisters Liebhard ein anderer Sachverständiger gemacht und letzterer revidirt hatte, vorgelegt, und diese Ersparniss durch Weglassung des 3. Logenrangs, Aenderung in den Fundamenten, kunstreiche Dachverbindung durch doppelte Hängwerke und Beseitigung der Steinmetzen-Arbeit an der Fronte etc. erzielt. Ein Conferenzprotokoll vom 1. December 1779 theilte dies den bürgerl. Collegien mit und widersprach den Prämissen der Erklärung vom 18. August 1779, »welche alle Behauptungen und Wendungen seien, die zumal nach einem ekelhaften 13jährigen Herumzug der Sache, wovon die Acten der Nachwelt kein ehrenhaftes Denkmal aufbehalten würden, wenig Günstiges vermuthen liessen.« Der Rath drang dabei auf Beschleunigung der Sache, die Schuld der seitherigen Verzögerung könne nur den bürgerl. Collegien beigemessen werden. Diese antworteten erst am 14. Februar 1780 sehr gereizt und wieder ausweichend; sie recurrirten von Neuem auf die Einwände gegen die Rentabilität und verlangten Aufstellung von Ueberschlägen und ein neues Modell zur genauen Prüfung hinsichtlich ihrer Richtigkeit und umfassenden Inhalts und überhaupt die genaue Einhaltung der ihre Mitwirkung sichernden Bedingungen vom 6. und 19. Dec. 1776. Sei dies geschehen, dann wollten sie in der Sache selbst endgültig sich aussprechen. Damit schien wirklich der alte Krieg wieder ausgebrochen und der Weg der Verschleppung wieder betreten. Aber der Rath gab sofort nach. Er beschloss am 22. Februar 1780 hierauf einzugehen, trug dem Bauamt auf, ein neues Modell fertigen, die Risse in Kupfer stechen, die Voranschläge der Arbeiten drucken zu lassen,[1]) die Arbeiten aber jetzt schon vorläufig an den Wenigstnehmenden auszubieten und Coll.

---

[1]) Kupferstecher Cöntgen und Zell stachen die 9 Risse für fl. 110; Kupferdrucker Sylv. Greimbolt druckte sie das Hundert zu fl. 2; Schreiner Heussenstamm machte das Modell zu fl. 75.

civicis vorzuschlagen, ihre betreffenden Deputirten zu beauftragen, hierbei mitzuwirken, worauf dann über den wirklichen Kostenbetrag conferirt werden könne.

Auf den 17. April 1780 wurde durch öffentliche Bekanntmachung im Nachrichtsblatt dieses Ausgebot anberaumt. Ein neues Hemmniss drohte: Stadtbaumeister Liebhard weigerte sich wegen eines Fussübels in der Tagfahrt zu erscheinen. Es wurde der Physicus ord. Pettmann zu ihm geschickt, und da dieser berichtete, dass Liebhard am malo ischiatico leidend nicht erscheinen könne, so wurde der fürstl. hessen-darmstädtische Baumeister Joh. Martin Schuhknecht, der das Exercierhaus in Darmstadt gebaut, schleunigst anher berufen, und zugleich beschlossen, dessen Gutachten über den ganzen Bau, insbesondere über die Zimmerarbeit und die Balkenqualität einzuholen, da Bedenken gegen die Angaben des Stadtbaumeisters bestanden, der durchaus stärkeres Holz, weil sich die Logen selbst tragen sollten, verlangte, als die Werkmeister für nöthig hielten. Ungeachtet Schuhknecht für eine mindere Holzstärke des Dachgebälks und der Stockwerk-Zwischenlager sich aussprach, beharrte Liebhard doch in ausführlichem Gutachten auf seiner Ansicht und lehnte alle Verantwortlichkeit ab. Vom 17. April bis 10. Mai 1780 wurde über die Angebote und Accorde auf dem Bauamt verhandelt, und die Gesammtarbeit kam dabei auf fl. 36,176. 8 kr. und nach Abzug weiterer fl. 900 für steinerne Quadrirung auf fl. 35,276. 8 kr.

Unter dem 10. Mai 1780 genehmigte der Rath und am 24. ej. die bürgerl. Collegien die Accorde auf fl. 36,176. 8 kr., wobei hinsichtlich der Holzdicke für die Logen und das Dach die Anträge des Stadtbaumeisters angenommen und die Anbringung eines Adlers in dem Frontispice beschlossen wurde. Am 26. Mai 1780 wurden die Accorde festabgeschlossen. Hiernach erhielten die Maurerarbeit Wilhelm Kayser, Phil. Carl Kayser, Jänichen und Daniel Kayser, die Zimmerarbeit Heimpell und Kroh, die Steinmetzenarbeit Therbo, die Schreinerarbeit Carl Bauch, Reinhardt und Fries, die Weissbinderarbeit Schmidt sen. und jun., Gottfried May und Krämer etc.

VIII. Die Ausführung des Baues. 1780 Juni bis 1782 September.

Es konnte nun zum wirklichen Bau nach Ablauf von 18jährigen Verhandlungen geschritten werden. Die Baufonds waren bewilligt, die Baupläne genehmigt, die Arbeiten veraccordirt. Der Plan und die Einrichtung waren folgendermassen festgestellt:

Das Haus wurde an das v. Humbracht'sche Haus E. 197, Biebergasse No. 10 angestossen, und erhielt die Fronte, wie sie jetzt noch ist, im Mansardstyl, am Frontispice einen Adler, drei Thüren nach dem Platze. Im Innern 5 Treppen; das Parterre 37 Schuh lang, ohne Logen, mit einem mittlern und zwei Seiteneingängen; zwei Ränge mit 30 Logen, die einzelnen Logen durch Scheidewände bis an die Decke geschieden, immer eine etwas vor der andern vorspringend; die Bühne nach hinten ansteigend, auf beiden Seiten derselben die Schauspielerzimmer; die Weite und Höhe des Proscenium anfänglich auf 39', bez. 34', später auf 33' bestimmt, und dadurch die nächsten Logen nach der Bühne vorgerückt.

Im Laufe des Baues wurde beschlossen, noch 12 Parterrelogen (für fl. 643) beifügen zu lassen, der Bühne einen Fall von 3′ 5″, dem Parterre von 2′ 4″, der ersteren eine Höhe von 5′ 3″, über dem Orchester, den Logenbrüstungen eine solche von 3′ zu geben. Ein früher projectirtes Schrankwerk zur Hebung des Parterres wurde weggelassen. Auch ein parquet noble mit 6 Bänken wurde eingerichtet, zu dessen Herrichtung bürgerl. Collegien am 2. Sept. 1782 nur unter dem Vorbehalt einwilligten, dass dessenungeachtet jedenfalls Juden nur auf das Paradies zu verweisen seien, »da denen in der untersten Logenreihen und sonst in der Nachbarschaft stehenden ansehnlichen Personen nicht gleichgültig sein könne, die in manchem Betracht beschwerlichen Juden so nahe um sich zu haben, damit Misshelligkeiten zwischen christl. Einwohnerschaft und den zudringlichen Juden vermieden würden.« —

Die Arbeiten waren sofort im Juni 1780 begonnen und mit Eifer gefördert worden. Da sollte ein anscheinend unbedeutender Vorgang den gedeihlichen Fortgang des Werkes wieder hemmen und den alten Streit zu neuer Gluth anfachen. Es betraf dies die Grundsteinlegungsfestlichkeit. Am 21. Juli 1780 zeigten die Maurermeister an, dass die Gleichung der Fundamente jetzt geschehen und mit der Façade demnächst begonnen werden solle; sie bäten eine solenne Grundsteinlegung, ähnlich wie solche 1709 bei dem Bau des neuen Deutschordenshauses, 1729 bei der Hauptwache, 1740 bei der Wiedererbauung der Mainbrücke, bei dem Kirchbau in Bornheim etc. geschehen, zu veranstalten. Man beschloss aber am 24. Juli 1780: »hiervon zu abstrahiren, denen Gesellen der Maurer aber fl. 50 Trinkgeld auszahlen zu lassen.«

Dessenungeachtet liessen die Maurermeister am 31. Juli 1780 in solenner Weise den Grundstein legen. Maurermeister und bürgerl. Lieut. Wilh. Kayser hielt dabei eine Rede und legte in dem Grundstein: 2 Flaschen hiesigen Weins, 1 Ducat von 1749, 1 silb. Friedensmünze von 1763, 1 Conv. Thaler von 1772, 1 24 kr.-Stück von 1778, 1 12 kr.- und 5 6 kr.-Stücke von 1778, 2 kr. von 1780, 1 kr. von 1693 und 1773, eine Bleikapsel, in welche eine latein. Urkunde auf Pergament, seine Rede, zwei Aufsätze desselben, der eine eine Anrede an die Zukunft, der andere das politische System von Europa enthaltend, vier Zeitungen, nämlich ein Frankfurter Journal vom 29. und 31. Juli, ein Staatsristretto und eine Frankfurter Avis-Comptoirzeitung vom 31. Juli 1780 verwahrt waren. Die Urkunde auf Pergament, von Senator Dr. Schlosser verfasst, lautete (in 45 Zeilen): »Quod ¦ Deus optimus Maximus ¦ ab incendiis ¦ ruinis ¦ malis omnibus clementissime defendat ¦ hoc theatrum ¦ comoedis, tragoedis ¦ non mimorum impurae gregi ¦ virtuti ¦ non nequitiae bonis moribus ¦ non turpi lasciviae, hilaribus jocis ¦ non scurrili libidini dulcisonis cantibus ¦ non fesceminiis vocibus ¦ laetis choreis ¦ non obscoenis saltationibus ¦ oblectationi hominum ¦ non corruptelae ¦ dicatum ¦ Senatus populusque Francofurtensis, fieri curaverunt ¦ anno post natum Christum ¦ MCCLXXX ¦ Fundamentum autem positum est pridie Cal. Augusti ¦ Praetore ¦ Joanne Martino Ruppel ¦ J. U. D. S. C. M. Consil. ¦ Consulibus ¦ Joanne Daniele Fleischbein, v. Kleeberg, S. C. M. Consil. Scabino ¦ Gottliebio Ettling ¦ J. U. L. Senatore ¦ Aedilibus ¦ Joanne Friederico Maxim. de Stalburg ¦ S. M. Cons. Scabino ¦ Georgio Friederico Dobel ¦ Senatore ¦ Joanne Echzeller ¦ e pistorum conlegio senatore ¦ architecto civitatis Joanne Andrea Liebhard. ¦ Hierüber erhoben bürgerl. Collegien eine sehr heftige und leidenschaftliche Beschwerde und verlangten strenge Untersuchung und Ahndung, sowie Wegschaffung der Grundsteineinlagen, widrigenfalls sie bei dem Theaterbau nicht ferner mitwirken und keine Rechnung anweisen werden, da ihren Deputirten Einsicht von solchen Einlagen und Kenntniss von jedem Schritte bei dem Bau gebühre. Der

Bau musste sistirt werden. Die Maurer von dem Bauamt zu Rede gestellt, sagten: Das Bauamt hätte nur abgelehnt, seinerseits eine feierliche Grundsteinlegung zu halten, ihnen aber eine solche nicht verboten; sie hätten nichts Andres gewollt, als ihrer Seits ein Denkmal der Liebe und Hochachtung für das Amt, ohne alle Kosten des Aerars, zu errichten, und dabei nicht bloss der magistratischen, sondern auch der bürgerl. Deputirten, letzterer durch einen Nachtrag des Maurers Kayser zur lateinischen Urkunde, gedacht; sie hätten eine solche Feier der sehr störrigen Gesellen wegen, die ohnedem sehr schwer zu halten seien und täglich wegziehen wollten, veranstalten müssen, um deren Unmuth zu beseitigen und hätten überhaupt Niemand dabei beleidigen wollen oder beleidigt. — Diese Erklärung wurde den bürgerl. Collegien mitgetheilt; bewirkte aber nur eine gleich heftige neue Beschwerde; wenn schon das Ganze eine Privatsache der Maurer, wie schon jetzt klar sei, gewesen, so sei diese Eigenmacht doch um so straffälliger, da die bürgerl. Deputirten, die doch nach der stattgehabten Vereinbarung bei dem Bau in jeder Hinsicht mitzuwirken hätten, in der lat. Inschrift nicht erwähnt und sonach ganz bei Seite gesetzt seien, und da die gehaltene Rede und die Aufsätze ungebührliche Räsonnements enthielten; sie müssten daher auf Beseitigung dieser Einlagen zur Vermeidung jeden Präjudizes für die Zukunft dringen. Das Bauamt beschloss diesem Ansinnen zu entsprechen und am 11 August 1780 um 4 Uhr Morgens wurden die sämmtlichen Einlagen aus dem Grundstein wieder herausgenommen und sodann den Maurern die Münzen und der Wein zurückgegeben, die Schriftstücke confiscirt und den Maurern ein ernster Verweis ertheilt, das vom 4. Aug. bis dahin angelegte Verbot des Fortbaues aber wieder aufgehoben. Eine ganze Woche hatte der Bau ruhen müssen. Den 4. Dec. 1780 wurde die Steinmetzenarbeit am Hause fertig; den 6. Dec. 1780 musste die Maurerarbeit der Kälte wegen eingestellt werden, am 19. Febr. 1781 wurde sie wieder fortgesetzt und Ende März beendigt. Ende April wurde die Zimmerarbeit aufgeschlagen; am 8. Juni die Steindeckerarbeit und am 15. d. Mts. die Kleiberarbeit fertig.

Für die Decorationen und die Maschinerien wurden bei dem kurpfälz. Decorateur Joh. Georg Kirchhöfer Modelle bestellt (16. Juli 1781), wonach erstere auf ca. fl. 5800 sich berechneten. Ueber die Frage, ob man Decorationen und Maschinen anschaffen solle, entspann sich ein neuer Dissens mit den bürgerl. Collegien, da unglücklicher Weise mit dieser Frage diejenige über die künftige Nutzbarmachung des Hauses, seine Verpachtung oder Regie in engor Verbindung gebracht wurde, und hierdurch alle Gegner des Baues neuen Stoff zum Streit fanden. Die bürgerl. Collegien nämlich glaubten, dass nicht die Stadt, sondern die Comödianten wie seither im Bienenthal'schen Saale, die Decorationen stellen sollten, und beriefen sich auf Aeusserungen des damals in Mainz befindlichen Schauspieldirectors Böhm (Prot. vom 7. Dec. 1781, 8. Jan. u. 8. März 1782), die letzterer aber bei genauerer Vernehmung nicht zugestand. Eine weitere Conferenz sollte versucht werden, als sich der hiesige Bürger und Handelsmann Joh. Aug. Tabor erbot, das ganze Theater auf 10 Jahre gegen messentliche Zahlung von 400 Conv.-Thlr. = fl. 960 in Entreprise zu nehmen und die Decorationen selbst zu stellen, welche nach Ablauf der Pachtzeit der Stadt um die Hälfte des kostenden Preises verbleiben sollten. Damit schien die Differenz gehoben; allein nun gab ihm die Rivalität zwischen Tabor und seinem Concurrenten, derer ersterer bei den bürgerl. Collegien, letzterer bei dem Magistrat Unterstützung zu finden suchte, neue Nahrung und Anlass zu ärgerlichen Hin- und Herreden. Es erbot sich nämlich der Schauspieldirector Böhm fl. 3000 jährlich Pacht für das Haus zu geben, wenn

— 27 —

man ihm die Decorationen stelle; anderenfalls fl. 2400, wobei er, wenn der Pacht auf 10 Jahre erstreckt werde, die Decorationen unentgeltlich der Stadt überlassen wolle. Tabor bot hierauf am 7. Mai 1782 ebenfalls fl. 3000, wenn die Stadt die Decorationen liefere, sowie fl. 1000 Beitrag zu deren Anschaffungskosten, nachdem Quaglio in Mannheim diese auf fl. 6000 veranschlagt habe. Mit diesem Vorschlag waren bürgerl. Collegia und Senat am 13. Mai 1782 insoweit einverstanden, dass er als Basis zu weiteren Verhandlungen (15. u. 17. Mai) mit Tabor benutzt werden solle. Es wurde nun der kurpfälz. Rath und Hofmaler Quaglio von Mannheim über die ganze Einrichtung der Bühne, der Decorationen und des Hauses gehört und seine Vorschläge angenommen. Ueber die Pachtsumme konnte erst am 20. Juni 1782 nach mehrmaligen, beiderseits in sehr gereiztem Tone gehaltenen Conferenzen zwischen dem Rath und den bürgerl. Collegien eine Uebereinstimmung erzielt werden, da die bürgerl. Collegien zwar die Uebernahme der Fertigung der Decorationen etc. auf städtische Kosten zugaben und auch das Tabor'sche Anerbieten billigten, der Rath aber längere Zeit auf einer höheren Pachtsumme bestand und sich darauf berief, dass die Schauspieler in der letzten Zeit an Herrn v. Bienenthal für die Messe fl. 750, zusammen fl. 1500, — für Extravorstellungen 14 Tage nachher fl. 616, Beleuchtung fl. 114, an die Stadt für Concession fl. 400, an die Stiftungen fl. 280, mithin fl. 2940 für ein geringeres Local gezahlt hätten. Die Debatten wurden sehr heftig; man hatte sich wechselseitig absichtliche Verzögerungen vorgeworfen; es wurde sogar mit dem Recurs an den Reichshofrath gedroht, und sehr übel genommen, dass eine Rückäusserung der bürgerl. Collegien, die unbedingt Tabor's Anerbieten vertheidigte, am 12. Juni 1782 in aedibus den Bauamtsdeputirten ertheilt worden war. Auch warf man von Seiten der magistratischen Deputirten den bürgerl. vor, dass Letztere ohne Vorwissen der Ersteren dem Rath Quaglio bereits Auftrag zur Fertigung der Decorationen gegeben und so diesen die Mitentscheidung zu entziehen versucht hätten, während bürgerlicher Seits dies verabredet wurde. Kurz es waren noch im letzten Augenblicke alle Eifersüchteleien zu Tage gekommen, welche in Folge der Zusage einer Mitwirkung der bürgerl. Deputirten bei der Bauausführung, die eigentlich nur den Magistratsgliedern des Bauamts obgelegen hätte, vorauszusehen gewesen waren, und nur durch das gegenseitige Zusammenwirken für ein Ziel und die Beseitigung aller Nebenrücksichten und persönlichen Empfindlichkeiten sich hätten beseitigen lassen, vielleicht aber durch Tabor's Dazwischentreten neuen Anlass erhalten hatten. Endlich war man mit Hofrath Tabor im Juli 1782 einig geworden und die Fertigstellung der innern Einrichtung wurde für die Herbstmesse 1782 auf das Aeusserste beschleunigt.

Die Decorationen wurden nun im August 1782 von Joseph Quaglio, kurpfälz. Hofrath und Architect in Mannheim[1]) geliefert für fl. 5550, die Maschinen für fl. 2609; der Transport von Mannheim hierher kostete fl. 200. Kunstmaler Christ. Georg Schütz (der Vater) und dessen Sohn Joh. Georg Schütz[2]) malten den Vorhang für fl. 500 (ohne die Leinwand); Bildhauer Joh. Georg Friedr. Schnorr[3]) übernahm die Fertigung korinthischer Säulen an dem Portal (Proscenium) für fl. 100.

[1]) Vergl. Gwinner, Kunst und Künstler in Frankfurt, S. 469. Er war 1747 geb., † 1828.
[2]) Christ. Georg Schütz, geb. 1731, † 1791; Joh. Georg, dessen 2. Sohn, geb. 1755, † 1813; von letzterem rührte die Zeichnung her. Gwinner, ebenda S. 318.
[3]) Vergl. Gwinner, ebenda S. 293.

Auf Quaglio's Rath waren noch kurz vor der Eröffnung der Bühne im September 1782 verschiedene Veränderungen auf der Bühne, im Orchester und auf der Gallerie vorgenommen worden.

Zum Schutze gegen Feuersgefahr wurde eine Regencisterne mit Pumpe im Marstall angelegt und 2 Handspritzen mit Schläuchen und 2 grosse mit Wasser gefüllte kupferne Behälter auf dem Boden aufgestellt, und 5 Mann zu deren Bedienung angenommen, auch eine Stadtspritze in einem besondern neu erbauten Spritzenhaus am Marstall untergebracht, obgleich auch diese Maassregel anfänglich bürgerl. Seits als überflüssig und bei der sonstigen allgemeinen Fürsorge der Quartierlöschanstalten entbehrlich bekämpft worden war. — Die Aufsicht und Leitung der Maschinerie wurde dem bei der Fertigung beschäftigt gewesenen in Mannheim früher in gleicher Weise angestellten J. Math. Utz mit dem Titel und den Gehaltsbezügen eines Bauhof-Obergesellen übertragen.

So war endlich der Bau bis zum Anfang September fertig geworden, nur kleinere bauliche Herrichtungen und ein Theil des Anstrichs blieben für das Frühjahr 1783 vorbehalten.

Der Bau hatte gekostet:

Das Gebäude selbst	fl.	35,276. 8.
Neue Logen	fl.	643. —
Decorationen	fl.	5,500. —
Maschinerien und Transport	fl.	2,809. —
Vorhang	fl.	500. —
Säulen	fl.	100. —
Im Ganzen	fl.	44,678. 8.

ohne die Kosten der nachträglichen Aenderungen auf der Bühne und im Orchester und der Feuerlöschanstalten, die etwa auf fl. 2000 sich belaufen mochten. In einer späteren Berechnung (1790) wird die Gesammtsumme zu fl. 55,687. 51. angegeben.

Frau Rath Göthe nennt das Haus ein prächtiges »Schauspielhaus«. Kirchner (Ansichten S. 75) sagt von ihm: »Das im holländisch-französischen Geschmacke erbaute Haus hat in akustischer Hinsicht viel Empfehlendes. Bei der inneren Einrichtung diente die Mannheimer Bühne zum Vorbild. Jetzt (1818) fängt der Raum fast an, zu enge zu werden.«

Das Schauspielhaus wurde am Montag, den 2. September 1782 von der durch Tabor engagirten Grossmann'schen Gesellschaft mit dem Schauspiel: »Hanno, Fürst im Norden« und einem Epilog mit Gesang eröffnet.

Fünfter Abschnitt.

Eröffnung des Hauses und Ueberlassung an Unternehmer.

IX. Verpachtung des neuen Hauses an Hofrath Tabor. 1782—1792.

Wie schon oben bei Gelegenheit der Verhandlungen über die Herstellung der Decorationen und Bühneneinrichtung erwähnt werden musste, war wegen Nutzbarmachung des neuen Schauspielhauses mit einem hiesigen Entrepreneur, der nach seiner Angabe noch anonyme Mittheilhaber hatte, in Benehmen getreten und diesem vor dem Mainzer Principale Böhm der Vorzug eingeräumt worden. Am 16. Juli 1782 wurde endlich mit dem hiesigen Bürger und Handelsmann Herrn Joh. Aug. Tabor, fürstl. Waldeck'schen Hofrath, der Miethvertrag abgeschlossen. Es wurde demselben v. 1. Sept. 1782 bis dahin 1792 das Schauspielhaus zum Gebrauch von Schauspielen für jährliche Vorausbezahlung von fl. 3000 und einen einmaligen Zuschuss von fl. 1000 zur Aufertigung der Decorationen überlassen; sollten die von Herrn Quaglio zu fertigenden eilf Decorationen in 173 Stück mehr als fl. 6000 und die von demselben zu fl. 2600 übernommenen Maschinen mehr als diese Summe kosten, so hat er dies zuzuschiessen, auch die Decorationen zu unterhalten. Er verspricht in der Herbstmesse 1782, auch wenn das Haus bis dahin in Anstrich, Treppen etc. noch nicht ganz fertig sein sollte, darin zu spielen. An Sonn- und Festttagen, in der Fastenzeit und vom 1. Advent bis Neujahr darf nicht gespielt werden; beleidigende oder sonst dem Rath missliebige Stücke sind unzulässig; ebenso keine Concerte, Bälle, Mahlzeiten; eine von den Deputirten des Kasten- und Armen-Waisenhauses auszuwählende Vorstellung ist in der ersten Woche nach jeder Messe zum Besten dieser Stiftungen zu geben. Der Rath wird während der Accordzeit keinem andern Schauspieldirector die Erlaubniss zu theatralischen Vorstellungen mit lebenden Personen gewähren, vorbehaltlich der Zulassung von Seiltänzern, Schattenspielern, Taschenspielern und vorbehaltlich von Krönungs- und Congresszeiten. In dem Hause darf Tabor keine Logis, ausser an den Director, der aber darin nicht kochen darf, ablassen und keine Hazardspiele dulden, unter Vorbehalt der Anstellung eines besonderen städtischen Wächters. Der Bestäuder hat seinem Director einzubinden, dass er nur Fremde, keine Hiesige als Schauspieler, am wenigsten Minorenne, Gymnasiasten, Gesellen, Soldaten etc. engagire, auf seiner Leute Sittlichkeit sehe, und zur Warnung gegen Schuldenmachen dem Zettel beifüge, dass Niemand etwas auf meinen Namen geborgt werde. Die Schauspieler erhalten Permissionsscheine, dürfen aber »keine bürgerliche Nahrung durch Unterrichtgeben im Tanzen, oder im Französischen, durch Galanterie-Arbeit, Abschreiben oder sonsten betreiben.« Bei Verfehlungen gegen diese Bedingnisse kann der Rath den Accord aufheben.

Man sieht aus diesen Bedingungen, dass die Stadt aus ihrem neuen Schauspielhause trotz der vielen Beschränkungen der Spieltage eine gute Rente (von über 6%) ausbedungen hatte; allein die Höhe dieser Rente gab auch Anlass zu mancherlei Differenzen mit dem Unternehmer und nöthigten den letztern bei ausserordentlichen Gelegenheiten zu grossen Preissteigerungen und zu Preiserhöhungen bei neuen Stücken.

Tabor hatte die kurfürstl. Mainzische und kölnische Gesellschaft von Grossmann, der hier schon bekannt und beliebt war, und früher in Bonn und Cöln, später in Mainz, seit 1783 aber sich hauptsächlich der letzteren Stadt und in Frankfurt der Bühnenleitung widmete, engagirt. Nach Grossmann's Abgang waren es die Gesellschaften von Böhm (Nov. 1782) und Koberwein (1786), welche hier spielten und den guten Talenten ihrer Mitglieder, wie Steiger, Liebich, dem Komiker Bösenberg, Unzelmann, Ambrosch, Eunicke und dessen Frau, die spätere Händel-Schütz, Schwachhofer, später Lux einen grossen Erfolg verdankten.[1])

Jedoch blieb das Unternehmen nicht ohne Anfechtungen. Eine Differenz zwischen dem Rath und Tabor ergab sich bereits in der Herbstmesse 1782. Schon oben ist erwähnt, dass die bürgerl. Collegien bei Zustimmung zur inneren Einrichtung des Zuschauerraums und dessen Eintheilung in parquet noble und parterre, die Verweisung der Juden auf die Gallerie verlangt hatten. Als nun

---

[1]) Wie lebhaft die Theilnahme für die neue Bühne und wie empfänglich das Publikum für ihre Leistungen war, zeigen die Briefe der Frau Rath Göthe. So schreibt sie am 22. Oct. 1782 an Herzogin Anna Amalie: »Ich freue mich, zumal Herr Tabor für unser Vergnügen so stattlich gesorgt hat. Den ganzen Winter Schauspiel! da wird gegeigt, da wird trompetet! — Ho den Teufel möchte ich sehen, der Courage hätte, einen mit schwarzem Blut zu incommodiren. Ein einziger Sir John Falstaff treibt ihn zu Paaren; das war ein Gaudium mit dem dicken Kerl! — Diese Woche sehen wir auch Clavigo — da geht ganz Frankfurt hinein — alle Logen sind schon bestellt.« — Ferner Ostern 1784 an Friedrich v. Stein: »Uebermorgen geht unser Schauspiel wieder an und zwar wird ein neues Stück gegeben: Kabale und Liebe, von Schiller, dem Verfasser der Räuber. — Alles verlangt darauf und es wird sehr voll werden.« — Den 10. Dec. 1785 an Friedr. v. Stein: »Wir haben diesen Winter 3 öffentliche Concerte; ich gebe aber in keines, wenigstens bin ich nicht abonnirt, das grosse Freitags ist mir zu steif, das montägige zu schlecht, in dem mittwöchigen habe ich lange Weile und die kann ich in meiner Stube gemächlicher haben. Die 4 Adventswochen haben wir kein Schauspiel, nach dem neuen Jahr bekommen wir eine Gesellschaft von Strassburg, der Director heisst Koberwein.« — Am 25. Mai 1786 an denselben: »Der 8. Mai war wohl für mich, als Göthes Freunde ein fröhlicher Tag — Götz v. Berlichingen wurde aufgeführt. — Der Auftritt des Bruder Martin — Götz vor des Rathsherren in Heilbronn — die Bataille mit der Reichsarmee — die Sterbescene von Weislingen und Götz thaten grosse Wirkung. Die Frage, wo seid ihr her, hochgelehrter Herr? und die Antwort: von Frankfurt a. M. erregte einen solchen Jubel, ein Applaudiren, das gar lustig anzuhören war. . . . . Dienstags, den 30. Mai wird auf Begehren des Erbprinzen von Darmstadt Götz wieder aufgeführt. Potz, Fritzgen, das wird ein Spass sein!« — Sodann ihre Briefe an Unzelmann. — (Keil, Rob., Frau Rath, Briefwechsel S. 187, 211, 217, 223, 247, 253, 275—294, 300).

bald nach Eröffunng des Theaters Juden im Parterre zugelassen worden, wurde darüber Beschwerde erhoben und der Director Grossmann darüber zur Rede gesetzt. Er erklärte: »es würden zwar wenig Juden des Preises für das Parterre wegen, der für ihren Geiz zu hoch sei, auf das Parterre gehen; allein es sei ihm nicht möglich, sie ganz abzuhalten. So sei am 5. Sept. 1782 der kurcölnische Hofjude Baruch[1]) im Parterre gewesen; hätte er ihn abgewiesen, so würde er Verdruss am Cölnischen Hofe bekommen haben; auch drohe sonst ein Bann, dass kein Jude ins Theater gehen dürfe. Er wolle bloss angesehene Juden zulassen. Ein Rathsschluss vom 12. Sept. 1782 liess es hierbei beruhen. Dann kam Tabor in Collision mit den Zunftprivilegien. Im Nov. 1784 beschwerten sich die Stadttrompeter, dass bei Aufführung des Hamlet fremde Trompeter und Heerpauker gebraucht worden, was gegen ihre Privilegien sei; sie erwirkten ein Verbot des älteren Bürgermeisters zu ihren Gunsten. Da sie vorstellten, dass dessenungeachtet sie nicht verwendet würden, wurde die Sache förmlich in Schriftstücken verhandelt, bis sich Tabor erbot, sie gegen Gebühr von 1 Rthlr. eintretenden Falls zu verwenden, womit sie zufrieden waren (11. Jan. 1785).

Am 17. April 1785 um ½ 2 Uhr Nachts brach Feuer im Theatergebäude und zwar in dem Arbeits- oder Schlafzimmer des Directors Grossmann aus, das in dessen Zimmern schnell um sich griff, doch aber bald, (obwohl wie Kirchner erzählt — ohne grossen Eifer der Bürgerschaft, die das »Teufelshaus« wollte brennen lassen und nur nach lebhafter Intervention des Schöffen Textor, Sen. Hoppe etc.) wieder gelöscht wurde. Grossmann selbst wurde, da er zu löschen und seine Papiere wegzuschaffen suchte, nicht unbedeutend verletzt und mit brennenden Kleidern von dem Schauspieler Bösenberg gerettet, sowie auch seine Kinder des Rauchs und des Dampfes auf den Treppen wegen nur mit Leitern aus dem 2. Stock geholt worden waren.[2])

Frau Rath Göthe schreibt hierüber an Fr. v. Stein am 10. Mai 1785: »Den 16. April wäre bald der ganzen Stadt Lust und Freude in Trauer und Wehklagen verwandelt worden. Nach Mitternacht brach in dem neuen prächtigen Schauspielhause Feuer aus und wäre die Hülfe eine Viertelstunde später gekommen, so wäre alles verloren. Der Director hat Alles eingebüsst — nichts als sein und seiner 6 Kinder Leben davon gebracht. — In solchen Fällen da ehre mir Gott die Frankfurter, -- sogleich wurden drei Collecten eröffnet, eine vom Adel, eine von den Kaufleuten, eine von den Freimaurern, die hübsches Geld zusammenbrachten — auch kriegten seine Kinder soviel Geräth, Kleider etc., dass es eine Lust war. Da das Unglück das Theater verschont hatte, so wurde gleich 3 Tage nachher wieder gespielt und zwar, »der teutsche Hausvater«, worin Director Grossmann den Maler ganz vortrefflich spielt. Ehe es anging, hob sich der Vorhang in die Höh' und er erschien in seinem halbverbrannten Frack, verbundenen Kopf und Händen, woran er sehr beschädigt war und hielt eine Rede — seine 6 Kinder standen in armseligem Anzug um ihn herum und weinten alle so, dass man hätte von Holz und Stein sein müssen, wenn man nicht mitgeweint hätte, auch blieb kein Auge

---

[1]) Ludwig Börne's Vater. Vgl. auch Mitth. d. Vereins IV. S. 348.

[2]) Vgl. Belli, Leben in Frankfurt VII. S. 9. Kirchner, Ansichten I. S. 74. Keil, Rob., Frau Rath Briefwechsel S. 238.

trocken, und um ihm Muth zu machen und ihn zu überzeugen, dass das Publikum ihm seine Unvorsichtigkeit verziehen habe, wurde ihm Bravo gerufen und zugeklatscht.«

Der Brandschaden am Hause war unbedeutend. In dem Grossmannschen Zimmer waren die Balken an Decken und Wänden verkohlt, die Lambris verbrannt, die Fenster zerbrochen, die gegenüber befindlichen Logenthüren und Verkleidungen angebrannt; in dem Garderobezimmer darüber die Wände geschwärzt und ein Schrank und durch diesen die Bühnenwand durchgebrannt und ausserdem manche Räume durch das Wasser beschädigt. Die Herstellungskosten beliefen sich auf fl. 676. 34 kr.

Die Beschränkungen der Spieltage wurden bald für den Unternehmer und das Publikum lästig. Verschiedene Gesuche des Hofr. Tabor und eindringliche Intercessionen des kaiserl. Ministers Grafen Lehrbach und des landgräfl. hess. Hofraths um Gestaltung des Spiels an Sonntagen und in der Fastenzeit hatten 1783 und 1785 keinen Erfolg. Tabor erneuerte 1787 sein Gesuch um Erlaubniss zu Vorstellungen an Sonn- und Festtagen und motivirte es mit seinen geringen Einnahmen an den Wochentagen. Es wurde mit Coll. civ. am 25 Juli 1787 conferirt, von diesen aber die Zustimmung zu einem willfährigen Beschluss abgelehnt und vom Rath das Gesuch am 14. August und 13. September 1787 abgeschlagen, am 20. Sept. 1787 aber für die beiden letzten Sonntage der Herbstmesse willfahrt. Es entspann sich nun ein Streit mit Coll. civ., ob diese über die Ausdehnung der Spieltage, als Theil des Contrakts mit Tabor, mitzureden oder diese Frage lediglich eine von dem Rath allein zu entscheidende Polizeisache sei. Beiderseits wurde auf dem erhobenen Anspruche beharrt und gegen die anderweitige Auslegung protestirt: jedoch in praxi den bürgerl. Collegien jedes Mal Mittheilung von den ertheilten Verwilligungen gemacht und solche von diesen nicht beanstandet. In den Messen von 1788—1792 wurde gestattet, gegen eine besondere Abgabe von fl. 200 ad aerarium an den 4 Messsonntagen zu spielen.

Für die letzten Jahre seines Contraktes (1789—1792) hatte Tabor seine Rechte an die kurfürstl. mainzische Theaterdirection abgetreten, welche unter der Intendanz des Frhrn. v. Dalberg (Vetter des Mannheimer Intendanten), durch Siegfr. Gotthelf Eckard-Koch geleitet wurde, und die besseren Mitglieder ihrer Vorgänger an sich gezogen hatte. Missständig war es, dass die Mainzer Direction in der Regel nur in den Messen und im Sommer, wo sie in Mainz wegen Abwesenheit des kurfürstl. Hofs und Adels weniger in Anspruch genommen war, hier zu spielen pflegte und so die Frankfurter Bühne nur als Lückenbüsser benutzte, im Winter aber hier und da durch wenig gebildete Wandergesellschaften sich vertreten liess. Vielfach erzeugte dies Unzufriedenheit, und dies um so mehr, als die Direction die günstigen Chancen bei der Krönung Kaiser Leopold II. im Jahre 1790 sehr zu ihrem Vortheile und zum Nachtheile der Abonnenten auszubeuten keinen Anstand nahm.

Die Abtretung des Contrakts an die Mainzer Direction führte zu einem Rechtsstreite der letzteren mit Tabor, der bereits 1788 gegen die Stadt auf Entschädigung wegen angeblicher nicht vollständiger Contraktserfüllung geklagt hatte. Tabor hatte nämlich schon seit 1783 alljährlich eine Reihe von Veränderungen im Schauspielhause beantragt, die er von der Stadt verlangte, diese aber grossentheils als ihm obliegend bezeichnete. Dahin gehörte Erhöhung der hinteren Galleriebänke, Vergrösserung der Mittellogen, Vermehrung der Logenstühle, Beschlagung der Bänke und Brüstungen, Verschläge gegen den Zug, und vor Allem Oefen zur Heizung im Winter, da er bei zunehmender

Kälte nicht könne spielen lassen. Ueber die Herstellung eines Theils dieser Abänderungen ward man einig, nicht aber über die Heizung, und da Tabor seit 1785 am Pachte fl. 1500 einhielt, um seine angebliche Einbusse zu decken, so wurde bis 1788 auch mit der Ausführung der zugestandenen Verbesserungen gezögert, hierdurch die Sache rechtshängig, jedoch nebenbei über einen Vergleich verhandelt. Beiläufig sei erwähnt, dass Tabor, der in der Periode von 1782—1788 mit der Grossmann'schen Gesellschaft an Theaterunternehmungen ausser Frankfurt, in Mainz, Cassel, Pyrmont, Düsseldorf, Göttingen betheiligt war, seinen Verlust zu fl. 13,626 sich berechnet hatte.

Sechster Abschnitt.
Das Frankfurter Nationaltheater.

X. Das Frankfurter Nationaltheater der ersten Actiengesellschaft (erster Concessionsvertrag) 1792—1802.

Die eben erwähnte Unzufriedenheit mit dem seitherigen Verhältniss zu einer fremden Bühne, die geringe Rücksichtnahme auf das hiesige Publikum und die Abonnenten der Logen, dann die Mängel einer wechselnden Gesellschaft von Schauspielern, welche anderen Einflüssen zu gehorchen hatte, hatten bald nach der letzten Kaiserkrönung den Wunsch und das Bedürfniss nach einer stehenden Bühne immer lebhafter werden lassen. So tauchte der Gedanke auf, aus der Zahl der Theaterfreunde selbst eine Bühnenleitung zu bilden, statt sich von Unternehmern ausbeuten zu lassen; ein Actienunternehmen wurde proponirt und schon im Frühjahr 1791 trat es in Verwirklichung. Sechzig der angesehensten Bürger zeichneten fl. 33,000 in Actien zu fl. 550 und erwählten einen Ausschuss, der die nöthigen Schritte zur Erpachtung des Schauspielhauses bewirken sollte.

Am 30. März 1791 überreichten die hiesigen Bürger G. E. Chamot, J. J. v. Stockum älterer, Abraham Chiron, Simon Friedrich Küstner eine Vorstellung bei Rath ein, in welcher sie vortrugen:

»Die öffentlichen Schauspiele, für welche jetzt von den grössten Genies Deutschlands Meisterwerke vorhanden, seien das stärkste Beförderungsmittel der Aufklärung und von dem mächtigsten Einfluss auf die Sittlichkeit und die Erregung edler und wohlwollender Neigungen und Gefühle und zur Bekämpfung der Leidenschaften; dem gebildeten Publikum seien sie ein angenehmer Zeitvertreib, reiche Gelegenheit zur Erweiterung der Menschenkenntniss und Erholung für den Geschäftsmann. Daher seien sie bei jeder aufgeklärten Nation jetzt Bedürfniss und auch hier habe man diesem Bedürfniss durch Errichtung eines Schauspielhauses entsprochen. Seit dem Abschlusse des Vertrags mit Herrn Tabor hätten verschiedene Schauspielergesellschaften in dem Hause gespielt und zuletzt die Mainzer Gesellschaft durch Vermittlung des Herrn v. Dalberg dahier abwechselnd mit Mainz Vorstellungen gegeben, jedoch nur in den Messen und im Sommer; im Winter gar nicht. Diese Beschränkung, die einer Stadt wie Frankfurt fast zum Hohne gereiche, habe eine Anzahl patriotischer

Bürger bewogen, zur Errichtung einer eigenen ständigen Schauspielgesellschaft sich zu vereinigen und die Unterzeichner dieser Eingabe seien von denselben zu folgenden Vorschlägen ermächtigt:
1) Miethe des Schauspielhauses auf 10 Jahre nach Ablauf der Taborschen Miethe,
2) Erlaubniss zur Errichtung einer eigenen Schauspielgesellschaft,
3) Erlaubniss, das Haus nöthigenfalls an eine andere Gesellschaft zu vermiethen,
4) Erlaubniss, an den Sonntagen und in der Fasten- und Adventzeit zu spielen,
5) Erlaubniss, im Winter heizen zu können und Stellung der Oefen hierzu, wogegen sie
6) fl. 500 mehr, als seither, Bestandzins zahlen,
7) alle Reparaturen, Verzierungen, Decorationen etc. stellen und für
8) jede Belästigung der Stadt oder Stiftungen durch die Schauspieler einstehen, auch im Uebrigen die Bedingungen des seitherigen Contracts annehmen wollten.«

Der Antrag fiel auf günstigen Boden. Das Bauamt (Schöff v. Günderrode und Senator Willemer), an welches die Sache zum Gutachten ging, berichtete am 16. April 1791:

Mit dem 1. September 1792 laufe die Miethe des Hofr. Tabor ab. Dies habe das Amt veranlasst, verschiedene Verhandlungen wegen neuer Vermiethung des Comödienhauses einzuleiten. Tabor erbiete sich zu fl. 2000 Miethe jährlich und Herstellung der Maschinen und Decorationen, und für jeden Sonntag in der Messe fl. 50, ausser den Messen fl. 30, für den Monat December fl. 400 und für jede Woche in den Fasten fl. 100 zu zahlen; ausserdem seine Entschädigungsklage bei den Gerichten abzurufen.

Die Mainzer Theaterintendanz wolle, wenn das Theater geheizt und das Spielen im Advent, in den Fasten und an den Messsonntagen gestattet werde, vom 1. Nov. bis Ostern mit einer eignen Schauspielergesellschaft, von Ostern bis 1. Nov. mit der Mainzer Gesellschaft spielen und jährlich fl. 4000 zahlen; wenn es aber bei der seitherigen Spielzeit bleibe, jährl. fl. 3000 und fl. 400 für die Messsonntage und fl. 300 an die Armen zahlen. Die hiesige Gesellschaft verstehe sich jetzt zu einem Angebot von fl. 4000 und verzichte auf die 4 Adventssonntage und die hohen Feiertage, wolle auch an den übrigen Sonntagen nur ausgesuchte moralische Stücke aufführen. — Das Mainzer Anerbieten werde von kurfürstl. Seite sehr unterstützt und dessen Ablehnung werde vielleicht die politische Stellung der Stadt zum kurfürstl. Hof erschweren. Allein da es hier auf den Anklang, den das Theater im Publikum finde, ankomme, so müsse bemerkt werden, dass die Abonnenten mit der Mainzer Intendanz, unzufrieden seien. Diese habe für das Jahrabonnement die meisten Vorstellungen den Sommer statt im Winter gegeben, neue Stücke zu erhöhten Preisen und ausser dem Abonnement aufgeführt; bei der letzten Krönung das Abonnement nicht gehalten, sondern 40 Louisd'ors für die Loge, und da Niemand abonnirt, 16 Louisd'ors verlangt. Bei neulicher Eröffnung eines neuen Abonnements habe sich der Unwillen durch Ablehnung der Unterschrift und Verlangen der Betheiligung bei der Direction kundgegeben, so dass keine Erneuerung des Abonnements zu Stande gekommen sei. Die Mainzer Intendanz könne diese Missstände nicht beseitigen und es bleibe das Theater jedenfalls zugleich vom Mainzer Hofe abhängig, was hier Niemand gern sehe. — Dagegen gewähre das Anerbieten der hiesigen Gesellschaft durch die Persönlichkeit der Unternehmer und deren Einfluss im Publikum grosse Hoffnungen und habe für das Stadtärar und die Einwohnerschaft offenbar Vortheile. Das Spielen an Sonntagen und in der Advent- und Fastenzeit sei für den Bestand des Theaters nöthig, auch vielfach dem Handelsstand, der seine jungen Leute dadurch von schädlichen Vergnügungen abgehalten sehe, erwünscht. Man sei daher für den Antrag.

Nachträglich zeigte noch die Mainzer Intendanz an, dass sie von ihrem Vorhaben abstehe. Am 24. Mai 1791 beschloss der Rath: Es solle das Bauamt über die Erwärmung des Hauses und über die bei der neuen Pachtung unterlaufenden oeconomica mit bürgerl. Collegien conferiren, und solle der künftigen Entreprise — ausser der Charwoche oder den nächsten beiden Wochen vor Ostern, dem ersten Osteru-, Pfingsten- und Weihnachtstage, — an den übrigen Sonntagen und in der Advents- und 5 oder 6 ersten Fastenwochen die Eröffnung des Theaters gestattet werden, jedoch die Polizei darauf sehen, dass an den letztgenannten Zeiten nur ganz unanstössige Stücke gegeben würden.

Bürgerl. Collegien erklärten hierauf am 4. Juli 1791: Sie hätten unter Bezugnahme auf die Erklärung vom 16. Dec. 1774, zum Bau eines Schauspielhauses nur unter der Bedingung consentirt, dass keine Comödie ausser den Messen und zwar längstens 3 Wochen über die Herbst- und 14 Tage über die Ostermesse zu erlauben sei. Da nun diese Bedingungen nicht allein durch die Moralität, sondern auch im Interesse der Entreprise, die sonst ihre Rechnung nicht finden könne, gemacht worden, so könnten sie höchstens in den Antrag einwilligen, wenn alle in den Advent und in die Fasten fallenden Sonntage, die ersten hohen Festtage und der Tag zuvor und die letzte Advents- und Charwoche von der Spielzeit ausgenommen würden. Zu einer zweckmässigen Heizungseinrichtung, sowie zu dem beantragten Pachtgeld von fl. 4000 und den übrigen Bedingnissen des Vorschlags willigten sie ein, wenn die neu anzuschaffenden Decorationen nach Ablauf der Pachtzeit unentgeltlich der Stadt blieben.

Man leitete hinsichtlich dieser angeregten Ausdehnung der geschlossenen Zeit mit der Gesellschaft der Entrepreneurs weitere Verhandlungen ein. Die Letzteren erklärten, die Fastensonntage nicht nachgeben zu können, da sie gerade zu einer Zeit, wo andere Vergnügungen aufhörten und die Ostermesse eintrete, eine bedeutende Einnahme erwarten müssten und sonst bei ihren bedeutenden Auslagen für Decorationen fl. 10,000, Garderobe fl. 10,000—15,000, nicht auskommen könnten. Auch das Bauamt befürwortete das Gesuch der Actiengesellschaft mit grosser Wärme in mehreren Berichten vom 14. Juli, 1. August und 19. September 1791[1]) und bemühte sich, den Widerspruch der bürgerl. Collegien als verfassungsmässig unzulässig, weil nicht ad oeconomica gehörig, sondern eine Polizeisache betreffend darzustellen.

Am 29. September 1791 endlich entschied man sich bei Rath: das Theater solle geschlossen bleiben vom letzten Adventsonntag bis ersten Christtag incl., den zweiten Sonntag vor Ostern, vom Palmsonntag bis ersten Ostertag incl., den ersten Pfingsttag und Abend vorher, und an sonstigen ausserordentlichen Festen auf besonderen Befehl; dabei aber sollten alle neuen Stücke, insonderheit die für Sonntage und Advent- und Fastensonntage bestimmten Stücke vorher zur Censur und Einholung

---

[1]) In dem letzteren Berichte wird in Bezug auf den § 19 des früheren (Tabor'schen) Vertrags, wonach die Entrepreneure keine hiesigen Bürgerssöhne als Schauspieler annehmen sollten, eine solche Beschränkung als der Ehre des Schauspielerstandes und der bürgerlichen Freiheit widersprechend, durch eine weitläufige Deduction, jedoch in sehr gewandter Form historisch darzustellen versucht. Das Beispiel von Sophokles, des Rigaischen Präsidenten von Kotzebue, Garrick, ja Frhr. v. Dalberg (Bruder des Coadjutors), Rob. Steal und Sheridan wurde angezogen und ein solches Verbot der in den Reichsgesetzen von 1577 verbotenen Unredlichmachung gleichgeachtet. Der Erfolg war nur die Modification in § 15, welche Dispensationen zuliess.

der Erlaubniss vorgelegt werden. Zugleich wurde Coll. civ. das Missfallen des Raths zu erkennen gegeben, dass sie, obschon sie zufolge ihrer Bezugnahme auf eine unerfindliche Convention selbst eingestanden, dass es ihrer Intention an verfassungsmässigen Gründen ermangele, gleichwohl in diesem der Polizeigewalt lediglich vorbehaltenen Punkt sich einzumischen nicht angestanden. Im Uebrigen soll den Entrepreneurs nur dann bei Bauveränderungen eine Anzeige obliegen, wenn sie die Fussböden, Wände oder Dachwerk durchschneiden wollen; für die städt. Decorationen sollten die Pächter entweder fl. 100 Extrapacht zahlen, oder den am Ende der Pachtzeit vorhandenen Minderwerth ersetzen; auch die Assecuranz des Hauses zu fl. 60,000 übernehmen, falls nicht der Brand durch Blitz oder Feuer in der Nachbarschaft oder unmöglich entdeckbare Anlegung entstanden. Ueber diese Punkte sei weiter zu conferiren.

Die neue Actiengesellschaft hatte inzwischen begonnen, sich ein Personal zu bilden und fand von allen Seiten tüchtige Kräfte. Dies gab Anlass, dass am 11. Oct. 1791 der Kurfürst von Mainz bei dem Rathe sich beschwerte, dass der hiesigen Theatergesellschaft die Engagirung oder dahin zielende Anträge hinsichtlich des Mainzer Personals verboten werde. Die Gesellschaft lehnte den ihr gemachten Vorwurf ab, dass sie das dortige Personal habe abspännstig machen wollen, bat aber bei Mainz gleiche Zusicherung in dem beantragten Sinne zur Wahrung der Reciprocität auszuwirken, was geschah und von Mainzer Seite zugesichert wurde. —

Von anderer Seite war dagegen schon vorher eine ernstlichere Reclamation erhoben worden. Am 11. Juni 1791 hatte das luth. Predigerministerium bei Rath vorgestellt: »Es habe seines Amtes auf Alles, was den Wachsthum oder die Abnahme wahrer Religion und Tugend bewirke, ein wachsames Auge zu halten und müsse mit Wehmuth bemerken, dass die Ausübung der Religion mehr abals zugenommen habe und von Zeit zu Zeit mehr abnehme. Ein Hauptgrund hierzu werde in dem Hange aller Stände zu den witzigen und lustigen Vorstellungen des Theaters gefunden und in der Thatsache, dass jetzt selten eine Comödie sich finde (von den gedruckten zu urtheilen), die nicht die Prediger verächtlich mache und das Volk zu dem seichten Materialismus verführen solle. Dies veranlasse sie die christliche Fürsorge der Obrigkeit anzuflehen gegen das Unternehmen der Actionäre, das ganze Jahr über und sogar an Sonntagen zu spielen und durch neuen Glanz zum Schauspielbesuche zu locken, da überdies junge Leute durch die Comödien nicht von Ueppigkeiten abgehalten, sondern nur neue Gelegenheit dazu fänden, und viele Christen sich über diese beabsichtigte Entheiligung des Sonntags betrüben oder irregemacht würden. Sie müssten daher, wenn ihr Flehen nicht helfe, Pflichten halber von Gottes wegen in den Predigten vor der Zerstreuung in der Comödie an den zur häuslichen stillen Erwägung neben öffentlicher Andacht bestimmten Sonntagen warnen. Unterzeichnet von J. P. Reinherr, J. J. Starck, E. Chr. Pelser, J. J. Conr. Deeken, J. C. Zeitmann, J. D. Lauer, J. A. Claus, A. Samm, J. C. Röhm, J. Rothhau, H. P. Schönhard, A. L. C. Fresenius, A. Scholl.) Durch Rathschluss vom 16. Juni 1791 wurde aber dem Predigerministerium des Raths Missfallen über seine Einmischung in eine Polizeisache und besonders über die befremdliche Bedrohung, gegen die Sonntagscomödie von den Kanzeln verwarnen zu wollen, zu erkennen gegeben und eine solche Verwarnung untersagt. Im Uebrigen gingen die Verhandlungen rasch voran. Auf mehrfache, am 3. Oct., 4. Nov., 7., 9. Dec. 1791 gepflogene Conferenzen einigte man sich mit bürgerl. Collegien über die Pachtbedingnisse und durch Rathschluss vom 22. December 1791 wurde nachfolgender Contract genehmigt, der als Grundlage für die spätern Verträge dieser Art hier ausführlich mitzutheilen sein wird:

Die Stadt verleiht (1.) auf zehn Jahre vom 1. September 1792—1802 an die Bürger und Handelsleute Abr. Chiron, Joh. Jac. v. Stockum, G. Chamot und Simon Friedr. Küstner das Schauspielhaus zum Gebrauch für Schauspiele, um jährlich fl. 4000 in halbjährigen Raten (2.) pränumerando zahlbar, einschliesslich der Abgabe für die Armen, und den Gebrauch (3.) der städt. 11 Decorationen in 173 Stück für fl. 100. Die Bestäuder (§ 4) leisten die Assecuration des Hauses bis zu fl. 60,000 dergestalt, dass dieselben nur im Fall, wenn durch Blitz oder Feuer in der Nachbarschaft oder durch eine von dem Aufseher nicht zu entdecken gewesene Anlegung Brand im Hause entstehen sollte, vom Ersatze des Schadens frei sein sollen.[1]) Die im Hause befindliche Spritze wird ihnen zum Gebrauch überlassen, unter Vorbehalt, dass sie die Mannschaft dazu beschaffen. — In jedem Stockwerke (§ 5) werden in den Logengängen 2 Oefen zur Steinkohlenheizung von der Stadt gesetzt. Die Heizung, Reinigung der Oefen (§ 6), Reparaturen im Hause, an Decorationen besorgen die Bestäuder, jedoch (§ 7) solche Veränderungen, welche eine Durchschneidung von Wänden, Böden oder Dachwerk erfordern, nur mit banamtlicher Erlaubniss. Nach Ablauf der zehn Jahre (§ 8) liefern sie das Haus in gutem Stand ab, behalten die neu von ihnen angeschafften Decorationen. Die Belenchtung (§ 9) des Hauses, die Bezahlung eines ständigen Aufsehers und der Wache übernehmen sie, die Stadt nur die Beleuchtung auf der Strasse und im Marstallhof. Das Theater (§ 10) ist zu schliessen vom letzten Adventsonntag bis 1. Weihnachtstag incl., 2. Sonntag vor Ostern, von Palmsonntag bis 1. Ostertag, Pfingstsamstag und 1. Pfingstag, Trinitatis und am Busstag und Abend vorher. An allen Sonn- und Feiertagen sind in jeder Rücksicht beifallswürdige Stücke von ernstem moralischem Inhalt und überhaupt nur solche Stücke, welche nicht beanstandet werden, zu geben. Bei ausserordentlichen Ereignissen (§ 11) bleibt die Schliessung des Hauses ohne Entgelt vorbehalten. Für Bälle, Concerte etc. (§ 12) ist besondere Erlaubniss und Vergütung nöthig. Keinem anderen Schauspieldirector (§ 13) soll während der 10 Jahre eine Bühne zu eröffnen gestattet sein, jedoch sind damit andere Darstellungen, wie Kunstreiter, Schattenspiele, Marionetten, Seiltänzer, falls sie keine Nachspiele geben, nicht ausgeschlossen und in besonderen Zeiten, wie Krönungen etc. können auch andere Spectacles zugelassen werden. Die Entrepreneurs können (§ 14) die Zimmer im Hause für Verabreichung von Erfrischungen, aber nicht zum Wohnen und nicht für Hazardspiele benutzen. Sie dürfen (§ 15) keine hiesigen Bürger und deren Söhne, keine Minoreune, Handlungsdiener, Lehrlinge etc., auch dann nicht, falls Hiesige schon auswärts engagirt waren, als Schauspieler ohne specielle Erlaubniss annehmen. Sie sollen (§ 16) darauf sehen, dass die Schauspieler gesittet leben und keine Schulden machen, daher dem Comödienzettel eine Verwarnung gegen Borgen an diese beifügen; die Schauspieler dürfen (§ 17) keine bürgerl. Nahrung treiben, namentlich keinen Unterricht etc. geben; auch haften (§ 18) Bestäuder, dass die Angestellten nicht den Stiftungen zur Last fallen, sie haben (§ 19) Anfenthaltserlaubniss bei dem Schatzungsamt einzuholen. Die Bestäuder (§ 20) haften in solidum für die Erfüllung des Vertrags. —

---

[1]) Eine städtische Feuerversicherungs-Anstalt bestand noch nicht. Es handelt sich um eine Garantie der Unternehmer selbst.

Mit diesem Vertrage war das **Frankfurter Nationaltheater** begründet, — eine Bezeichnung, die nach dem Beispiele Hamburgs und Wiens für die deutsche Bühne aufgekommen war, im Gegensatz gegen die französischen und italienischen Hoftheater.

Schon an Ostern 1792 war die von den Actionären gewählte **Theateroberdirection** aus den obengenannten Herren gebildet und das Personal des Schauspiels und der Oper vollständig engagirt. Man traf alle nöthigen Vorbereitungen zur Ausführung des Unternehmens; um das Personal einzuüben ward einstweilen in Hanau und Sonntags in Wilhelmsbad, unter zahlreicher Theilnahme der vornehmen Gesellschaft gespielt.

Zunächst am 2. März 1792 wurde ein Schuppen zur Aufnahme der Decorationen im Marstallhof von den Entrepreneurs mit Erlaubniss des Raths erbaut, der nach Ablauf der Pachtzeit in städt. Eigenthum übergehen sollte. Auch wurde den 1. Mai 1792 eine Raths-Verordnung erwirkt, dass die Theaterdirection für ihre Gagenvorschüsse an dem rückständigen Gehalt der Schauspieler ein Vorzugsrecht geniesse, daher diejenigen, welche den Schauspielern borgen, zu ihrer Sicherheit mit der Theaterdirection selbst contrahiren möchten.[1]) Es handelte sich sodann darum, bereits vor Ablauf des erst am 1. Sept. 1702 endigenden Vertrags des früheren Unternehmers mit dem Spiel beginnen zu können. Man traf ein Abkommen mit dem Mainzer Intendanz, durch welches diese im Juli ihre Rechte insoweit an die Entrepreneurs abtrat, dass sie vor Ablauf des Contracts das Schauspielhaus benutzen dürften, falls in dieser Zeit keine Krönung fiele. Da aber Kaiser Leopold II. starb und seines Nachfolgers Franz II. Krönung (am 14. Juli 1792) in den Sommer fiel, so musste die Actiengesellschaft während dieser Krönung in einer Bude auf dem Paradeplatz ihre Laufbahn beginnen. Die Erlaubniss hierzu wurde anfänglich vom Rathe abgeschlagen, hernach jedoch gegen fl. 30 Abgabe an die Stiftungen für jede Sonntagsvorstellung im August bewilligt.

Erst am 21. October 1792 ward das **Nationaltheater im Schauspielhause** mit dem Stücke: »Fust von Stromberg« eröffnet und schon am 22. October 1792 unterbrach Custine's Einfall die Vorstellungen, die erst nach dessen Abzug wieder aufgenommen wurden.

Am 19. Februar 1793 wurde eine Verordnung wegen des Anfahrens der Wagen am Theater erlassen.[2])

Ein Gesuch, um 6. April 1794 wegen Anwesenheit des angebeteten Kaisers Franz und des Königs Friedrich Wilhelm, des »Allgeliebten« in der Charwoche zu spielen, wurde als contractwidrig abgeschlagen, um keine Consequenzen herbeizuführen.

In eine Verwicklung eigener Art gerieth die Bühnenverwaltung bald darauf. Am 23. Juni 1794 beschwerte sich der russische Legationsrath v. Vukachowich, dass »Benjowsky, oder die Verschwörung auf Kamtschatka« von Kotzebue — »ein Stück, das, wie die Note sagte, an sich platt in seiner Erfindung und Entwicklung, nur einer wahnsinnigen Phantasie habe entspringen können,« mit vielem Beifall gegeben worden sei; im jetzigen Augenblick, wo eine Räuberbande von Königsmördern Umwerfungstheorien überall zu verbreiten suche und russische Heere sie bekämpften, auch eine russische Division

---

[1]) Beyerbach, Samml. Frankf. Verordnungen II. 8, 205, 206. Schon durch Verordnung vom 3. Juli 1789 war den Schauspielern die Wechselfreiheit abgesprochen worden.

[2]) Beyerbach, Samml. Frankf. Verordnungen VI. 8. 1066.

unter einem Feldmarschall Benjowsky stehe, könne die Glorificirung einer Empörung nicht wohl von dem Rathe für zulässig gehalten werden. Er bitte daher, dies in Erwägung zu ziehen und ähnlichen Scandal zu verhindern. Der Rath liess einstweilen die weitere Aufführung untersagen und antwortete, dass wenn das Stück auch keinen besonderen Beifall verdiene, es doch nichts Verletzendes für die russ. Monarchie enthalte, die ohnedem viel zu erhaben sei, um auf solche Stücke Rücksicht zu nehmen; auch sei der edle Bürgersinn und Gemeinsinn der hiesigen Bürgerschaft viel zu oft bewährt, als dass die Darstellung einer Verschwörung auf dem Theater von Einfluss auf dieselbe sein könne. Der russische Resident gab sich damit nicht vollständig zufrieden, sondern behielt sich weitere Anträge vor. — Inzwischen reclamirte die Theater-Oberdirection gegen das Verbot des Stückes und machte geltend, dass dasselbe ja selbst von einem russischen Beamten verfasst sei und in Hamburg und Leipzig ohne Anstand gegeben worden; eingezogene Erkundigungen in Wien und Berlin ergaben aber, dass man dort Anstand nehme an der Zulassung. Erst im August 1797 wurde die Aufführung des Benjowsky mit Wegstreichung mehrerer Stellen und des Zusatzes auf dem Titel sowie unter Aenderung der Worte »Sclaverei« in »Gefangenschaft« und »Freiheit« in »Erlösung« — gestattet und dem russ. Residenten v. Stackelberg davon Nachricht gegeben, nachdem man sich vorher schon vergewissert hatte, dass keine Einsprache erfolgen werde.[1]

Eine ernste Gefahr bedrohte das junge Institut, als im Juli 1796 die französischen Heere unter General Jourdan sich der Stadt näherten und sie einem Angriffe aussetzten. Unter den vielen Flüchtigen, welche den Gefahren des Angriffs und späteren Bombardements zu entgehen suchten und sich von hier eilig entfernten, waren auch die bedeutendsten Mitglieder der Bühne, wie Porsch, Ennicke und Frau, Schwachhöfer u. A., so dass die Bühne eine Zeit lang geschlossen werden musste.[2] Sehr schwierig ward es, das Personal mit tüchtigen Kräften zu ergänzen. Die Theater-Oberdirection, welche in die Hände von Dr. Grambs, J. F. Küstner, J. D. Schmid, Heinr. Schwendel, Mussy und Peter Bernard nach und nach übergegangen war, bemühte sich unter dem hervorragenden Einflusse des letzteren kunst- und musikalisch-gebildeten Mannes, der selbst in Offenbach jenes vorzügliche Orchester, aus welchem die besten Kräfte des hiesigen Theaterorchesters entstammten, unterhalten hatte, vorzugsweise Singspiel und Oper auszubilden, und nach nach und nach auch das Schauspielpersonal wieder zu erneuern. Zur Heranbildung von jungen Kräften beabsichtigte sie im Juni 1797 eine Chor- und Singschule zu errichten, konnte aber hierzu die Erlaubniss des Senats nicht erhalten, der das Gesuch als dem § 17 des Vertrags widersprechend am 23. Juni 1797 abschlug. Für die Bühnenmitglieder waren schon am 1. April 1792 »die Gesetze für die deutsche Schaubühne in Frankfurt a. M.« eingeführt worden, welche in 51 Paragraphen Vorschriften für das Personal im

---

[1] Eine ähnliche Reclamation war 1780 gegen die damals in der Ostermesse hier spielende Grossmann'sche Gesellschaft von dem kaiserl. deutschen Gesandten erhoben worden, als Julius von Tarent, von Leisewitz aufgeführt wurde. Anstoss erregte das Auftreten des Bischofs und der Geistlichkeit im Ornat auf der Bühne und führte, da sich der Gesandte bei Grossmann's beschwichtigender Erklärung nicht beruhigte, zu einer Beschwerde nach Wien, Verbot des Stückes und Verwarnung an den Schauspieldirector.

[2] Bei Wiedereröffnung der Vorstellungen erschienen die Theaterzettel in deutscher und französischer Sprache, wie z. B. ein Zettel vom 11. August 1796 in der Sammlung der Stadtbibliothek zeigt, der die Entführung aus dem Serail (L'enlèvement du Sérail) ankündigt.

Allgemeinen und in 9 Paragraphen solche für die Mitglieder der Oper insbesondere gaben und manche eigenthümliche, die Stellung des Personals charakterisirende Vorschriften enthielten. Die Preise der Plätze waren anfänglich 1792 von der Actiengesellschaft angesetzt wie folgt: In den Logen 1., 2. und 3. Ranges und Parquet fl. 1, eine ganze Loge fl. 8 zu 8 Personen, Parterre 0 Batzen, Gallerie 6 Batzen, letzter Platz (an den Seiten nach der Bühne zu) 12 kr. 1793 trat, wie schon bei Tabor, ein kleines Abonnement von 16 Billetten zu fl. 10 hinzu. 1797 erhöhte man das kleine Logenabonnement auf fl. 12 für 16 Billets, den Logenplatz auf fl. 1. 12 kr., Parquet und Parterre 48 kr., Gallerie blieb zu 24 kr. und letzter Platz zu 12 kr.

Ueber den Zustand der Bühne spricht sich Göthe,[1]) der auf seiner Schweizerreise 1797 während seines hiesigen Aufenthaltes das Theater öfter besuchte und einer Vergleichung mit Weimar, dessen Bühne er seit 1791 leitete, unterzog, in mehreren Briefen aus. Er sagt unter Anderem: »Das hiesige Theater hat gute Subjecte, ist aber im Ganzen für eine so grosse Anstalt viel zu schwach besetzt. Die Lücken, welche bei Ankunft der Franzosen entstanden, sind noch nicht wieder ausgefüllt.« Er erwähnt der Frauen Woraleck in der Oper, Boudet, Aschenbrenner, Bulle, Bötticher im Schauspiel; der Männer Prandt, Schröder, Lux, Schlegel, Demmer, Schmidt, Dupre, Stentzsch theils in Oper, theils im Schauspiel beschäftigt, und des Theatermalers Georg Fuentes,[2]) der von 1796—1805 dahier angestellt, die berühmten ausgezeichnetsten Decorationen zu Palmyra, Titus, Corsar etc. schuf, welche noch heute dem Inventar angehören.

Kirchner[3]) gibt eine sehr vortheilhafte Schilderung von dem Ende dieser Periode und der Anfangszeit der folgenden 1796—1806. — Er rühmt ein ausgezeichnetes Ensemble, eine tüchtige Einstudirung, abgerundete Darstellungen mit vorzüglichen Kräften, in der Oper unter Cannabich's Leitung. Als Regisseur wirkte anfänglich Rennschüb, eigentlich Büchner,[4]) der früher in Gotha, dann Mitglied der Ackermann'schen Gesellschaft unter Schröder sich schon in Mannheim als Regisseur und Darsteller ausgezeichnet hatte. Mit Eifer und Gewissenhaftigkeit war schon seit 1792 J. J. Ihlee[5]) als Kassier, Oeconom, Directionssecretär und Theaterdichter zum Vortheile des Instituts thätig. — Ueber die Mannigfaltigkeit des Repertoirs der Oper, welchem alle vorzüglicheren Werke der damaligen Zeit angehörten, gibt auch eine Sammlung von Operntexten, Oratorienbüchern und Prologen Zeugniss, welche, aus der besprochenen Periode herrührend, sich im Besitze des Verfassers

---

[1]) Werke Band 26, S. 15—47.
[2]) Vergl. Gwinner, Kunst in Frankfurt S. 363.
[3]) Ansichten von Frankfurt I. S. 368—370.
[4]) Büchner war der älteste Sohn des deutschen Schullehrers Büchner von hier, hatte bei Joh. Friedr. Schmidt dahier die Handlung erlernt und bei diesem und de Smoet in Amsterdam als Commis servirt. Dort war er unter dem Namen Rennschüb zur Bühne gekommen und von da nach Gotha und Mannheim. Gegen sein Engagement dahier erhob seine Familie Einsprache bei Rath und gab hierdurch Anlass zu den obenerwähnten Verhandlungen über den § 15 des Theatervertrags. Im Februar 1795 hatte ihn die Direction als Regisseur wegen Missbelligkeit und Ueberschuldung entlassen. Er klagte gegen die Direction und erwirkte beim Schöffenrath ein Mandat zum Schutze im Besitz seiner Stelle, wogegen eine höchst leidenschaftliche Beschwerde bei dem Rath zu erheben versucht, aber an die Gerichte verwiesen wurde.
[5]) Vergl. Heyden, Gallerie berühmter Frankfurter. 1861, S. 536.

dieser Zeilen befindet. Die pecuniären Erfolge waren nicht so glänzend; die Actionäre hatten nach und nach bis zu fl. 19,000 Deficit zu decken.

In der Periode dieses Abschnitts war übrigens das Theater zum zweiten Male mit Feuersgefahr bedroht. Am letzten Sonntag des September 1797 geriethen während der Aufführung der Operette »Ludovisca« die Decorationen in Brand, wobei die Sängerin Woraleck verwundet wurde; das Feuer wurde aber rasch gelöscht. In Folge einer Beschwerde der Nachbarn des Schauspielhauses v. Groote und J. M. Andreä wurde durch Rathsschluss vom 28. September 1797 die Direction angewiesen, sich fernerhin leicht zündbarer Materialien bei den Aufführungen zu enthalten.

Auch eine Zunftbeschwerde blieb nicht aus. Die Direction hatte für die Garderobe eigene nur im Dienste des Theaters stehende Schneidergesellen verwendet. Ein Rathsschluss vom 12. Juli 1798 verbot dies auf Beschwerde der Schneidergeschwornen; nur zünftige Schneidermeister mit ihren Gesellen wurden für obigen Zweck zulässig erklärt und die Direction musste sich hiernach einrichten.

Die Theater-Censur für die Sonntagsstücke besorgte die Stadtcanzlei, insbesondere der Canzleirath.

XI. Erneuerung des ersten Actienverbands und des Vertrags mit der Stadt. (Zweiter Vertrag.) 1802—1810.

Mit September 1802 lief der bisherige Contract mit der Stadt ab. Zeitig (am 20. Mai 1799) kam daher die Theater-Oberdirection (Dr. Gramba, J. F. Küstner, J. D. Schmid, Pet. Bernard, Heinr. Schwendel, Mussy) bei dem Senate um Erneuerung des Vertrags und zwar auf 25 Jahre ein. Sie motivirte diesen Antrag damit, dass sie nur durch eine längere Dauer des Verbands im Stande sein würden für die Schauspieler eine Pensionsanstalt zu gründen, die um so mehr Bedürfniss sei, als sie sonst den übrigen Theatern gegenüber zu einer stets zunehmenden, am Ende ihre Kräfte übersteigenden Erhöhung der Gagen gezwungen sein würden; sodann baten sie dabei 2) um Erlaubniss in der Charwoche, mit Ausnahme des Charfreitags, spielen zu dürfen, um die Einnahmen der Messfremden nicht zu entbehren; 3) um Verfügung, dass die Messbuden von 6—9 Uhr schliessen sollten; 4) um Erlaubniss, unmaskirte Bälle, Concerte und an den verbotenen Tagen Oratorien geben zu dürfen und 5) auf ihre Kosten die zur vollständigen Erwärmung des Hauses nöthigen Einrichtungen zu treffen. —

Das Gesuch fand im Ganzen beifällige Aufnahme; jedoch erregte die Ausdehnung der Spieltage namentlich in der Charwoche wieder grossen Anstoss. Man sah zwar einerseits ein, dass — wie die Acten sagen, — wenn das ganze Jahr von der Bühne herab Leichtfertigkeiten der Jugend und besonders den Töchtern zu Ohren kämen, es wenig verschlage, ob dies ein paar Tage mehr geschehe; hielt aber doch für bedenklich, gerade die ernstesten kirchlichen Zeiten von Obrigkeits wegen anderen gewöhnlichen Sonntagen gleichzustellen, und damit Aergerniss zu geben. Man wollte deshalb anfänglich nur die drei ersten Tage der Charwoche freigeben, ging aber wieder davon ab und hielt sich an die frühere Vorschrift. Oratorien sollten gestattet werden; auf ein Verbot der Marionetten und anderer Messlustbarkeiten von 6—9 Uhr Abends, die doch auch ein gewisses Publikum hätten, liess man sich nicht ein. Da schon in den ersten Jahren des früheren Vertrags ein Wechsel in den Directoren eingetreten, so wurde verlangt, dass die contrahirenden Directoren eine Vollmacht sämmtlicher, sich für die ganze Pachtzeit verpflichtenden Actionärs beizubringen hätten, auch sollte die Pensionsanstalt abgelebten Schauspielern kein Recht zum Aufenthalt dahier gewähren, und eine Schadloshaltung bei Unterbrechungen des Spiels durch äussere Ereignisse, wie feindliche Gewalt etc. nicht eintreten. Von Seiten der städtischen Finanzdeputation, welche zur Deckung der Contributionen und ihrer Verzinsung eingesetzt war, kam der Vorschlag (8. August 1799), die Theaterbillets und zwar für den 1. Platz mit je 4 kr., für den 2. (24 kr.) Platz 2 kr., ein jährl. persönliches Abonnement mit fl. 10 zu besteuern.

Die Actionäre waren mit diesen Gegenpropositionen der städtischen Behörden nicht einverstanden; sie beharrten auf der Ausdehnung der Spieltage, lehnten die Abgabe unter Bezug auf ihre bedeutenden Miethzahlungen und die Besorgniss, die Frequenz zu mindern, ab, wollten jetzt auch zu Maskenbällen, von welchen sie ein Fünftel der Netto-Einnahme abgeben wollten, Erlaubniss haben und kamen auf ein Verbot sprechender Marionetten zurück. Sie erklärten, dass sie sonst nicht das Theater behalten könnten; baten aber um Berücksichtigung der Thatsache, dass sie die Bühne auf einen würdigen Stand gebracht, und jährlich ca. fl. 100,000 umsetzten, die die Bürgerschaft wieder verdiene.

Bei der Berathung hierüber sah man die Wichtigkeit der Förderung des Theaters allseitig ein; da das Unternehmen, frei von allem Eigennutze, seither keinen Vortheil, sondern ein Deficit von fl. 19,000 gehabt habe, dabei aber in der anständigsten Weise geführt und das hiesige Theater den besten in Deutschland zur Seite stehe, wofür die Stadt den Actionären Dank schulde; so erklärte sich der Senat bereit, alles dazu beizutragen, was das Theater auf der seitherigen Stufe der Vollkommenheit erhalten könne. Man gab daher, um die nun zweijährigen Verhandlungen zum Abschluss zu bringen, durch Rathsschluss vom 20. März 1800 den Sonntag Judica und Palmarum und den Montag, Dienstag und Mittwoch in der Charwoche nach, abstrahirte von der angesonnenen Abgabe von den Billets, verlangte aber statt dessen einen Aversionalbeitrag an die Rechnungs-Commission. Die Frage wegen der Maskenbälle fand Bedenken, und es blieb bei dem Verbot der Rathsverordnungen[1]) von 1734 und 1791, obwohl nicht verkannt wurde, wie man nicht verhindern könne, dass die zahlreich von hier aus besuchten Maskenbälle in Darmstadt, Hanau und besonders zu Offenbach ganz ebenso, als wären solche hier, die Ueppigkeit, Zügellosigkeit und Unsittlichkeit und den Hang zu unnützen Geldausgaben hiesiger Bürgerschaft zu fördern und dazu anzureizen Gelegenheit böten. In den übrigen Punkten blieb es bei dem früheren Beschlusse.

Die Actionäre acceptirten diese Bedingnisse nebst den früher verlangten, mit Ausnahme des Contributionsbeitrags, und am 22. Juni 1801 ward mit Coll. civ. conferirt, welche sich einverstanden erklärten.

Am 18. Januar 1802 ward nun der neue Contract mit Dr. Grambs, Moritz v. Bethmann, J. Gg. Heyder-Arledter und Joh. Jac. Willemer in Auftrag und Vollmacht der Actionäre G. Chamot, J. Carl Städel, Is. Thurneyssen, Mussy, Fleischbein, v. Kleeberg, S. Bernard, v. Schwarzkopf, J. C. Brönner, J. B. Rittershaussen, J. F. Schmid, G. Engelbach, J. P. v. Leonhardi, Firnhaber v. Eber-

---

[1]) S. Deyerbach, Samml. Frankf. Verordnungen. S. 576.

stein, Gebr. Zickwolff, Al. Baert, J. Heinr. Jordis, Jhs. Schmidt, C. Fellner, E. P. Schneider, J. Dick, J. Chr. Schultze, Rüppell & Harnier, J. Fr. Gontard, Wwe. Gontard, Gebr. Fuchs, G. L. Gontard, v. Wiesenhütten, J. J. Kingenheimer, Fr. Metzler, J. G. Sarasin, J. Hch. v. Lilienstern und C. Fr. Steitz — (36 Actionäre) — auf 10 Jahre abgeschlossen, vom 1. April 1802 bis ultimo April 1812 zum Gebrauch des Schauspielhauses zu Schauspielen, Bals parés und Oratorien für eine Jahresmiethe von fl. 4000 und fl. 100 für die Decorationen, und gegen Assecurans von fl. 60,000 (§§ 1—4). Die Heizung (§ 5) und Reparaturen (§ 6) besorgen die Actionäre mit früherem Vorbehalt (§ 7), ebenso obliege ihnen die Fürsorge, für Haus und Decorationen und deren richtige Rückgabe, mit Ausnahme der eigenen Decorationen (§ 8) und für die Beleuchtung (§ 9). Das Theater (§ 10) ist zu schliessen am Donnerstag, Freitag, Samstag der Charwoche, 1. Oster-, 1. Pfingst-, 1. Weihnachtstag und Abends vorher, Trinitatis und Abends vorher, Busstag und an sonstigen ausserordentlichen Festen; jedoch sollen auch an sonstigen Festen, wie früher bestimmt, nur ernste moralische Stücke gegeben werden, und überhaupt nur solche, welche die angeordnete Censur gestattet. Verfügt der Rath (§ 11) Schliessung der Bühne aus irgendwelchen Gründen, so kann keine Entschädigung verlangt werden; jedoch wird dann und zu den geschlossenen Zeiten Niemanden sonst ein Schauspiel, Concert, Ball gestattet. Oratorien (§ 12) können an obigen Festen stattfinden, und (§ 13) im Fasching und Messen bals parés; (§ 14) Beschädigungen durch den Kändel am Decorationsmagazin sind herzustellen; feuergefährliche Vorstellungen (§ 15) sind verboten; keine Sublocation (§ 16) zulässig; für Maskenbälle, Concerte, Mahlzeiten (§ 17) in Krönungszeiten oder auf besondere Erlaubniss ist eine besondere Gebühr zu zahlen. Ein Privileg (§ 18) wird zu Darstellungen mit lebenden Personen, mit Ausnahme der Krönungen etc. gewährt; (§ 19) das Haus darf nicht zum Wohnen, auch nicht zu Hazardspielen benutzt werden, nur bei Bällen sind sogenannte Commerzspiele zugelassen. Keine von hier gebürtigen Schauspieler zulässig (§ 20); Aufsicht auf das Personal (§ 21), das kein Gewerbe (§ 22) treiben darf, und für das die Entrepreneurs (§ 23) haften; sie erhalten Permissionsscheine (§ 24). Beginn des Contrakts nach Unterschrift (§ 25) und Haftung der Bestände in solidum (§ 26).

Zur Aufbewahrung der Decorationen bedurfte die Direction eines weiteren Raumes. Man projectirte die Erbauung eines besonderen Magazins mit Malersaal darüber im Rahmhofe. Da dies aber wegen Vereugerung des im Rahmhof für Aufstellung der Garnison und Aufmarschiren der Geleitsreiter nöthigen Raumes und wegen nachbarlicher Verhältnisse Anstand fand, so wurde nach längeren Verhandlungen am 27. September 1802 der Theaterdirection hierzu der untere Stock des Zeughauses im Rahmhof für fl. 660 bis Ende April 1812 vermiethet. —

War hiernach die Theaterführung in der Hand der Actionäre und ihrer Theateroberdirection auf weitere zehn Jahre gesichert und war auch die Betheiligung des wohlhabenden Publikums als Actionäre und als Logenbesitzer im Anfang dieser Periode gleich günstig für das Institut geblieben, so war doch nicht zu verkennen, dass der Actionärverband bereits bei Abschluss des neuen Vertrags und in den nächsten Jahren seinen Theilhabern grössere Opfer anmuthete, als Manchem angenehm war. Bis 1805 war der Einschuss der Actionäre bereits von ursprünglich fl. 550. auf fl. 770. augewachsen, und oben ist schon erwähnt, dass ihr Verlust bis 1800 auf fl. 19,000 angegeben wurde. Schon vor Abschluss des neuen Vertrags war nur den energischen Vorstellungen Bernard's gelungen, einen neuen Actienvertrag durchzusetzen und mehrmals tauchte im Lauf der

neuen Concessionszeit der Vorschlag einer Abgabe des Hauses an Unternehmer auf. Die Theateroberdirection führten seit 1802 Dr. Grambs, Jacob Phil. Leerse gen. Sarasin und Phil. Christ. Zickwolff.
Es wurde eine neue Einrichtung der Geschäftsleitung getroffen; die Theateroberdirection führte die Controle der Finanzen und entschied über alle nicht zum Tagesbedarf gehörenden Ausgaben, Gegensätze, neue Einrichtungen u. s. w. Die technisch-künstlerische Leitung ward einer Direction übertragen, nämlich dem bisherigen Theatersecretär J. J. Ihlee als Director und dem Capellmeister Schmitt als Musikdirector, denen der allbeliebte Schauspieler Werdy als Regisseur beigegeben war. Das Personal blieb nach gleichzeitigen Berichten, wie schon erwähnt, ein gleich vorzügliches; als Schauspieler glänzten der Comiker Lux (1794—1817), ferner Otto, Stadler, Werdy, Haas u. A.

Die Eingangspreise waren während dieser Periode für Logen der Platz fl. 1. 12, Parquet (Parterre) 48 kr., Gallerie 24 kr., letzter Platz 12 kr. Das sogen. kleine Abonnement von 16 Billets kam nicht mehr vor. Das Jahresabonnement für eine Loge zu 5 Plätzen betrug fl. 800.

Die wechselvollen Ereignisse der Kriege von 1802—1812 blieben nicht ohne Einfluss auf die finanziellen Erträgnisse. Bis 1805 war das Unternehmen im Verluste gewesen, während von 1805—1810 sich die Bilanz ausgeglichen, ja ein Ueberschuss geblieben war. Die Einnahme vom 1. März 1805—1806 hatte fl. 95,126, die Ausgabe fl. 87,903 betragen. Uebrigens war man damals hinsichtlich der Concurrenz nicht allzu ängstlich. Zwei Liebhabertheater (auf der Schäfergasse und auf der Friedbergergasse) bestanden, und im Winter 1802 kam eine neue Liebhabertheatergesellschaft, die sogenannte »Perdekenmacher-Theatergesellschaft«, deren Vorsteher Ph. Hey, Jacob Schäffer, Wilh. Kühn, Jacob Rossel und Peter Floss waren, hinzu. Als dieser von dem jüngeren Bürgermeisteramte im Frühjahr 1803 die Fortsetzung des Spieles untersagt wurde, erhob sie desfalls Reclamation bei dem Rathe, welche ablehnend beschieden wurde; doch wurde ihr am 13. März 1803 gestattet, noch zwei Vorstellungen an theaterfreien Abenden in ihrem Local, dem Schärfensaal, zu geben.

Eine neue und erspriessliche Einnahmequelle sich zu eröffnen, versuchte die Thaterdirection mehrfach durch Wiederholung des Antrags um Gestattung der Maskenbälle im Theatergebäude. Die bals parées waren missglückt und waren für die Direction kostspieliger, als Maskenbälle. Man berief sich darauf, dass die Maskenbälle bei den Krönungen nie Anstoss erregt hätten, in dem hohen Eingangspreise eine Garantie gegen den Besuch anderer Gesellschaft, als derjenigen der höheren Stände darböten, in der Stadt sehr beliebt seien und Geldumsatz sichern würden. Ein Rathsschluss vom 17. Juli 1804 wies das Gesuch wiederholt ab.

XII. Fortsetzung des Actienverbandes und dritter Concessionsvertrag. 1810—1822.

Während der letzten Hälfte der mit 1812 ablaufenden zweiten Contractsperiode hatten die eingetretenen politischen Veränderungen, welche Frankfurt dem primatischen, später grossherzoglich Frankfurtischen Staate einverleibt hatten, auch ihren Einfluss auf die Verhältnisse des Theaters ausgeübt.

Der fürstliche Hof, zwar selten zu Frankfurt verweilend, machte doch seine Ansprüche auch an das Theater geltend; der Fürst übernahm eine Loge und war auch sehr geneigt, dem Theater einerseits eine Subvention zu verschaffen, andererseits durch einen fürstlichen Bevollmächtigten seinen Einfluss auf dasselbe geltend zu machen. Die Theaterdirection benutzte dies zu einem Versuche, den erst 1812 ablaufenden Vertrag zu Gunsten der Actionäre schon 1810 abändern zu lassen. Ein Rescript des Fürsten Primas vom 12. April 1810 hatte sich bereit erklärt, zur Unterstützung der Actiengesellschaft auf die bisherige Miethe von fl. 4000 zu verzichten und solche aus seinen Fonds der Stadt zu ersetzen, und in Anerkennung der verdienstvollen Wirksamkeit der keinen Gewinn suchenden Gesellschaft deren Wünschen entgegenzukommen. Senator Guiolett, seit 1809 Chef des Bananits und als solcher fürstl. Bevollmächtigter bei dem Theater, hatte den Auftrag, in diesem Sinne mit den Actionären wegen Verlängerung des Concessionsvertrags zu verhandeln. Er legte im Juni 1810 dem Fürsten Primas ein Project zu einem neuen Vertrage vor, nach welchem obige Pachtsumme ausfiel, die Gesellschaft die Unterhaltung und Feuerversicherung des Hauses übernehmen, nur an den drei letzten Tagen in der Charwoche, au den ersten Feiertagen, Dreieinigkeitsfeste, Buss- und Bettage und den Abenden vorher das Spiel aussetzen und die Erlaubniss zu Maskenbällen erhalten sollte. Auch war den Actionären ein Vorrecht auf vacant werdende Logen und für den Fall der Erbauung eines neuen Theaters auf Logen gleicher Güte zugesichert. Die Actionäre sollten, falls ihr Personal aus dem Pensionsfonds und der Wittwenkasse keine ausreichende Unterstützung erhalten könnte, demselben bis zum Betrage einer vierteljährigen Gage zu Hülfe kommen. Im Uebrigen schloss er sich an den alten Vertrag an.

Ein fürstl. Rescript vom 13. Juni 1810 liess diese Vorschläge dem Senat mittheilen, um nach vorgängiger Conferenz mit dem Bürgerausschusse »dasjenige noch zu erinnern, was derselbe etwa hierbei zu erinnern finden mag.« Bei gepflogener Conferenz war der Bürgerausschuss — im Gegensatz zu seinem früheren Verhalten in dieser Sache — äusserst fügsam. Als Beispiel des damaligen Styls möge das Protocoll desselben vom 11. Juli 1810 hier wörtlich eingefügt werden: »Den Bürgerausschuss erkenne die ihm per rescr. Comm. Gen. mitgetheilte gnädigste Concession des städtischen Comödienhauses an die Theateractionär-Gesellschaft auf weitere 12 Jahre vom 1. Mai 1810 bis 30. April 1822 mit dem ererbietigsten Dank und erlaubt sich dabei Folgendes ohnmassgeblich zu bemerken.« Diese Bemerkungen betrafen die Ansetzung der Assecuranz des Hauses auf fl. 80,000, die Uebernahme der alten Decorationen durch die Gesellschaft und die unentgeltliche Gewährung von Permissionsscheinen an die Schauspieler; gegen den Erlass der Miethe ward nichts bemerkt. Der Senat dagegen erklärte, dass, falls Serenissimus nicht ferner gemeint sein sollte, die Last des Ersatzes der Miethe auf sich zu nehmen, alsdann deren Betrag mit fl. 4000 wiederum von den Actionären an das Aerarium zu entrichten sein werde, da die Stadt diese Einnahme nicht entbehren könne, während es den wohlhabenden Actionären eventuell nicht schwer fallen werde, die kleine Rate an diesem Betrage auf sich zu nehmen. Er empfahl zugleich die Anträge des Bürgerausschusses. Die fürstliche General-Commission (Seeger, Frhr. von Eberstein) schloss sich dieser Auffassung an und machte Vorlage davon. Es scheint, dass der Grossherzog die Sache schon als abgeschlossen betrachtet und keine Einsprache erwartet hatte. Denn er rescribirte an den Finanzminister Graf von Beust am 22. Juli 1810: »er möge über diese Sache mit Directorialrath Guiolett sprechen. Ich finde als Grossherzog Bedenken, mich mit Senat und Bürgercolleg in Unterhandlung einzulassen. Ich erkläre hiermit, dass ich dieses Geschäft als mir persönlich ansehe, bereit bin, der Gesellschaft der Entrepreneurs lebenslänglich Wort zu halten, wenn sie die Sache in der Maas übernehmen, dass sie die etwa vorkommenden Anstände mit dem Senat in ihrem eignen Namen zu Stand bringen. Ausserdem, wenn Alles dies nicht Statt hat, kann und werde ich mich in dies Geschäft nicht weiter einlassen, werde jedoch meine Loge fortbezahlen und das Abonnement für die Offiziers fortleisten.« — Die befohlenen Verhandlungen mochten hin und her bis zum Frühjahr 1811 mündlich gepflogen worden sein, jedoch ohne Erfolg. Der Geh. Finanzreferendar und Staatsrath Steitz wurde zu Rath gezogen und erstattete am 27. April 1811 ein Gutachten, welches für die Fortbezahlung der Miethe sich ansprach. Der Grossherzog schloss sich diesem Gutachten an und gab dem (inzwischen zum Präfecturrath ernannten) Guiolett davon Kenntniss, »dass, obgleich an einem Theater sehr viel gelegen, doch die Frankfurter Departementalkasse noch zu viele Kosten zu tragen habe, um auf die fl. 4000 zu verzichten.« »Was mich insbesondere betrifft,« liess er, »so sind meine Verhältnisse wesentlich dadurch verändert worden, dass meine Einnahme von den Einnahmen des Staats durch die bekannte Benennung Civilliste getrennt sind. Im Fall ich mich daher verbindlich mache, den Staat für den Verlust der fl. 4000 schadlos zu halten, eine solche Versprechung für meinen Nachfolger nicht mehr rechtfertigend ist, weil derselbe verfassungsmässigen Anspruch auf die ganze Civilliste hat.« — »Wenn mir Gott unterdessen noch einige Jahre das Leben fristet, so hoffe ich für das Wohl des Frankfurter Theaters, dessen Vollkommenheit, und Zufriedenheit des dasigen Publikums weit mehr zu thun, als von mir zeither geschehen ist.« — »Der bewährten Einsicht des Herrn Präf. R. Guiolett und den achtungswürdigen wohlgesinnten Herren Actionärs wird überlassen, dasjenige zu verabreden und festzusetzen, was zum Vergnügen der guten Stadt Frankfurt zweckmässig seyn wird.«

So war die Actionärgesellschaft des zugesagten und ein oder zwei Jahre gewährten Nachlasses eines Miethzinses wieder verlustig. Sie musste den Vertrag auf 12 Jahre vom 1. Mai 1811 bis 30. April 1823 gegen fl. 4000 Miethe abschliessen, wogegen die Stadt (oder, wie man damals sagte, die Departementshauptkasse) das Haus in Bau und Besserung übernahm, im Uebrigen die Bedingungen wie oben erwähnt und von Senat und Bürgerausschuss beantragt war, verblieben. Am Schluss des Vertrags ward der jedesmalige Maire von Frankfurt beauftragt, in speciellem Commissorium die pünktliche Erfüllung des Vertrags Seitens der Actionäre zu überwachen, — eine Clausel, welche die letztern sehr abhängig zu machen geeignet war. Nach nochmaligem Gutachten des Staatsraths Gg. Steitz vollzog der Grossherzog am 13. Sept. 1811 den Vertrag. Nachträglich wurde noch die Miethe des untersten Stockes des Zeughauses im Rahmhof als Magazin für die Decorationen für jährlich fl. 660 auf die Dauer der Concession verlängert.

Der Beginn der neuen Contractzeit hatte keine erfreulichen finanziellen Ergebnisse. Die Jahre 1811 und 1812 hatten bedeutende Verluste gebracht, welche freilich durch die lebhaftere Frequenz Seitens der vom Herbste 1813 bis Frühjahr 1814 hier anwesenden verbündeten Monarchen und deren Hauptquartier eine Ausgleichung fanden. Vom 1. März 1814 bis dahin 1815 wird die Einnahme auf fl. 105,000. angegeben, die Ausgabe auf einige tausend Gulden weniger. Die Leitung der Bühne blieb, wie früher, in den Händen der Oberdirection, die speciell technische Führung der Direction, mit

Iblee an der Spitze, welcher Karl Malss¹) 1820 beigetreten war. Zu dem darstellenden Personal zählten ausser den bereits im vorigen Abschnitt genannten Otto, Werdy, Haas und Lux († 1817) noch Frau Grossmann, später Frau von Busch, Dem. Isermann, Illenberger, Leissering, Urspruch, die Frauen Vohs und Elmenreich, später auch Weidner, die alle noch bei der älteren Generation ein gutes Andenken sich bewahrt haben. Die Oper leitete nach Schmitt's Tod L. Spohr; die contractsmässige Beaufsichtigung war mit der neuen Verfassung von dem Maire auf das Polizeiamt übergegangen.

Die Periode von 1810—17 findet bei Kirchner (in den Ansichten S. 371 ff.) im Gegensatz zu dem vorhergehenden als Blüthezeit bezeichneten Zustande, — eine unbefriedigte Beurtheilung hinsichtlich der artistischen Leistungen der Bühne; Repertoir und das häufig wechselnde Personal werden als den Anforderungen eines gebildeteren Geschmacks und höherer Kunstinteressen nicht mehr oder nur theilweise genügend geschildert; in den damals wieder in Aufnahme gekommenen Wiener Possen (Staberl's Abentener) bedenkliche Rückschritte im Kunstgeschmack erkannt. Andere Urtheile mochten übrigens auch milder sein, doch war es zuerst gegen den Ablauf dieser Periode, Ende des 2. Jahrzehnts, dass sich in hiesigen öffentlichen Blättern eine regelmässige Theaterkritik ausbildete, die ihren wahren Impuls und ihre geistvollste Behandlung durch Ludwig Börne in seiner bekannten Zeitschrift: »die Waage« und den »Zeitschwingen« in den Jahren 1817—1821 erhalten hatte, und von nicht zu verkennendem Einflusse auf das Publikum geblieben war. Die Theilnahme des gebildeteren Publikums an der Bühne war übrigens in diesem, wie dem folgenden Zeitabschnitte, eine sehr lebhafte, den Darstellungen und den Personen der Schauspieler gleich eifriges Interesse widmende, wie schon die Thatsache beweist, dass die Logenabonnenten und Actionäre ohne Widerrede die Deficits, wenn sie von Zeit zu Zeit sich zeigten, auf sich repartirten und bereit waren, den Bedürfnissen der Bühne auch weitere Opfer alsbald nach Erneuerung des Actienverbands bei Ablauf des Vertrags zu bringen.

XIII. Projecte zu einem Umbau. Prolongation des Concessionsvertrags. 1820—1825.

Eine solche neue Widmung für die Bühne den Actionären anzumuthen, hatte, nach Wiederherstellung der Verfassung der freien Stadt Frankfurt, das Bedürfniss nach einer Vermehrung der Logen und des Zuschauerraums Anlass gegeben, da durch den Zusammentritt des Bundestags seit 1817 für die Mitglieder der Gesandtschaften und die zahlreichen hier lebenden oder ab- und zureisenden Fremden Gelegenheit zum Theaterbesuche beschafft werden musste.

Bei herannahendem Ablauf des Miethvertrags war das Theatercomité (Gg. Brentano-Laroche, Alex. von Vrints-Berberich und Loerse) am 20. Juni 1820 und 17. Februar 1821 beim Rath um Verlängerung der Miethe unter Erlass eines Miethzinses eingekommen. Diese neue von den

---

¹) Vergl. E. Heyden, Gallerie berühmter Frankfurter 1861. S. 538. — F. S. Hassel, Frankfurter Localstücke 1867. S. 3 ff.

bisherigen abweichende Grundlage glaubten die Actionäre darin gerechtfertigt, dass sie, namentlich in den letzten zwei Jahren, beträchtliche Zuschüsse hätten leisten müssen, um das Theater auf einem splendiden Fusse fortzuführen. Ein Institut, das jährlich fl. 115,000 umsetze, zahlreiche Bürger beschäftige, Kunstsinn fördere und ein unentbehrliches Bedürfniss für die Stadt geworden, könne wohl eine Unterstützung Seitens der Stadtkasse ansprechen, wenn es von Bürgern uneigennützig und nicht als Speculation eines Unternehmers betrieben werde. Alle Theater in der Nachbarschaft genössen eine Subvention und überdies sei durch den hohen Miethzins längst das Baukapital amortisirt. — Der Senat erklärte, auf Bericht des Rechneiamts, am 14. Juli 1820: »Bei der übergrossen Belastung des Aerars, welche einen Beitrag zu dem sonst gemeinnützigen Zweck der ferneren Unterhaltung der Theateranstalt dermalen nicht zulässt, kann dem angebrachten Ansuchen unter den nun vorwaltenden Umständen nicht willfahrt werden.«

Dies ermuthigte die Actionäre, welche inzwischen für Neubildung der Actiengesellschaft ein erweitertes Comité gebildet hatten, ihre Bitte zu erneuern.

Durch Rathsbeschluss vom 17. März 1821 mit Zustimmung der Ständigen Bürgerrepräsentation wurde der Pachtzins für die mit dem Jahr 1823 beginnende einstweilen für ein, später zwei Jahre prolongirte Miethe auf fl. 2200. herabgesetzt, unter der Voraussetzung, dass für eine Anzahl Freilogen für Fremde und die Gesandten gesorgt werde. In Folge der letzteren Anforderung kam in den Verhandlungen zwischen dem Actionärcomité und den Behörden (Bauamt) die Erweiterung des Hauses zur Sprache, das übrigens, abgesehen von jeder Umänderung, schon zur einfachen Reparatur mindestens fl. 4000 erfordere, gründlich und der Stadt würdig aber nur durch den Anbau eines neuen Bühnenhauses nach dem Marstall zu und Benutzung des alten Hauses als Zuschauerraum gebessert werden könne. Die Actionäre, vertreten durch ein Comité, bestehend aus den Herren Leerse, G. Brentano-Laroche, Wilh. Mumm, Bernh. Andreä, Friedr. Wilmanns und Mor. v. Bethmann, erklärten sich hierzu bereit. Es war zu dem Ende folgender Vertrag unter den Actionären am 19. Dez. 1821 abgeschlossen worden: Es traten höchstens 100 Actionäre mit Actien von je fl. 800 und Uebernahme einer Loge zusammmen; fl. 107,200 werden zu 4% verzinslich in 67 Obligationen zu je fl. 400 — zum Behuf des Baues aufgenommen, wovon jeder Logenbesitzer mit Ausnahme des 3. Rangs, fl. 1600 beizutragen hat; an dem Gewinn und Verluste theilt jeder pro rata der Actie; für die Loge wird der festgesetzte Abonnementspreis bezahlt. Die alten Actien, welche auf fl. 800 festgesetzt werden, sind nach und nach abzutragen. Neue Actionärs werden nur mit Zustimmung der übrigen zugelassen. Eine auf 3 Jahre gewählte Oberdirection von 3 nebst einem erweiterten Ausschuss von 4 Actionärs besorgt die ganze Leitung des Theaters. Der Plan war: einen auf mindestens fl. 80,000 — ohne die Maschinerie — zu veranschlagenden Umbau auf Kosten der Gesellschaft ausführen zu lassen, wenn ihnen der nöthige Raum nach dem Marstall hin gewährt und ihnen auf 30 Jahre das Haus unentgeltlich überlassen werde. Nach genauen Ueberschlägen von Stadtbaumeister Hess und Architect F. Rumpf beliefen sich die Kosten des Umbaues des Bühnenhauses auf fl. 89,447, die der Maschinerie nach der Berechnung von C. Mahs auf fl. 17,088, im Ganzen fl. 106,535, und hierzu kommen noch die Kosten für Verlegung des Marstalls, die theils der Feuersgefahr, theils der Raumbeschränkung wegen nothwendig erschien, mit ca. fl. 20,000. Es hatte sich zugleich auf Andringen der Actionäre Baumeister Hess zu der Offerte verstanden, den Umbau des Theaters ohne die Ställe zu fl. 120,000 auf seine Gefahr zu übernehmen, und erbot sich eventuell das Theaterbaucomité (Laroche, W. Mumm, Bernh. Andreä, Fr. Wilmanns, M. v. Bethmann, A. von Vrints-Berberich), der Stadt fl. 110,000 beizutragen, wenn sie selbst den Bau ausführen wolle. Durch Senatsbeschluss vom 19. Sept. 1822 entschied man sich dahin, den Umbau den Actionärs gegen 30jährige unentgeltliche Benutzung des Hauses zu überlassen, wogegen sie auch die Kosten der Verlegung des Marstalls in den Rahmhof übernehmen und hierzu einen Beitrag von fl. 10,000 erhalten sollten, nachdem die Kosten für letztern nach einem einfacheren Plane auf ca. fl. 14,000 berechnet waren. Die Actionärs wollten auf eine solche Anforderung anfänglich nicht eingehen, da sie die Verlegung der Ställe für überflüssig hielten; allein da man darauf beharrte, erklärten sie sich mit dem Projecte einverstanden. Nachdem noch einige Punkte wegen des zum Bau abzutretenden Terrains des Marstallhofs geordnet worden, wurde mit der ständigen Bürgerrepräsentation conferirt, und da diese am 23. März 1823 ihre Zustimmung zu dem Antrage ertheilte, der gesetzgebenden Versammlung am 16. März 1824 die Sache vorgelegt. Die Verzögerung war dadurch eingetreten, dass der Senat vor weiteren Schritten am 24. April 1823 die Vorlage gehöriger Risse und eine verbindlichen Zusage aller Actionäre zu dem Projecte verlangt hatte. Die Actionäre hatten aber erst am 29. Dezember 1823 angezeigt, dass sie Risse von den Architecten Rumpf und Burnitz zwar hätten fertigen, solche aber auf denWunsch der Generalversammlung der Actionäre vom 5. Dezember 1823 zuförderst noch an die Académie royale d'architecture nach Paris zur Begutachtung gesendet hätten. Dessenungeachtet hatten die Actionärs sämmtlich sich für die Einhaltung der früher vom Comité eingegangenen Zusagen urkundlich verpflichtet. Uebrigens schienen in den ersten Monaten 1823 mancherlei Bedenken über die Ausführbarkeit des Plans bei den Actionären aufgetaucht und auf die Aussetzung der Entscheidung influirt zu haben, wie die Acten und eine nur die alsbaldige Reparatur der Treppe und sonstiger Schäden beabsichtigende Vorstellung der Oberdirection vom 10. März 1824 nicht undeutlich erkennen lassen.

Der Antrag des Senats an die gesetzgebende Versammlung vom 16. März 1824 auf unentgeltliche Ueberlassung des Schauspielhauses auf 30 Jahre an die Actiengesellschaft und Zuschuss von fl. 10,000 zur Verlegung des Marstalls gegen Umbau des Hauses in der projectirten Art ward dadurch motivirt, dass auf diesem Wege die Stadt neue Ställe erhalte, der Bestand eines guten Theaters auf 30 Jahre gesichert, und ein solides, allen heutigen Anforderungen entsprechendes Gebäude erlangt, sodann durch ein vorzügliches Theater wie seither, der Geldumlauf und der Nahrungstand vieler hiesiger Bürger gefördert werde und dass endlich die Kosten der jetzt nöthigen starken Reparaturen und der Unterhaltung des Hauses auf 30 Jahre, welche die Actionäre übernehmen, erspart würden, während die verlangten fl. 10,000 und die nachgelassene jährliche Miethe von fl. 2200 höchstens als ein Vorschuss, der sich im Laufe der Zeit ersetze, anzusehen seien. — Die Commission der gesetzgebenden Versammlung (Schöff Dr. Starck, Senator Miltenberg, J. J. Finger, J. H. Hofmann, Gladbach, Kolligs, Kessler) erklärte sich in ihrem Berichte gegen den Antrag, weil gleichzeitig anderweite Bauten (Bibliothek, Paulskirche, Kirchhöfe) eine Verwendung von fl. 10,000 für den Marstall zu hoch erscheinen liessen, das Schauspielhaus nur im Innern einer Reparatur bedürfe, ausreichend gross und von vorzüglicher Akustik sei, die bei einem Umbau vielleicht vermisst werde, sowie denn auch der überbleibende Raum im Marstallhof bei Feuersgefahr zu beschränkt sein würde; zudem werde nach 30 Jahren eine Hauptreparatur doch wieder erforderlich. (Herr Gladbach u. J. H. Hofmann gaben ein Separatvotum.) Man sei aber nicht abgeneigt, der Gesellschaft das Haus auf 30 Jahre gegen Uebernahme der Unterhaltungskosten unentgeltlich zu überlassen und ihr zu einem Anbau für Erweiterung der Bühne und Verlegung der Garderoben den nöthigen Raum im Marstallhof zu überlassen.

Die Versammlung beschloss mit 44 gegen 32, bez. mit 37 gegen 33 Stimmen am 12. Mai 1824 die Anträge des Senats abzulehnen.*) Dieser ablehnende Beschluss war jedoch weniger der Auffassung zuzuschreiben, dass man überhaupt ein Eingehen auf den Antrag nicht wollte, als vielmehr der Ansicht, dass man von Seiten der Versammlung nicht die Initiative mit Vorschlägen, wie sie die Commission gemacht, ergreifen solle.

XIV. Erneuerter Actienvertrag. Anbau an das Theatergebäude. Vierter Concessionsvertrag. 1826—1841.

Bis zur anderweitigen Regelung der Sache wurde einstweilen der Concessionsvertrag auf ein Jahr verlängert, gegen Zahlung der bereits durch Rathsschlüsse vom 24. April 1823 und 13. Mai 1824 auf fl. 2200 herabgesetzten Miethe, und sodann unter dem 29. Juli und 14. September 1824 eine bestimmte Erklärung der Actionäre über ihre Absichten bis zum 31. December d. J. verlangt, mit dem Bemerken, dass bei deren Ermangelung das Haus nur noch bis zum 1. Mai 1826 von ihnen in Miethe gehalten werden könne, und das Theater öffentlich an Unternehmer ausgeboten werden solle.

Zum Zweck den Fortbestand des Theateractienvereins zu sichern, ward nun aus der Mitte der seitherigen Actionäre wiederum ein Theaterorganisationscomité gewählt und dieses (J. F. Brevillier, J. J. Bonn, Brentano-Walz, Alex. du Fay, L. Gontard) berichtete in einem Circular vom 1. December 1824 den Actionären: Der Raum auf der Bühne sei durch die Ankleidezimmer und Arbeitsstuben zu beengt; das Podium ganz mangelhaft; die Ankleidezimmer, Werkstätten etc. zu beschränkt an Zahl; die Maschinerie und Beleuchtung zu abgenutzt; die Zahl der Logen zu gering und Parterre und Gallerie zu klein; es fehle eine zweckmässige Heizung und Schutz an den Thüren gegen das Wetter; auch genüge offenbar eine blosse neue Ausschmückung des Innern nicht. Um daher obige Mängel zu beseitigen, sei eine Erweiterung des Schauplatzes nach der Bühne hin und eine Erweiterung letzterer durch Verlegung der Nebenzimmer in einen neuen Seitenbau und vollständige Herstellung des Innern nothwendig. Ein Plan des Herrn Architecten (des städtischen Wasserweg- und Brückenbau-Inspectors) Hoffmann, der die äussere Gränze des Hauses nicht überschreite, aber die Zahl der Logen um 12, die Zahl der Plätze im Parterre um 110 und der Gallerie um 170 vermehre, und im Uebrigen die obigen Erfordernisse biete, würde einen Kostenaufwand von fl. 80,000 erfordern. Die Actionäre billigten diese Vorschläge und am 22. December 1827 wurde ein am 15. December 1824 auf ähnlicher Grundlage, wie der frühere von 1821, zur Aufbringung der fl. 80,000 abgeschlossener Actienvertrag dem

---

*) Bender, Verhandl. der gesetzg. Vers. von 1816—1831. S. 182.

Senat mit dem Ersuchen vorgelegt, die Baupläne zu genehmigen, den Raum zum Bau des Nebenhauses, sowie die Benutzung des Hauses auf 30 Jahre unentgeltlich den Actionären zu überlassen. Nachdem die Risse von Baurath Moller in Darmstadt und Stadtbaumeister Hess geprüft und im Allgemeinen, von der Aenderung einiger Nebenpunkte abgesehen, gebilligt und auch durch ein ausführliches Gutachten des Bauamts beleuchtet worden, wurde den Actionären am 12. April 1825 eröffnet, dass, wenn sie es bei nochmaliger Erwägung ihrem eigenen Interesse nicht angemessener erachteten, ein bedeutendes und grösseres Theater im Sinne der früheren Beschlüsse auszuführen, man zwar den gebotenen Vergünstigungen nicht entgegen sein wolle, jedoch nur falls sie sich 1) wegen der nöthigen Modificationen des Bauprojects mit dem Bauamt verständigten; 2) die neuen Logen nicht an Einheimische in Abonnement begeben, sondern für Fremde, die Gesandten und das nicht abonnirte Publikum freihielten; 3) die bauliche Unterhaltung des Hauses übernehmen und dasselbe nach Ablauf der Miethzeit in solchem Zustande überliefern, dass ausser Herstellung in Oelanstrich und Malerei anderweite Kosten der Stadt nicht erwachsen. Gegen diese Bedingungen unter 2 und 3 remonstrirte die Actiengesellschaft, indem sie — den Ausfall an Abonnement vorschützend — nur 4 Logen in jedem Rang einschliesslich der grossen und der 4 bereits von Gesandten genommenen Logen frei lassen wollte und sich auf die gewöhnlichen Leistungen bei Ablieferung des Hauses bezog; allein ein Rathsschluss vom 17. Mai 1825 beharrte auf dieser Auflage. In Folge hiervon nahm die Actiengesellschaft am 10. Juni 1825 ihre Anträge zurück; ihr Bancomité löste sich auf.

Das Haus konnte aber nicht in dem alten Zustande bleiben; es musste etwas geschehen; eine Heizungseinrichtung war nicht länger zu entbehren, die Bühne bedurfte der Erweiterung. So legte denn am 16. März 1826 die Theateroberdirection (Leerse) einen neuen beschränkteren Bauplan vor: sie erbot sich die dringend nöthigen Herstellungen im Innern des Hauses, die Luftheizung und einen Anbau für die Aufnahme der Garderoben, Werkstätten etc. auf ihre alleinige Kosten herrichten zu lassen, wenn ihr das Haus auf 15 Jahre unentgeltlich überlassen würde. Am 6. Juni 1826 wurde auf diesen Antrag im Allgemeinen vorbehaltlich der Vorlage der Risse und Baupläne eingegangen, womit am 12. Juni 1826 das Bürgercolleg einverstanden war. Mit Vorlage der Risse des Aubaues wurde zugleich angezeigt, dass zur Vermeidung jeden Aufenthalts bereits im Herbste vorher die Heizung eingerichtet, das Parterre neu gedielt, die Fenster und Thüren reparirt und der Dachraum benutzbar gemacht worden sei, und dass sofort die Bühne erweitert, das Podium und die Maschinerie verbessert, das Auditorium neu gemalt, die Bänke im Parterre und die Logenbrüstungen neu überzogen werden sollten etc. Am 5. April 1827 wurden die vorgelegten Pläne genehmigt und unter Zustimmung der ständigen Bürgerrepräsentation (22. März 1827) der Theater-Actionärgesellschaft das Haus unentgeltlich auf 15 Jahre vom 1. Mai 1827—1842 unter den frühern Bedingungen und unter der Auflage überlassen, dass sie das Haus in gutem Stand erhalte und am Ende der Leihe dasselbe nebst dem Anbau in vollkommen baulichem Stande der Stadt übergebe. — Die Stadt liess das Gebäude zugleich von Aussen frisch anstreichen und mit Blitzableiter versehen; die Errichtung von Wetterdächern vor den Eingangsthüren auf eisernen Säulen, die vorgeschlagen war, wurde aber nicht beliebt.

Der neue Contract kam übrigens erst am 15. October 1830, obwohl für die obige Zeit abgeschlossen, zur Unterschrift zwischen der Stadtkämmerei und der Theateroberdirection, da letztere versucht hatte, eine Aufhebung des § 15 wegen ihrer Haftung für das Schauspielpersonal in Unterstützungsfällen bis zu einer vierteljährigen Gage und eine Beschränkung des § 13 in Betreff der Vorstellungen von Kunstreitern etc. auf die drei Messwochen durchzusetzen. Es wurde aber hierauf nach längeren Erörterungen nicht eingegangen.

Charakteristisch ist es, dass bei dieser Gelegenheit die Theaterverwaltung den Wunsch aussprach: es möge dem Polizeiamte die Entscheidung in Streitigkeiten über Einhaltung der Contracte Seitens des Personals übertragen werden. Müsse sich die Direction jedesmal, wie bisher an die Gerichte wenden, so werde häufig der Zweck schon durch den in diesem Verfahren bedingten Zeitaufwand verfehlt. Man überliess es ihrem Ermessen, ob sie in den Contracten das Polizeiamt als gewillkührtes Forum für ihre Streitigkeiten mit dem Personal vereinbaren wolle.

Wenn in dem neuen Vertrage die Abhaltung von Maskenbällen für den Fall der Einholung besonderer Erlaubniss zugelassen war; so konnte doch nur spärlich davon Gebrauch gemacht werden. Ein Gesuch vom 19. December 1831 ward abschläglich beschieden; erst die Rathsschlüsse vom 7. November 1839 und 15. October 1840 gestatteten, sie als Subscriptionsbälle und gegen Zahlung einer Abgabe von fl. 150 an den Allg. Almosenkasten; 1842 und 1843 wurden sie dagegen ungeachtet einer Petition der Logenabonnenten untersagt. In Folge der veränderten Gesetzgebung von 1848 wurden sie später der Theaterdirection, unter der Bedingung der Einholung der Erlaubniss des Polizeiamts für jeden einzelnen Fall, gestattet.

In dem langen Zeitraum, den der vorliegende Abschnitt umfasst, hatte die Bühnenleitung sehr verschiedene Erfolge. So lebhaft damals noch immer das Interesse für das Theater im Publikum war, und so wenig Abnahme das Logenabonnement zeigte — es gab, neben dem Jahresabonnement, für den zweiten Rang ein Sonntags- und ein Mittwochsabonnement, aber keine Sperrsitze —; so waren doch der Gagenetat und die Ausstattungskosten, besonders der grossen Opern, allmälig so gestiegen, dass der Jahresbedarf der Bühne auf fl. 110,000 bis fl. 112,000, am Ende der Contractszeit auf fl. 125,000 bis fl. 130,000 gegenüber einem Jahresbetrage der Tageseinnahme von fl. 60,000 bis fl. 70,000 sich belief und die Actionäre beinahe jährlich über fl. 20,000, einmal sogar über fl. 30,000 Deficit zu decken hatten. Man versuchte von Seiten der Oberdirection, an deren Spitze Herr Leerse-Sarasin noch immer stand, auf dem Wege erprobter technischer Leitung aufzuhelfen. Wie schon früher bemerkt, hatte bis 1827 noch J. J. Ihlee die Direction; an Spohr's Stelle, welcher 1821 Frankfurt mit Kassel vertauschte, trat als Musikdirector Karl Guhr (geb. 1787, gest. 1848) ein; K. Malss, anfänglich das dritte Mitglied der Direction, übernahm diese nach Ihlee's Tod mit Guhr und trug wesentlich zur Anregung und Ausführung der oben besprochenen Bauprojecte bei. Die Wirksamkeit dieser Herren schien im Jahre 1831 der Oberdirection nicht mehr zu genügen; man glaubte in der Berufung eines bühnenkundigen Intendanten und dessen einheitlicher Leitung das ersehnte Heil zu finden und wandte sich zuerst an den in Leipzig, Darmstadt und München bei der Bühnenleitung thätig gewesenen Intendanten Küstner. Da dieser ablehnte, so ward im Sommer 1831 ein Intendant in der Person von Franz Gruner, seither in Darmstadt, berufen und den beiden vorgesetzt, Guhr zum Opern-, Malss zum Oeconomiedirector ernannt. Allein diese Einrichtung entsprach nicht den gehegten Erwartungen, am 30. April 1836 ward Gruner wieder entlassen und die frühere Direction wiederhergestellt. Bei der steigenden Unzufriedenheit der Actionäre mit den ungünstigen finanziellen Ergebnissen entschloss man sich endlich am 24. Juli 1839, die ganze Theaterführung den Herren K. Guhr, K. Malss und L. Meck als Vorstehern auf deren Gefahr bis Ende 1842 zu übertragen. Die Actionäre, vertreten wie bisher durch ein Comité, blieben den städtischen Behörden gegenüber in dem alten Vertragsverhältnisse; sie hatten die Theaterkasse, in welche alle Einnahmen flossen, in Verwaltung. Der Verwaltung ward ein limitirter Zuschuss von jährlich fl. 20,000 und für das erste Jahr von fl. 24,000 zugesichert und zugleich dem Hrn. Guhr ein Gehalt von fl. 4000 nebst Benefize von fl. 1200, Hrn. Malss ein solcher von fl. 1930 und Hrn. Meck von fl. 2200 nebst Benefize von fl. 800 garantirt, wofür ersterer die Leitung der Oper, der zweite die der Oeconomie nebst Theatersecretariat, der letztere die des Schauspiels nebst Regie zu übernehmen hatte. Diese Herren traten als Vorsteher in die Contracte mit dem Personal ein, hatten aber dafür zu sorgen, dass der Gagenetat fl. 125,000 nicht übersteige, jährlich mindestens fl. 7000 auf Decorationen und Garderobe zu verwenden. Der nach Bestreitung aller Kosten erwachsende Gewinn oder Verlust fiel den Vorstehern zu, die übrigens eine Caution von fl. 12,000 zu leisten hatten. Aus den Einnahmen waren auch die jährlich mit fl. 3250 auszuloosenden Theater-Obligationen Lit. A und die Zinsen der Obligationen Lit. B mit fl. 600, sowie die baulichen und Assecuranzkosten abzuziehen. Das Aufsichtscomité bestand aus den Herren F. A. Bernus, C. P. Kessler, G. Mumm-v. Scheibler. So war formell der alte Actienverband noch in Wirksamkeit, materiell aber die Bühnenleitung an Unternehmer übergegangen.

Wie schon aus den wechselnden Schicksalen der Theaterleitung in dieser Periode sich abnehmen lässt, war die artistische Leitung der Bühne in diesen 20 Jahren eine sehr verschiedene, aber auch die Anforderung des Publikums an dieselbe und das Urtheil über dieselbe allmälig anders geworden. Die bescheidenen Ansprüche der 20er Jahre an die Oper, bei welcher zuerst der Freischütz eine hervorragendere Ausstattung der Scenerie verlangte, wurden in den 30er Jahren durch die von Paris ausgegangenen Ausstattungsopern (Stumme von Portici, Robert der Teufel etc.) überflügelt und diese machten auch an die hiesige Bühne neue, nach ihren Mitteln aber schwerer zu befriedigende Anmuthungen hinsichtlich der Inscenirung und des Sängerpersonals. Insoweit letztere nicht den Wünschen des Publikums entsprechen konnten oder insoweit durch die Ersparungsversuche und Limitirung des Deficits die bessern Kräfte nach kurzem Engagement von den Hoftheatern durch höhere Gagen angezogen und durch minder gute ersetzt wurden, erzeugte sich eine Unzufriedenheit und Opposition, die theilweise in vermindertem Theaterbesuche sich kundgab, theilweise Anlass zu dem oben geschilderten Wechsel in der Direction wurde. Doch waren andererseits auch Jahre lebhaften Theaterlebens darunter und jedenfalls spielten damals das Theater und seine Mitglieder eine sehr bedeutende Rolle im städtischen geselligen Leben; die Verhandlungen über den Umbau, später Anbau des Hauses hatten die ganze Bürgerschaft und ihre Behörden in Aufregung versetzt. Auch war es zweimal innerhalb dieser Zeit vorgekommen, dass persönliche Verhältnisse von Bühnenmitgliedern (am 19. Dezember 1820 Frau v. Busch[1]), 1830 Frln. Bachofen) Theaterscandale, die sich nicht blos auf das Haus beschränkten, und das Stadtgespräch wochenlang beschäftigten, hervorgerufen hatten.

---

[1] Börne, Schriften. V. Band, S. 116.

Ueber die wechselnde Bühnenleitung jener Zeit gibt F. S. Hassel in seinen Skizzen[1]) ein anziehendes Bild, sowie Gollmick[2]) und Belli-Gontard und die damaligen Frankfurter Zeitblätter belletristischen Inhalts (z. B. Iris, wöchentlichen Unterhaltungen und Didaskalia, Conversationsblatt) Stoff genug zu einer näheren Erörterung bieten könnten, die aber hier nicht am Platze sein würde. Erwähnt möge nur werden, dass mit Hassel's Wirksamkeit die Localstücke von K. Malss durch den »Bürgerkapitän« (am 13. August 1821) hier eingeführt und mit den ihnen 1832—34 folgenden Hampelmanniaden (Landparthie nach Königstein, Hampelmann im Eilwagen etc.) heimisch gemacht wurden. Ebenso fällt die Hauptwirksamkeit von Karoline Lindner und Jul. Weidner in diesen Zeitraum; die Namen Becker, Rottmeyer, Leissering, Lussberger, Meck im Schauspiel, Nieser, Dobler, Schmetzer, Anschütz-Capitain in der Oper, hatten den besten Klang. Ueberdies brachten es die Verhältnisse mit sich, dass fast alle bedeutenderen Künstler hier entweder im Engagement ihren Ruf begründeten oder in Gastspielen zu bethätigen Gelegenheit fanden, nicht aber auf längere Zeit hin gefesselt werden konnten, wie dies ja auch später und noch heutzutage der Fall ist und bei allen Stadttheatern mit beschränkten Einnahmen so bleiben wird.

[1]) Hassel, F. S. Die Frankfurter, Localstücke auf dem Theater der freien Stadt. 1821—1866, Skizzen aus meinem Schauspielerleben. Frankfurt 1867.
[2]) Gollmick, Karl, Autobiographie nebst einigen Momenten aus der Geschichte des Frankfurter Theaters. Frankfurt 1860. — Belli-Gontard, M. Leissering. Frankfurt 1853.

Sechster Abschnitt.

Frankfurter Stadttheater geleitet von Unternehmern.

XV. Auflösung des ersten Actienverbandes. Uebertragung des Theaters an die Herren Guhr, Malss und Meck als Unternehmer. Frankfurter Stadttheater. (Fünfter Concessionsvertrag. 1842—1848.)

Seit den Verhandlungen über den Anbau an das Haus und die Contractérneuerung von 1827—1830 waren bis zum Jahre 1841 die städtischen Behörden mit den Angelegenheiten des Theaters nicht befasst worden; nur Theateroberdirection und Generalversammlungen der Actionäre hatten die Sorge für dieselben getragen. Sie waren dieser freiwilligen und undankbaren Aufgabe allmälig müde geworden.

Das erste Symptom hiervon hatte sich schon in der bereits besprochenen Uebergabe der Leitung an die Herren Guhr, Malss und Meck 1839 kundgegeben und die Absicht, den Actienverband aufzulösen, das Haus und die Bühnenleitung an die Stadt zurückzugeben, wurde in der Generalversammlung der Actionäre vom 28. Mai 1841 einstimmig zum Beschlusse erhoben und am 21. Juli 1841 dem Senate von dem Comité (Müller-Buch, Gottl. Mumm und Ph. Kessler) angezeigt, zugleich aber gebeten um Ueberlassung der Bühne an die Herren Guhr, Malss und Meck zu den seitherigen Bedingungen, da sie in diesem Falle bei der Liquidation und Veräusserung des Inventars am wenigsten verlieren und den Fortbestand eines guten Theaters am leichtesten unter der erprobten Leitung dieser Herren gesichert sehen würden.

Ihre Berechtigung zu einem solchen Antrage fanden sie in den grossen, bereits erwähnten Opfern, die sie seit 1827 der Erhaltung einer guten Bühne gebracht hätten. Das Gesammtdeficit, welches die Gesellschaft vom 1. Mai 1837—1841 in 14 Jahren habe tragen müssen, belief sich auf die enorme Summe von fl. 291,674. 51 kr., wovon nur fl. 47,577. 29 kr. auf die Kosten des Anbaues, der Rest von fl. 254,097. 2 kr. auf die Theaterführung kämen.

Gleichzeitig suchten die Herren Guhr, Malss und Meck um Verleihung der Concession zur unentgeltlichen Benutzung des Schauspielhauses nach, und bezogen sich auf ein Circular des Actionärcomités an die seitherigen Actionäre vom 21. Juni 1841, worin dieses den letztern den Verkauf des Inventars um fl. 15,000 an die neuen Unternehmer anzeigte und die Betheiligung am Logenabonnement, dessen Preise nur ca. fl. 15 höher, als der seitherige nebst Zuschuss, für eine Parterre- und erste Rangloge angesetzt seien, (fl. 125 für den Platz in diesen, fl. 100 im 2. Rang), empfahl; auch eine Ueberwachung der Kasse und Buchführung, sowie der Pensionsanstalt durch ein Theatercomité in Aussicht gestellt war. —

So bedenklich in mancher Beziehung die Uebergabe an Einzelunternehmer schien, so wenig Aussicht war zur Bildung einer neuen Actiengesellschaft vorhanden, und es handelte sich daher nur um die Frage, an wen und unter welchen das Publikum sichernden Bestimmungen das Theater begeben werden solle. Ausser den Herren C. Guhr, C. Malss und L. Meck meldeten sich noch Hofr. Dr. Schilling in Stuttgart, August Schumann, Director des Mainzer und Wiesbadener Theaters und F. Spielberger, Director des Cölner Theaters, und boten sogar eine Jahresmiethe von fl. 4000. — Allein theils in Rücksicht auf die bestehenden Verhältnisse, namentlich den seitherigen Verband mit der Actiengesellschaft, theils in Betracht der Unwahrscheinlichkeit, die von den auswärtigen Concurrenten angebotenen Bedingungen erfüllt zu sehen, theils in Hinblick auf die seitherige dem hiesigen Publikum gewohnte und beliebte Theaterleitung der Herren Guhr, Malss und Meck wurde letztern, unter Zustimmung der ständigen Bürgerrepräsentation, durch Rathsschluss vom 16. November 1841 die Concession zur unentgeltlichen Benutzung des Theaters auf 10 Jahre unter Vorbehalt der Kündigung Seitens der Stadt nach 5 Jahren, bis 1. Mai 1852, ertheilt und am 5. Februar 1842 ein förmlicher Vertrag hierüber abgeschlossen.

Hiermit hörte das 1792 begründete, auf dem Actienverband beruhende Nationaltheater zu Frankfurt a. M. auf. Ein Frankfurter Stadttheater trat an dessen Stelle.

Die veränderten Verhältnisse hatten eine eingehende Prüfung der bisherigen Vertragsbedingnisse erfordert; es handelte sich um Vorschriften über die Theaterführung, die Stellung zu dem Personal, der Pensionsanstalt und dem Publikum, anständige Einrichtung des Hauses etc. — alles Fragen, die seither dem Ermessen der Selbstverwaltung des Actienverbands mehr oder minder anheimgestellt waren. Hiervon ausgehend, wurde der Vertrag neu redigirt und erhielt folgende Verabredungen, die für die folgenden Verhandlungen von Bedeutung sein werden.

Den Herren C. Guhr, C. Malss und L. Meck wird auf 10, beziehungsweise 5 Jahre die Concession zu Schauspiel- und Opernvorstellungen, sowie Concerten und Oratorien im städtischen Schauspielhause ertheilt; andere Darstellungen und Bälle bedürfen besonderer Concession; Hazardspiele sind verboten. Diese Concession kann (§ 2) bis zum 1. Mai 1846 gekündigt werden, falls die Obigen den Behörden Anlass zur Unzufriedenheit geben. Bei Tod oder Weggang eines der Concessionäre haben die Uebrigen den Vertrag fortzusetzen, wenn die Behörden nicht anderweit verfügen. Eine Caution (§ 3) von fl. 12,000 ist zu leisten; den Unternehmern (§ 4) wird das Haus mit Anbau und städtischem Inventar unentgeltlich, jedoch ohne allen Zuschuss, überlassen; sie haben (§ 5) mit ausschliesslicher Widmung die Bühne auf der Höhe zu erhalten, wie es die Ehre der Stadt und die Ansprüche eines gebildeten Publikums erheischen, und solche Stücke zu geben, welche den Geschmack bilden und den Sinn für Kunst erhöhen, sowie für angemessene Garderobe und Decorationen zu sorgen. Hiernach (§ 6) auch bei der Wahl der Bühnenmitglieder und des Orchesters zu verfahren und für beide die im Vertrage benannten Fächer¹) zu besetzen; in den Entreacts eine anständige Abwechslung der von mindestens 16 Musikern aufzuführenden Stücke eintreten zu lassen. Ballet bleibt dem Ermessen derselben überlassen. Für die Bühne darf (§ 7) Niemand engagirt werden, bei dessen Aufenthalt oder Auftreten das Polizeiamt Anstand findet; die nicht bei dem Schauspiel, Oper und Orchester angestellten, sondern für andere Dienste erforderlichen Personen sind aus hiesigen Bürgern zu nehmen und über die Gründe ihrer Entlassung haben sich die Unternehmer auf Verlangen bei dem Polizeiamt auszuweisen; ebenso sind die dahier verbürgerten Orchestermitglieder, welche nicht ohne gegründeten Anlass, worüber sich bei dem Polizeiamt auszuweisen ist, entlassen werden können, beizubehalten. Lücken (§ 8) sind nicht durch Gastspiele, sondern durch neue Engagements auszufüllen; Urlaube contractlich und ohne Nachtheil für das Repertoir zu bedingen; Gastspiele auf Nachbarbühnen dürfen an Spieltagen nicht ohne Erlaubniss der Behörden statt haben; die Orchestermitglieder, welche bei der Stadtwehr functioniren, sind hierin nicht zu behindern. Der Pensionsanstalt (§ 9) sind die statutenmässigen Zuschüsse zu gewähren als: 4 jährliche kostenfreie Vorstellungen, die Strafgelder, 5% der Beneficen, 1 kr. Beitrag von jedem Gulden der Gagen, 1% der Pensionen. Die Verwaltung der Pensionsanstalt bleibt getrennt von der Theaterdirection unter Oberaufsicht eines Theaterabonnenten-Comités. Kein die Religion, den Staat oder die Sittlichkeit verletzendes Stück (§ 10) darf aufgeführt werden; Censur vorbehalten; jährlich eine Vorstellung für die Armen. Festhaltung (§ 11) der Anfangszeit, Reinlichkeit, gehörige Beleuchtung und Heizung. Spieltage sind (§ 12) Sonntag, Dienstag, Donnerstag, Samstag; bei aufgehobenem Abonnement Vorbehalt der Logeninhaber, ihre Logen auf Anzeige Abends vorher zu behalten. Geschlossene Tage (§ 13) der erste Oster-, Pfingst- und Christtag und Abends vorher; Charfreitag und Busstag und Abends vorher; Schluss des Hauses aus polizeilichen Gründen ohne Entschädigung (§ 14); den Unternehmern kein Aussetzen der Vorstellungen oder Cession ihrer Rechte erlaubt; Privileg (§ 15) für alle eigentlich theatralische Vorstellungen; Eintrittspreise (§ 16) im Maximum: Logenplätze, einzeln fl. 1. 45 kr., im 2. Rang fl. 1. 24 kr., ganze Logen fl. 1. 24 kr., im 2. Rang fl. 1. — Parterre 48 kr., Gallerie 24 kr., Parquet fl. 1. 12 kr., Militärabonnement; 1 Logenplatz für den Senatsdeputirten zum Polizeiamt frei. Inquilinische Leistungen im Hause (§ 17), Assekuranz und Löschanstalt durch die Unternehmer; Rückgabe (§ 18) in ordentlichem Stande. Kosten des Vertrags (§ 19) den Unternehmern. (5. Februar 1842.)

---

¹) Es ist vielleicht interessant, diese obligatorischen Fächer zu kennen. Es sind dies:
I. Schauspiel. a) an Damen: 1) Erste Liebhaberin und Heldin, 2) erste jugendliche Liebhaberin. 3) zweite Liebhaberin und Soubrette, 4) Mutter- und Charakterrolle. 5) zweite Mutter, 6) komische Alte.
b) Herren: 1) Erster Liebhaber und Held, 2) erster jugendlicher Liebhaber, 3) zweiter Liebhaber, 4) Chevalier und Bonvivant, 5) Intriguant und Charakterrolle, 6 u. 7) erster und zweiter Vater, 8) Komiker, 9) Schauspieler für höhere Komik.
II. Oper. a) Damen: 1) Primadonna und Bravourpartie, 2) erste jugendliche Sängerin, 3) erste alternirende oder zweite Sängerin. 4) erste Soubrette, 5) komische Alte, Mezzosopran, 6) vierzehn Chorstimmen.
b) Herren: 1) Erster Tenor und primo amoroso, 2) erster alternirender Tenor, 3) Tenor für Spielpartie, 4) erster, 5) zweiter Bass, 6) Bariton, 7) Bassbuffon, 8) vierzehn Chorstimmen.
III. Orchester: 1 Musikdirector, 7 erste Violinen, wobei ein Sologeiger, 7 zweite Violinen, 4 Bratschen, 3 Violoncelli, 3 Contrabässe, 2 Flöten, 2 Oboen, 2 Clarinetten, 2 Fagotte, 4 Hörner, 2 Trompeten, 3 Posaunen, eine Pauke, eine Harfe, (44 Musiker). —

Die Herren Unternehmer hatten unter sich bereits am 20. Juli 1841 einen Societätsvertrag abgeschlossen. Durch denselben machten sie sich verbindlich, vom 1. Mai 1842—1852, für den Fall der Concessionsertheilung, auf gemeinschaftliche Rechnung die Fortführung des Theaters zu übernehmen und das Inventar für fl. 15,000 der Actionärgesellschaft abzukaufen. Dieses Inventar und ihre mit je fl. 4000 einbezahlte Caution bildeten den Gesellschaftsfond. Die Leitung soll nur nach gemeinschaftlichen Beschlüssen in regelmässigen Sitzungen geschehen; jedoch besorgt Malss insbesondere die Oekonomie, Decorationen und Garderobe, Inventarien und die Secretariats- und Buchführungsgeschäfte; Guhr die Leitung von Oper und Orchester, Meck die Regie und Direction des Schauspiels. Jeder derselben hat gleichen Antheil am Gewinn, erhält aber jährlich fl. 2000 für seinen Unterhalt, Guhr noch fl. 1000 besonders für die Direction des Orchesters. Keiner darf vor Bezahlung oder Abschreibung des Inventars und bevor ein Betriebscapital von fl. 12,000 erspart sein wird, mehr aus der Jahreseinnahme beziehen, Kasse und Buchführung sollen der Contrôle eines Abonnentencomités unterstellt sein, welches alle nicht fixirten Ausgaben auf die Kasse, falls sie fl. 50 übersteigen, anweisen wird. Alljährlich soll ein Budget, das die Ausgabe von fl. 125,000 nicht übersteigen darf, aufgestellt und der Ab- und Zugang zum Inventar gebucht werden. Für die Theaterführung verabreden sie, dass stets ein gutes Personal und Repertoir erhalten, Contracte aber nur auf je 3 Jahre, ohne den jetzigen Gagenetat zu übersteigen, mit den Orchestermitgliedern nur auf einmonatliche Kündigung abgeschlossen werden sollen. Gastspiele werden nur bei berühmten Künstlern, welche der Kasse einen vorzüglichen Ertrag versprechen, bei Debüts neu zu engagirender Künstler oder in Krankheitsfällen oder Abwesenheit der engagirten, stattfinden. Benefize-Vorstellungen sind abzuschaffen, eventuell nur unter Betheiligung der Casse und mit 5% Abzug für die Pensionskasse zuzulassen. Vorschüsse werden höchstens bis zu 12°/₀ der Jahresgage bewilligt. Hinsichtlich der Spieltage u. s. w. wurden die Vorschriften der Concession verabredet. Das Abonnement der Logen ward zuerst auf 1½ Jahr vom 1. Mai 1842 bis zum 1. November 1843, dann von Jahr zu Jahr, endlich wieder auf 1½ Jahr vom 1. November 1850 bis 1. Mai 1852 angeboten, und zwar für eine Loge 1. Rangs und Parterre zu fl. 125 und in den Logen 2. Rangs zu fl. 100 halbjährlich der Platz, jedoch jede Loge nur an einen Abonnenten; das Parterre-Abonnement war fl. 100 jährlich. Endlich war verabredet, dass im Fall des Ablebens, der Pensionirung oder des Rücktritts eines Contrahenten der Vertrag auf die übrig bleibenden Theilhaber mit allen Activen und Passiven, gegen Abfindung des Ausscheidenden oder seiner Erben nach Maassgabe der letzten Bilanz übergehen solle. Diese Verabredungen hatten sich selbstverständlich später nach Maassgabe des abgeschlossenen Concessions-Vertrags vom 5. Februar 1842 zu modificiren.

Die Klausel zu Gunsten der Orchestermitglieder, welche hier verbürgert sind, in § 7 des Vertrags war insbesondere durch lebhafte Reclamationen der Orchestermitglieder hervorgerufen worden, da denselben von jenen ihnen nachtheiligen Verabredungen der Unternehmer Kunde geworden und sie besorgten, dass sie, ohnedem nur mit fl. 300 bis fl. 600 Jahresgage honorirt, auch noch der Gefahr einer Anstellung mit monatlicher Kündigung ausgesetzt würden. Und in der That fanden dieselben schon bald nach Abschluss des Vertrags Anlass zu Beschwerden. Man hatte sie veranlassen wollen, freiwillig durch neue Contracte und neue Theatergesetze ungünstigere Bedingungen einzugehen. Senatsbeschlüsse vom 8. Februar 1842 und 12. Januar, 16. März und 22. Sept. 1843 verwiesen die Theaterdirection ernstlich auf den Inhalt des Vertrags. Auch später 1848 und 1852 gab die fragliche Bestimmung Anlass zu Reclamationen und Anträgen auf günstigere Stipulationen, die aber lediglich im Sinne jenes § 6 beschieden wurden.

Zur Aufbewahrung der Decorationen wurde den Unternehmern der untere Raum im alten Zenghause des Rahmhofs precario unentgeltlich überlassen.

Im Frühjahr 1846 kam zur Sprache, ob von der in § 2 der Concession vorbehaltenen Kündigung nach Ablauf von 5 Jahren Gebrauch gemacht werden solle. Nach sorgfältiger Erörterung dieser Frage durch das Polizeiamt und die Stadtkämmerei, wobei man hinsichtlich der Besetzung der ersten Fächer in der Oper und in dem Schauspiele den Unternehmern den Vorwurf von Vernachlässigungen machte, die sie aber theils verneinten, theils durch die Umstände zu rechtfertigen suchten, wurde durch Senatsbeschluss vom 28. April 1846 den Unternehmern Guhr, Meck, Malss erklärt, dass der Senat, in der Erwägung, dass sie den Concessionsbedingungen, namentlich in Besetzung der ersten Rollenfächer pünktlicher als geschehen, nachkämen und unter Androhung einer vom Polizeiamt zu verhängenden Strafe von fl. 1—10 pro Tag für jede Nichtbefolgung einer Contractsauflage, insbesondere rücksichtlich der nicht oder nicht gehörig besetzten Fächer bis zum Betrag der üblichen Gage, — von der Kündigungsbefugniss des § 2 keinen Gebrauch machen wolle.

XVI. Bauliche Herstellungen im Theatergebäude. 1842—1848.

Ueber die Herstellungen, welche die Actiengesellschaft bei Uebergabe des Hauses zu machen hatte und deren Betrag auf fl. 6650 veranschlagt war, entstand eine Differenz zwischen den Behörden und dem Comité. Letzteres hatte solche abgelehnt und wollte das Haus nur übergeben in dem Zustande, wie es sich dermalen befand. Ein Rathsschluss vom 16. November 1841 verlangte aber, auf Grund der Verhandlungen von 1824 und des Vertrags, die Herstellung des Hauses und Anbaues im vollkommenen baulichen Zustande mit Ausnahme der Herstellung des Oelanstrichs und der Malerei. Senatsbeschlüsse vom 5. Januar, 17. Februar und 10. März 1842 bestätigten auf die erhobenen Reclamationen diese Forderung, obwohl man im Hinblick auf die bedeutenden Bauten, welche das Comité bis zum Belauf von fl. 47,577. 29 kr. gemacht hatte, eine mildere Auffassung für zulässig erkannte, wenn nicht die Rechtsverbindlichkeit bestritten, sondern die Billigkeit angerufen würde. Das Actionärcomité erbat sich hierauf zu einer Aversionalleistung von fl. 3000, die auch aus Billigkeitsgründen mit Zustimmung der Ständigen Bürgerrepräsentation durch Rathsschluss vom 21. April 1842 angenommen ward.

Nach den nunmehr detaillirt eingelangten Voranschlägen betrugen die eigentlichen Herstellungskosten fl. 7800, die Kosten einer neuen Ausschmückung des Hauses im Innern nach Zeichnung und Ausführung des Malers Gropius in Berlin fl. 4023, und der Polsterung der Brüstungen fl. 272. 20 kr., zusammen fl. 12,095. 22 kr. Die Gropius'schen Arbeiten waren ziemlich einfach: — Acantusblätter und Stäbe an den Logen, Thyrsusstäbe nach der Gallerie, eine neue Malerei der Decke und des Proscenium. — Bei den Reparaturen war ein neues Podium noch vorbehalten, jedoch die Herstellung neuer Abtritte für die Logen beantragt.

Die Stadtkämmerei, welche zugleich ein Inventar über das Gebäude und dessen Accessorien aufgestellt hatte, befürwortete die obigen Herstellungskosten, deren Höhe manchen Widerspruch fand, und der Senat genehmigte solche durch Beschluss vom 7. Juni 1842, dem die Ständige Bürgerrepräsentation am 14. Juni 1842 beitrat. Am 28. Juni 1942 wurde Vorlage an die gesetzgebende Versammlung gemacht, nachdem noch Maler Falck von hier neue Vorschläge für die Ausschmückung des Saals, die sich auf fl. 1400 beliefen, gemacht hatte. Die gesetzgebende Versammlung [1]) genehmigte nach lebhafter Discussion in den Sitzungen vom 29. October, 2. und 4. November 1842 die Abfindung mit der Actionärgesellschaft von fl. 3000 eine Bewilligung von fl. 3500 für Reparaturen, sowie einen Credit von fl. 4500, bis zu welchem den Theaterunternehmern zur Herstellung der inneren Ausschmückung des Hauses nach den Gropius'schen Zeichnungen Zahlungen geleistet werden könnten, während diese für die Mehrkosten, falls sie eine brillautere Ausschmückung wünschten, aufzukommen hätten. Die Commission der gesetzgebenden Versammlung (Bernh. Andreä, G. Heimpel, Dr. von Gusit.i, Gwinner, Siebert) hatte nämlich den Kostenvoranschlag auf fl. 3500, auf Grund neuer Vorschläge des Stadtbaumeisters Hess, welche den Anbau für die Abtritte wegliessen und diese anderwärts verlegten, reducirt. Sie hatte zugleich erwogen, dass die mangelhafte und gefährliche Beschaffenheit, in welcher sich Maschinerie und Podium befänden, in Bälde einen Kostenaufwand von ca. fl. 15,000 erfordern würden und sich hierdurch zu dem Antrag veranlasst gefunden, der Senat möge die Errichtung eines neuen würdigen Theatergebäudes, an das sich grossartige Säle und Läden anschlössen, in Erwägung ziehen, namentlich ob solches nicht durch eine Actiengesellschaft etwa mit Ueberlassung eines städtischen Platzes, etwa des Paradeplatzes, geschehen könne. Dieser Antrag wurde aber mit 41 gegen 19 Stimmen verworfen. In der Discussion war theils jede Bewilligung für Ausschmückung bestritten, theils gerade das Gropius'sche Project als zu theuer oder weniger empfehlenswerth als das Falck'sche angegriffen, auch die Einführung der Gasbeleuchtung ohne Erfolg angeregt worden.

Durch Senatsbeschluss vom 7. Februar 1843 wurden diese Anträge genehmigt in der Art, dass das Bauamt ermächtigt wurde, fl. 3500 für Reparaturen, welche ein Zimmermeister (G. Heimpel) in Accord nehmen wollte, zu verwenden und fl. 4500 in der vorgeschlagenen Weise den Theaterunternehmern zur Verwendung bei der Ausschmückung verstellt wurden.

Auf freiwilliges Erbieten wurde zugleich 1843 den Unternehmern gestattet, die Gasbeleuchtung in den Saal und die Corridors, jedoch so, dass ein Drittheil der Beleuchtung in den letztern durch Oellampen bewerkstelligt werden müsse, einzuleiten; die betreffende Einrichtung sollte nach Ablauf der Concession der Stadt verbleiben. Ein späteres Abkommen hinsichtlich der Beleuchtung kann hier gleich erwähnt werden. Die weiter im Jahr 1849 im Theater von der Frankfurter Gasbereitungsgesellschaft getroffenen Gaseinrichtungen hatten nämlich, nach einem Abkommen mit der Frankfurter Gasbereitungsgesellschaft vom 24. September 1849 (genehmigt durch Senatsbeschluss vom 11. October 1849) unentgeltlich an die Stadt überzugehen, dagegen durfte bis zum 30. April 1868 kein anderes Gas, als das der Frankfurter Gesellschaft, durch diese neuen Röhren — abgesehen von den früher schon gelegten — geleitet werden, dafür aber der gleiche Preis, wie bei grösseren Consumenten, und nicht höher, als damals stipulirt, berechnet werden.

---

[1]) S. Mittheilungen aus den Protokollen. Bd. IV. S. 103—105.

Ebenso ist zu bemerken, dass 1843 auch noch ein bedeckter Eingang vom Marstallhofe aus nach dem Theatergebäude zur Minderung der Zugluft auf der Bühne für fl. 185 angelegt wurde.

Die bei der gesetzgebenden Versammlung schon besprochene schlechte Beschaffenheit des Podiums gab bald (am 17. September 1845) Anlass zu Anträgen: Die Theaterunternehmer hatten die Herstellung eines neuen Podiums der Bühne beantragt, da dasselbe höchst mangelhaft, ja gefährlich geworden sei. Eine gänzliche Erneuerung des Podiums zugleich mit den Maschinerien war nach Anschlag des Maschinisten Schechner zu fl. 13,250 berechnet. Der Herr Stadtbaumeister Henrich veranschlagte nun die Kosten der nöthigsten Dielen- und Gebälkeinziehung zu fl. 2000; diejenigen einer Erneuerung der Holzconstruction und des Versenkungsrostes mit verbesserter Einrichtung zu fl. 3700 und diejenigen einer gänzlichen Verbesserung mit einem doppelten Versenkungsroste, Vertiefung des letztern um 8' bei 30' Breite und 52' Länge und Anschaffung neuer Walzen, Rollen, Gewichtskanäle und Coulissenwagen zu fl. 6500. Eine an sich wünschenswerthe Verbesserung des Schnürbodens sollte noch anstehen.

Man entschied sich, mit Consens der Ständigen Bürgerrepräsentation für den minder kostspieligen Vorschlag, der nur fl. 3700 erforderte, durch Senatsbeschlüsse vom 2. und 6. November 1845.

Auf Ansuchen der Logenabonnenten ward 1847 die Herrichtung bedeckter Eingänge angeregt und zwar entweder in der Art, dass an den beiden Eingangsthüren auf gusseisernen Säulen ruhende Blechdächer im Kostenanschlag von fl. 1740 oder eine vor der ganzen Fronte des Hauses fortlaufende Veranda mit eisernem Dache für fl. 2720 oder mit Holzdach von fl. 1750 angebracht würden. Es entschied sich der Senat durch Beschluss vom 3. August 1847 für eine Veranda mit fortlaufender Freitreppe unter Verwandlung des Fensters zwischen den beiden Thüren in eine Thüre, und conferirte auf die Kosten von fl. 3100. Die Ständige Bürgerrepräsentation war hiermit am 26. August 1847 einverstanden, nur nicht mit Abänderung des Fensters, jedoch war sie in letzterer Beziehung event. mit Anbringung zweier Glasthüren statt der Fenster zwischen und neben den Thüren zufrieden. Die gesetzgebende Versammlung lehnte dagegen mit 70 gegen 2 Stimmen in ihrer Sitzung vom 22. September 1847 das Project ab. Es wurde dasselbe als baustatutwidrig, zwecklos, unnöthiger Luxus und misständig bezeichnet, obwohl auch Stimmen sich für dieselbe als eine Annehmlichkeit für das Publikum, wie sie anderwärts überall bestehe, aussprachen. Hierauf wurde von dem Antrag abgesehen.

XVII. **Krisis des Theaters. Ankauf der Decorationen durch die Stadt. Neuer (6.) Vertrag. Wechsel der Unternehmer. 1848—1852.**

Die Führung des Theaters durch die Herren Guhr, Malss und Meck schien anfänglich mit Erfolg gekrönt; die Abonnenten waren ihnen treu geblieben; das Personal war beliebt. Allein dieser Erfolg war nicht nachhaltig und in Folge der Revolution vom 24. Februar 1848 und der deutschen Märztage dieses Jahres kam das Theater in eine so kritische Lage, dass nur ausserordentliche Mittel es aufrecht erhalten konnten. Die Unternehmer wussten sich, bei gänzlicher Vernachlässigung des Theaters durch das Publikum, nicht anders zu helfen, als die Unterstützung der Stadt anzurufen. Es begann hiermit eine Periode ernster Verwicklungen, bei denen die Stadt in Mitleidenschaft gezogen und zu wiederholter und dauernder Unterstützung der Bühne veranlasst wurde.

Unter dem 3. Juni 1848 kam die Theaterdirection Guhr, L. Meck, C. Malss bei dem Senate mit einer Vorstellung ein, worin sie die traurige Lage des Theaters darstellten. In Folge der Handelskrisis und der Revolution habe der Theaterbesuch so abgenommen, dass das Theater bereits Anfangs April hätte geschlossen werden müssen, wenn nicht die Logenabonnenten die Abonnementgelder vom 1. Mai bis November damals vorausbezahlt hätten. Auch diese seien jetzt aufgebraucht. Die Gagen seien mit Zustimmung der Mitglieder auf 40% reducirt, soweit sie fl. 200 übersteigen. Dennoch beliefen sich die Gagen und Kosten monatlich auf fl. 7000, während die Tageseinnahme höchstens fl. 3000 erreiche, so dass sie bis 1. November (Ende des Theaterjahrs) monatlich fl. 4000, zusammen fl. 24,000 Zuschuss bedürften. Ausserdem schuldeten sie einem Bankierhause fl. 12,000, die jetzt gekündigt seien, und ca. fl. 6000 für kleinere Rechnungen. An Activen besässen sie fl. 12,000 Caution, die Garderobe und Decorationen, welche letztere zu fl. 46,000 versichert seien. Sie bäten daher ihnen diese Decorationen für den Versicherungspreis abzukaufen oder ihnen auf dieselben fl. 36,000 nach und nach gegen Zinsen vorzuschiessen. Uebrigens sei eine schleunige Entscheidung nöthig, da sie am nächsten Gagentage (16. Juni) wahrscheinlich nicht voll auszahlen könnten und zur Entlassung der Mitglieder gezwungen seien.

Nach einer beigefügten Skizze hatte die Verwaltung

1839/42 einen Verlust von fl. 5,263. 54 kr.
1842/43 einen Gewinn von   fl. 1,966. 20 kr.
1843/44   „   „   „   fl. 1,089. 56 kr.
1844/45   „   „   „   fl. 2,011. 15 kr.
1845/46 einen Verlust von fl. 4,842. 11 kr.
1846/47   „   „   „   fl. 8,641. 29 kr.
1847/48   „   „   „   fl. 10,366. 58 kr.
                                      fl. 29,114. 32 kr.
              ab Gewinn fl. 5,066. 31 kr.
             blieb Verlust fl. 24,048. 1 kr.

Zu dem Verlust wurde eine Einbusse durch Verbot der Maskenbälle mit fl. 5000, Mehrausgabe für die Ausschmückung des Hauses fl. 2256. 29 kr., Zulage zur Deckung des Deficits der Pensionsanstalt 1842—1848 mit fl. 3429. 49 kr. gerechnet. Für Decorationen und Garderobe seien in dieser Zeit fl. 47,559 — neben dem Ankaufspreis verwendet worden. —

Auch die Mitglieder der Bühne und des Orchesters (92 Personen), denen die Direction bereits von allen Gagensätzen über fl. 200 einen Abzug von 40% angemuthet hatte, kamen am 5. Juni l. J. mit einer dringenden Bitte um Erhaltung des Theaters und Untersuchung seines Nothstandes ein.

Durch Senatsbeschluss vom 6. Juni 1848 ward eine Senatscommission (Schöff Neuburg, Coester und Kessler) erwählt, um die Verhältnisse des Theaters zu untersuchen, auch nöthigenfalls wegen anderweiter Verpachtung desselben Vorschläge zu machen.

Am 3. Juni 1848 war inzwischen C. Maluss gestorben; ihm folgte schon am 22. Juli d«. J. Carl Guhr. An ihre Stelle in der Direction war Julius Mühling, früher in Hamburg, und Capellmeister Louis Schindelmeisser getreten.

Die Senatscommission beantragte zuvörderst am 8., 29. Juni und 27. Juli, dass den Theaterunternehmern von der Caution fl. 2400, fl. 2000 und fl. 4000 zur Zahlung der Gagen für die betreffenden Verfalltage vorläufig zurückgegeben werden möchten, was genehmigt wurde.

Am 12. August berichtete die Commission:

Es handele sich nicht blos um eine zeitweilige Unterstützung der jetzigen Unternehmer, sondern um die Erhaltung des Instituts des Theaters selbst, und dabei um das Interesse der zahlreichen davon abhängigen Familien und um das Interesse der Stadt selbst. Durch den Umsatz von jährlich fl. 120—125,000, durch die Zahl der dafür beschäftigten Personen und Gewerbsleute, durch die Verhältnisse der Stadt überhaupt als dem Sitze deutscher Centralgewalt und regen Verkehrs, sei eine Erhaltung der Bühne auch durch ein Opfer, das das Aerar bringe, geboten. Würden auch selbst die Gagen geringer werden, so könne doch bei der dermaligen geringen Aussicht, dass Private Lust und Geschick zur Uebernahme der Bühne hätten oder Mittel dafür aufwenden wollten, die seither durch unentgeltliche Ueberlassung des Hauses gewährte Beihülfe zur Fortführung der Bühne nicht genügen. Auch selbst die jetzigen Unternehmer hätten die bis 1848 nicht ungünstige Lage nur durch den billigen Ankauf der Decorationen ermöglichen können. Allein ihre Mittel hätten von Anfang an nicht ausgereicht, um nach Bestellung der Caution den Kaufpreis des Inventars von fl. 15,000 anders, als aus den ersten Abonnementsgeldern zu zahlen; sie seien in Folge davon, bei Minderung der Abonnements, in die Vorschussschuld von fl. 12,000 und so nach und nach, einschliesslich der Vorschüsse aus der Caution mit fl. 7200, in eine Schuld von fl. 39,200 gekommen, deren Deckung im Inventar liege.

Herr Meck — da Guhr inzwischen gestorben — habe in Gemeinschaft mit dem seitherigen Director des Hamburger Theaters — Herrn J. Mühling — sich erboten, die Decorationen der Stadt zu fl. 30,000 käuflich zu überlassen, gegen unentgeltliche Benutzung mit der Verpflichtung sie mit 1% ihres Werthes jährlich zu ergänzen, bez. soviel auf sie zu verwenden.

Der Ankauf empfehle sich, da der gleichzeitige Besitz für jede fernere Begebung der Bühne nützlich sei. Der Preis entspreche der Taxation, die sich auf mindestens fl. 34,000 belaufe, und dem Verhältnisse, dass die Unternehmer seither jährlich fl. 5—6000 auf die zu fl. 15,000 erkauften Decorationen etc. verwendet hätten; Mühling's Ruf als der eines höchst ausgezeichneten, einsichtsvollen und in seinen Geschäften geordneten Theaterdirectors biete nach seiner seitherigen Wirksamkeit Garantien.

Es wird daher beantragt, dass die Decorationen zu fl. 30,000 erkauft, den zur Fortführung des Theaters bereiten Herren Meck und Mühling zum Gebrauch unentgeltlich überlassen, beiden die Concession bis 1. Mai 1858 ertheilt, die Caution auf fl. 6000 herabgesetzt und zur Aufsicht der Pensionsanstalt und Respicirung des ganzen Theaterkasse- und Buchführungswesens ein Commissär vom Rechneiamt bestellt werde.

Die Anträge wurden am 15. August vom Senate und am 22. August von der Ständigen Bürgerrepräsentation angenommen. Durch Vortrag vom 22. August 1848 gelangten dieselben an die gesetzgebende Versammlung.¹) Auf Bericht einer Commission (Dr. Reinganum, Dr. Mappes, Schöff Neuburg, Sen. Kessler, Sen. Siebert) genehmigte dieselbe am 13. September 1848 nach lebhafter Discussion, in welcher theils die Subvention an sich, theils deren Modalitäten angegriffen und vertheidigt wurden, die Anträge dahin, dass die Decorationen, wie sie in dem Inventar verzeichnet sind, um fl. 30,000 erkauft und den Concessionären unentgeltlich auf 10 Jahre gegen die Bedingung gehöriger Unterhaltung und einer jährlichen Verwendung von 1 pCt. für Ersatzstücke, welche als Entschädigung der Abnutzung zu dem Eigenthum der Stadt hinzukommen, zum Gebrauch bei den Vorstellungen überlassen würden.

Durch Senatsbeschluss vom 3. October 1843 ward sodann die Stadtkämmerei mit dem Ankauf beauftragt und den Herren Meck und Mühling die Concession zur Theaterführung nach Maassgabe der oben erwähnten Bedingungen auf 10 Jahre bis zum 1. Mai 1858 ertheilt.

Bei Abschluss des Kaufvertrags fanden sich auch noch einige alte städtische Decorationen, davon 1802 eilf vorhanden waren, unter den übrigen vor, wovon jedoch nur noch fünf zu ermitteln waren. Ihres Alters wegen wurde von einer Rückvergütung für dieselben abgesehen.

Der neue Vertrag schloss sich im Wesentlichen an denjenigen von 1842 an. Abweichungen waren: 1) dass in § 1 für den Fall des Tods oder Abgangs beider Unternehmer der Stadt Verfügung über das Theater und die Caution bleiben solle; dass 2) der untere Stock im Rahmhofshause für die neu angeschafften Decorationen belassen; 3) dass nach Ablauf der Concession der 1%ige übersteigende Mehrwerth der neu angeschafften Decorationen durch Schätzer bestimmt werde und im Uebrigen die Benutzung der Decorationen nach dem frühern Beschlusse unentgeltlich überlassen bleibt; 4) dass in § 6 die Beibehaltung der verbürgerten bereits 1841 angestellten Orchestermitglieder, nicht der übrigen Angestellten, bedungen; 5) dass in § 8 die Aufsicht über den Pensionsfonds einem Commissär des Rechneiamts, ebenso wie die über die Kassenführung zugetheilt wurde; — 6) dass in § 14 gesagt ward: namentlich sämmtliche von Kunstreitern zu gebenden Darstellungen; 7) dass § 16 eine der Sachlage entsprechende Aenderung erhielt; — 8) dass in § 18 Vorbehalt wegen der Gasbeleuchtung gemacht wurde.

Der Kaufvertrag über die Decorationen wurde am 8. November 1848, der neue Vertrag über die Concession am 29. October 1848, bez. 10. Mai 1849 abgeschlossen, nachdem zuvor die Guhr'schen Erben an L. Meck gegen Zahlung von fl. 5000 und die Malss'schen gegen eine solche von fl. 2000 ihre Ansprüche an das Inventar abgetreten hatten.

Auf diesem Wege war nun freilich das Theater für den Augenblick gerettet; allein die Hoffnung dasselbe auf eigenen Füssen erhalten zu können, wollte sich nicht verwirklichen. Die Theilnahme eines zahlreichen, durch Abonnements die Kasse sichernden Publikums blieb aus; das Tagespublikum vermochte nicht diesen Ausfall zu ersetzen. Schon unter dem 29. Juni 1850 berichtete der mit der Aufsicht über das Rechnungswesen betraute Herr Schöff Coester: die Rechnungen seien in Ordnung; allein die finanziellen Ergebnisse der Theaterführung wenig erfreulich. In dem Jahre vom 1. November 1848/49 habe sich ein Deficit von fl. 5134. 12 kr. (nach Abzug des Directorengehalts von je fl. 3000) ergeben. Die Abonnements hätten fl. 36,662, die Tageseinnahmen fl. 101,189. 54 kr.

---

¹) Vgl. Mittheilungen aus den Prot. der gesetzg. Versammlung Bd. 10, S. 199—202.

ertragen, die Ausgaben aber fl. 143,661. Für November 1849 bis Mai 1850 seien nur für fl. 19,583, für Mai bis November 1850 nur für fl. 16,690 Abonnementsbeiträge eingegangen und seien diese wiederum in Folge von 6 Kündigungen im Abnehmen; dabei die Gagen und Kosten im Steigen.[1]) Auch sei der Beitrag zum Pensionsfonds auf beinahe fl. 3550 gestiegen. Hiernach sei, sollte eine Besserung in den Zeitverhältnissen nicht eintreten, keine Hoffnung, dass sich das Theater durch die Mittel der Unternehmer halten lasse; jedenfalls würde man ihnen durch zeitweilige Vorschüsse auf die Caution momentan helfen müssen, wenn sie nicht im Sommer in Rückstand mit ihren Verbindlichkeiten kommen sollten.

Am 25. August 1852 erhielten Meck und Mühling einen Vorschuss von fl. 3000 auf Rückzahlung im Laufe von 1852 zinsfrei, gegen Verpfändung der Caution. Die Rückzahlung erfolgte im October d. J.

Unter dem 12. October 1852 wurde Herr Jul. Mähling, der fortan nur als artistischer Director und Oberregisseur mitwirkte, aus dem Theatervertrage entlassen und der seitherige Director des ständischen Theaters in Prag Joh. Hoffmann in den Vertrag bis 1. Mai 1858 aufgenommen. Die neue Verwaltung bemühte sich durch Novitäten, Gastrollen, brillante Ausstattungen einzelner Stücke, sogar durch eine Balletschule das Publikum wieder in das Theater zu ziehen; allein ohne den gewünschten Erfolg. Die Gunst des Publikums blieb der Bühne entzogen; die Logen waren, wenn nicht Aussergewöhnliches geboten wurde, von zahlendcn Besuchern leer. Eine Aenderung der äussern Lage der Direction oder eine Krisis war unvermeidlich.

XVIII. Ueberlassung des Theaters an Herrn J. Hoffmann als alleinigen Unternehmer. Subvention. 1853—54.

Herr Meck, welcher allein von den ursprünglichen Unternehmern noch am Leben war, erklärte im Juli 1853 ebenfalls seinen Rücktritt von einer Function, die er schon seit Mühling's Abgang nur nominell bekleidet hatte. Herr J. Hoffmann übernahm nun im Juli 1853 allein die Theaterdirection. Mit dieser Uebernahme trat zugleich an ihn die Frage heran, ob er es wagen könne, die Bühnenleitung unter den bisherigen Verhältnissen fortzuführen zu können. Er legte in einer Eingabe dem Senate die Zustände des Theaters ausführlich dar, wie die Direction seither sich bemüht habe, tüchtige Kräfte für das Schauspiel zu gewinnen, die Oper mindestens auf dem Standpunkte eines Theaters zweiten Ranges, der Hofbühne gegenüber, zu erhalten. Alle irgend hervorragenden Künstler seien in Gastrollen dem Publikum vorgeführt worden, und doch habe das Publikum dem Theater

---

[1]) Von Nov. 1848 bis Nov. 1849 betrug der Schauspieler-Gagenconto fl. 47,189, Choristen fl. 10,894, Orchester fl. 22,681, div. Gagen fl. 14,557, Spielhonorare fl. 4381, Gastrollen fl. 13,252, Benefice fl. 5643, Bibliothek und Musikalien fl. 1772, Decorationen und Garderobe fl. 3866.

andere gesellige Vergnügungen vorgezogen und das Abonnement von Jahr zu Jahr mehr aufgegeben, so dass jetzt aus dessen Ertrage keinerlei Betriebsfonds mehr sich bilden lasse und keinerlei Betriebsplan bei der schwankenden Tageseinnahme für die Bühnenleitung zu machen sei. Während allerwärts die Bühne, auch in Städten, Subvention erhielte, sei hier dieselbe nicht allein nicht von der Stadt unterstützt, sondern mit schweren Auflagen belastet. Dahin zähle die Caution von fl. 6000, die Versicherungsprämie für Haus und Decorationen mit jährlich fl. 270, die Miethe für ein Local für einen Malersaal und Aufbewahrung von Decorationen mit fl. 550, die Deckung des jährlichen Deficits der Pensionsanstalt mit ca. fl. 4000, die Abgabe an die Armen mit dem Ertrag einer Vorstellung. Hierin möge man ihn erleichtern; allein dies genüge nicht; so wie anderwärts bedürfe das Theater auch hier wieder eines Stützpunkts, wie ihn früher die Actiengesellschaft gewährt habe, in der Art, dass nicht blos die Behörden durch vertragsmässige Ueberwachung der Führung, sondern auch durch thatkräftige Subvention ihr Stabilität, Vertrauen und damit ein neues Aufblühen verschaffen. Der Senat ordnete mit Beschluss vom 19. Juli 1853 eine nähere Prüfung der Verhältnisse durch eine Commission (Sen. Neuburg, Siebert, v. Oven) an. Diese fand in ihrem Bericht vom 20. September dess. Jahres, dass das Deficit vom 1. November 1852 bis April 1853 fl. 7786. 39 kr. betragen habe; das Logenabonnement von früher (1842) fl. 54,000, auf fl. 27,000 für 31. October 1852 und auf fl. 10,000 für das Rechnungsjahr 1852—53 gesunken sei, somit jede Aussicht auf eine sichere Einnahme fehle. Hoffnung auf eine alsbaldige Besserung sei nicht vorhanden bei der gänzlichen Theilnahmlosigkeit am Theater, anderen Unterhaltungen gegenüber, ohne dass der Bühnenleitung eine besondere Verschuldung an dieser zugemessen werden könne. Es sei nun, wolle man das Theater nicht untergehen lassen, eine Beihülfe für dasselbe zu suchen, und diese könne zunächst in temporären Vorschüssen auf die Caution bis zu fl. 5000, und in einer Fixirung der Beiträge zum Pensionsfonds gefunden werden. Diese Beiträge im bisherigen Belaufe von jährlich fl. 4—5000 und jährlich wachsend, liessen sich etwa so bestimmen, dass die Direction bis zu 2% ihrer Brutto-Einnahme, jedenfalls aber fl. 2400, sei es durch Beneficvorstellungen, sei es durch baaren Zuschuss der Pensionskasse zahle — eine Vorschrift, welche darin ihre Begründung finde, dass die Brutto-Einnahme 1849 bis 1850 sich auf fl. 141,920, 1850—51 auf fl. 151,677 und 1851—52 auf fl. 141,336, sonach durchschnittlich auf fl. 144,977 bezifferte. Dagegen glaubte die Commission den Zeitpunkt noch nicht gekommen, über eine Subvention mit Geldzuschuss sich auszusprechen, bevor nicht die Anstalt, wie sie von J. Hoffmann geleitet werde, noch einige Zeit beobachtet und die Angemessenheit eines so grossen Opfers dadurch gerechtfertigt sein werde; vielmehr erachtete sie zweckmässig, vor Entscheidung dieser Frage zunächst eine genauere Ueberwachung und Oberaufsicht durch einen besonderen Commissar, welcher zugleich die bisher vom Rechenamt geübte Kassenaufsicht übernähme und sich mit dem Polizeiamt im Einvernehmen hinsichtlich der diesem concessionsgemäss zukommenden Functionen, soweit sie das Technische und Finanzielle der Theaterleitung betreffen, im Einvernehmen halte, zu unterziehen.

Der Senat genehmigte durch Beschluss vom 4. October 1853 diese Vorschläge, entliess Herrn Meck aus dem Vertrage und verpflichtete Herrn J. Hoffmann zur Anerkennung der diesem Beschlusse entsprechenden Abänderung der Concession durch Abnahme einer beistimmenden Erklärung.

Die neugeschaffene Function eines Senatscommissars bei dem Theater wurde zugleich Herrn Senator F. Siebert übertragen und von demselben weitere Vorlage gewärtigt.

Die Bilanz des Theaterjahrs 1. November 1852—53 ergab abermals ein Deficit von fl. 16,698. 15 kr. Indem der Herr Commissarius dies dem Senate am 30. November 1853 anzeigte, drängte sich ihm die Ueberzeugung auf, dass ohne eine Subvention das Theater nicht mehr zu erhalten sei. Das Jahresabonnement der Logen erstreckte sich nicht über die Zahl von 24 und fand keinen Ersatz in der Tagesmiethe derselben; auch Parterre und Gallerie hatten an Besuchern verloren. Zahlreiche gesellige Vereine, gesellschaftliche Unterhaltungen in den höhern Zirkeln, Musikvereine, ja selbst das Sommertheater in Bockenheim hatten hierzu beigetragen und die geringe Frequenz der Messen konnte die frühere glänzende Einnahme in denselben nicht mehr gewähren. Schauspiel und die Oper, letztere freilich auf einer zweiten Stufe hatten nicht schlechte, ja theilweise vorzügliche Kräfte gehabt; zahlreiche Gastspiele hatten die besten Künstler vorgeführt, aber auch den Nachtheil mit sich gebracht, dass nach deren Abgang wochenlang die einheimischen Künstler keine Beachtung mehr fanden. So bleibe — in Ermangelung der Hoffnung besserer Zustände — nur die Eventualität, entweder die Bühne zu schliessen oder sie zu subventioniren. Ersteres hatte man schon 1848 für unzulässig erkannt; abgesehen von dem Bedürfnisse eines Theaters in einer grossen Stadt als Kunst- und Bildungsanstalt, abgesehen von dem Umstande, dass dasselbe jährlich fl. 150,000 umsetze und nahezu 200 Personen, grossentheils hiesige Bürger ernähre, würde durch Wegfall des Theaters den reichen Fremden, die man hierher zu ziehen sich allseits bestrebe, die hauptsächlichste Unterhaltung entzogen, die sie zur Verlängerung ihres Aufenthalts aufmuntern könnte. Der jetzige Unternehmer, früher in Riga, Petersburg, Prag bewährt, habe, wie der Bericht sagte, hoffen können, durch vermehrte Thätigkeit und Eifer das schwankende Deficit der Jahre 1850—51 auszugleichen, allein nicht besorgen können, dass schon im folgenden Jahre die oben geschilderten traurigen Zustände eingetreten. Wolle man jetzt das Theater an einen andern Unternehmer ausbieten, so werde, da die ungünstigen Verhältnisse dermalen klar vorliegen, nur ein solcher auftreten können, der das Theater — entgegen den Ansprüchen des Publikums — auf eine geringere Stufe bringen werde, und doch werde man bald wieder auf demselben Punkte, wie jetzt, aber schlechteren Bühnenzuständen gegenüber, stehen. Als Subvention wurde ein Jahresbeitrag von fl. 16,000, und für das Jahr vorher ein solcher von fl. 8000, indem der Rest der Direction zu decken überlassen werde, aus den Intraden der Lotterie, da diese Einnahme keiner Belastung mit Steuern entspringe, und zwar ersterer Beitrag auf 4½ Jahre bis zu Ende der Concession (1. Mai 1858) beantragt, und die Uebernahme der Assecuranz des Theatergebäudes und der Decorationen auf das Aerar empfohlen.

Der Senat genehmigte diese Vorschläge am 13. December 1853, die ständige Bürgerrepräsentation am 5. Januar 1854 und am 10. Januar d. J. gelangten dieselben an die gesetzgebende Versammlung.[1]) Die Commission der letzteren (Dr. Spiess, Siebert, Dr. Fester, Dr. Schlemmer, Dr. Mappes, J. G. Henrich, J. G. Grötzinger) verkannte nicht, dass, obwohl sie durch die nunmehrige Wiederkehr von Anträgen für Unterstützung des Theaters nach kaum 5 Jahren, ohne dass solche durch ungewöhnliche Ereignisse hervorgerufen sei, zur ernsteren Erwägung berufen sei, ein Theater in Frankfurt als einer Fremdenstadt am wenigsten entbehrt werden könne; und dass der Nothstand vorzugsweise durch verminderte Einnahmen hervorgerufen, hauptsächlich durch deren Vermehrung,

---

[1]) Vgl. Mittheilungen aus den Protokollen der gesetzg. Versamml. 5. Bd., S. 86, 52—61.

nicht durch Minderung der Ausgaben, zu heben sei. Eine baldige Zunahme des Theaterbesuchs sei aber bei der Veränderung in den geselligen Zuständen und in dem Kreise des Theaterpublikums nur zu erwarten, wenn man neben tüchtiger artistischer Leitung dem Publikum ein anständiges Haus mit bequemen Plätzen biete, was bei dem jetzigen Hanse nicht möglich sei. Der Neubau eines Theaters, in Verbindung mit einem grossartigen Concertsaale, etwa Läden im Erdgeschosse, auf dem Paradeplatze würde etwa fl. 400,000 kosten, an Stelle des jetzigen Theaterhauses und des Rahmhofs ein neues schönes Stadtquartier anzulegen gestatten und durch den Verkauf der Bauplätze in letzterm ein grosser Theil der Kosten sich decken. Dann werde die Last einer jährlichen Subvention schwinden, und zwar um so eher, wenn man nach dem Beispiele neuerer Theater, durch die Uebergabe der artistischen Leitung in die Hände eines tüchtigen Intendanten das Theater auf eine höhere Stufe, zu einem wahren Bildungs-, nicht Verbildungsmittel heranbilde. Dies sei das Ziel; allein momentan müsse man dem Unternehmer, der unter eigenthümlichen schwierigen Verhältnissen ein mannigfach schon gesunkenes Theater zu heben die Aufgabe habe, helfen, und dazu empfehle sich eine Subvention auf ein Jahr, binnen welchem auch die sich dermalen schroff entgegenstehenden Urtheile über die Befähigung des jetzigen Directors sich mehr einigen würden. Zugleich wurde auf die Verhältnisse des Pensionsfonds aufmerksam gemacht, den vom Theaterdirector unabhängig zu machen im Interesse des Instituts liege und zugleich eine Maassnahme zur Erhaltung eines guten Orchesters im Interesse der hiesigen Musikvereine gewünscht, etwa durch eine Prüfungs-Commission unter Mitwirkung des Senatscommissars bei Annahme der Musiker. — Ein Commissionsmitglied verlangte während der Dauer der Subvention die Beigabe eines artistischen Comités. Die Anträge der Commission gingen nun dahin, dass

1) dem Theaterinstitut für den Zeitraum vom 1. Mai 1853—1854 eine Unterstützung von fl. 10,000, vom 1. Mai 1854—1855 eine solche von fl. 13,000 aus den Erträgnissen der Lotterie unter der Voraussetzung bewilligt werde, dass

a) der Senat sich die Befugniss vorbehalte, diese Unterstützung zeitweise oder ganz zu versagen, wenn das Theater nicht auf eine der Bedeutung der Stadt entsprechende Stufe gebracht oder erhalten werde oder die Theaterzustände Anlass zu begründeter Beschwerde geben sollten;

b) dass dem Commissar neben der Aufsicht über das Theaterkassen- und Buchführungswesen, auch die Oberaufsicht über die contractmässige Theaterführung mit thunlichst ausgedehnter Vollmacht übertragen werde,

c) der Theaterdirector die im November und December 1853 und Januar und Februar 1854 an den Pensionen gemachten Abzüge nachzahle,

2) dass unter Enthebung des Directors von Zuschusszahlungen zum Pensionsfond, letzterem Fond vom 1. Mai 1854—58 ein jährlicher Beitrag von fl. 3000 unter der Bedingung der Erhöhung der Beiträge der Mitglieder auf 5% der Gagen (3 kr. vom Gulden) gewährt,

3) die Versicherung des Hauses und der ihr gehörigen Decorationen und Maschinerien von der Stadt besorgt;

4) der Senat die Theaterdirection von der die Disciplin gefährdenden Beschränkung hinsicht-

lich der Entlassung gewisser Kategorien von Orchestermitgliedern entbinden, jedoch Fürsorge treffen möge, dass in Zukunft neue Anstellungen am Orchester nur unter Mitwirkung des Commissars und nach Prüfung durch Sachverständige vorgenommen werden und endlich

5) dem Senate zur ernstlichen Prüfung anheimzugeben, ob nicht der Bau eines neuen Theaters und dessen Führung durch einen Intendanten am besten geeignet sei, den Theaterzuständen gründlich aufzuhelfen und dem Bedürfniss sich stets steigernder Subvention zuvorzukommen.

Diese Anträge gaben wie ausserhalb so innerhalb der Versammlung, zu einer höchst animirten Debatte Anlass. Gegenanträge bezweckten theils gänzliche Ablehnung aller Anträge und Aufhebung des Contracts (Dr. Goldschmidt), theils Ablehnung des ersten Antrags, Führung des Theaters durch einen Intendanten und mitberathenden Bürgerausschuss mit verpflichteten Rechnungsbeamten, eventuell durch einen Intendanten mit einem hohen, je nach den Deficits aber auf ein Minimum fallenden Gehalte, theils Aufhebung der Beschränkung im zweiten Antrage. In namentlicher Abstimmung wurden mit 61 gegen 20 die obigen Commissionsanträge angenommen, der vierte mit dem Zusatz, dass die Mitglieder der Pensionsanstalt nicht fernerhin mit der blossen Thatsache der Entlassung ihre Ansprüche verlieren und dass der Senat über den 5. Antrag binnen 6 Monaten Vorlage machen möge.

Der Senat genehmigte am 28. März 1854 die Anträge zu 1—4 und bestellte zur Begutachtung des Antrags bezüglich eines Theaterneubaues und der Theaterführung durch einen Intendanten eine Commission. Die erste jährliche Subvention war hiermit bewilligt, und damit eine neue Phase in der hiesigen Theatergeschichte eröffnet.

XIX. Verhandlungen über Neubau des Theaters und über Erneuerung der Subvention. Auflösung des Contracts mit Herrn Hoffmann. November 1854 bis 1. Mai 1855.

Die Beschlüsse der Behörden hatten dem Theater nur auf ein Jahr das Dasein gefristet. Vor dem 1. Mai 1855 musste sein Schicksal entschieden werden. Ob eine fernere Subvention dem Director Hoffmann bis Ende seines Contrakts gewährt werde und ob durch Abhülfe der baulichen Mängel die äusseren Anstände gegen lebhafteren Theaterbesuch gehoben werden wollten, davon hing der Fortbetrieb des Theaters durch seinen damaligen Dirigenten ab. Die Verhandlungen über die Subvention im Anfang des Jahrs 1854 hatte die Missstimmung, welche aus den verschiedensten Ursachen, die zum Theil kleinlichen und unbedeutenden Vorkommnissen innerhalb und ausserhalb der Bühne anfänglich entsprungen waren, gegen J. Hoffmann im Publikum sich gebildet hatte, bedeutend vermehrt. Das Interesse am Theater war lebhafter geworden, aber nicht der Theaterbesuch. Die bis dahin in Frankfurt unerhörte Thatsache, dass das Theater eine Subvention erhalte, hatte die allgemeine Aufmerksamkeit erregt, lebhafte Besprechungen in allen Kreisen hervorgerufen und jeden Schritt des Theaterdirectors einer scharfen Kritik unterworfen, die um so ungünstiger ausfiel, je mehr die Gesichtspunkte der Beurtheiler auseinander gingen. Die Einen verurtheilten die Bühnenleitung vom ästhetischen, die Andern sogar vom moralischen Standpunkte; wieder Andere tadelten die finanzielle Betriebsweise, Andere Missgriffe in den Engagements und Entlassungen. -- Die Meisten schienen eine Aenderung zu wünschen und nur Wenige waren unbefangen genug zu begreifen, dass unter der damaligen Direction nur die Folgen der Theaterleitung im Entreprise, wie sie in finanzieller und ästhetischer Beziehung seit 1842 allmälig nach Abgang der durch frühere Traditionen eine Zeitlang noch zusammengehaltenen Unterstützung der Logenabonnenten nicht ausbleiben konnten, hervortraten und auch bei jedem anderen Unternehmer, der von der Theaterleitung die Mittel für seine Existenz entnehmen muss, hätten hervortreten müssen. Alle wollten der Bühne helfen, sie wieder popularisiren, ein bürgerliches, künstlerisch und finanziell lebensfähiges Institut daraus machen; nur in den Mitteln war man unklar und darin lag der Grund zu den neubeginnenden animosen Debatten.

Die von dem Senate eingesetzte Commission, welche die Anträge der gesetzgebenden Versammlung über einen Neubau und eine Theaterleitung durch einen Intendanten begutachten sollte, erstattete am 27. November 1854 hierüber Bericht. Gleichzeitig war aber auch der Senatscommissar zum Theater genöthigt gewesen, die Fortdauer der Subvention bis zum Ablauf des Contrakts zu beantragen. Die Abonnementseinnahmen, meist nur für Winterabonnements, hatten sich wieder um fl. 700 gemindert; die Tageseinnahme war um fl. 2000 gegen das Vorjahr zurückgeblieben; die Gesammteinnahme war fl. 131,476. 10 kr.; die Gesammtausgabe fl. 150,992, so dass das Deficit sich auf fl. 19,515. 25 kr. bezifferte, die Direction mithin nach Abzug der Subvention (pro rata der Zeit) fl. 5015. 13 kr. und in den zwei Jahren ihres Bestands fl. 13,713. 40 kr. Verlust hatte. Die Kassenführung war unabhängig von der Direction von städtischer Seits verpflichteten Kassierern, Buchführern, Billeteurs und Controlleurs unter specieller Revision des Commissars geschehen. Bei diesem Resultate konnte eine Subvention nicht entbehrlich sein, sie ward auf jährlich fl. 15,000 berechnet und dabei vorausgesetzt, dass durch einen Umbau des Hauses eine Gelegenheit zu besserer Einnahme durch neue Abonnenten geboten werde; anderenfalls werde eine steigende Subvention unausbleiblich sein. In Bezug auf die Bühnenführung wurde das Urtheil auswärtiger Sachverständiger angeführt, dass bei der geringen Betriebssumme von nur fl. 145,000 im Vergleich zu derjenigen anderer Theater, wie München, Dresden, Stuttgart, wo fl. 300,000, Karlsruhe, wo fl. 200,000 nahezu verwendet werden, sich günstig über dieselbe aussprach. Das Ensemble sei gut, Hauptpartien in Händen tüchtiger, zum Theil ausgezeichneter Künstler, Orchester und Chor trefflich geschult; die Ausstattung und Garderobe gut, glänzender, wie nie zuvor; das Repertoir mannichfaltig, zahlreiche Novitäten und auch die Classicitäten fehlten nicht. Freilich seien auch Missgriffe und Mängel bemerkbar; allein diese seien nicht häufiger und grösser, wie öfter anderwärts, den Schwierigkeiten gegenüber, welche die hohe Gagen des Personals, die gesteigerten Ansprüche des Publikums, die Abnahme an Bühnentalenten und Novitäten, die Hemmnisse durch Urlaube, Krankheiten, Laune und Widersetzlichkeiten der Künstler der Leitung einer Bühne bereiten, zumal wenn diese so beschränkte Befugnisse, wie die hiesige, habe und so viele Rücksichten nehmen müsse. — Bei diesem Urtheile erschien die Unterstützung der Direction von J. Hoffmann gerechtfertigt und zugleich deren Ausdehnung bis 1. Mai 1858, da unter der steten Ungewissheit über die Fortdauer derselben kein ordentlicher Betrieb möglich.

Was die Baufrage anbelangt, so war die obenerwähnte Commission gegen einen Neubau. Sie hatte sich an die hervorragendsten Intendanten von anerkanntem Rufe als Bühnenleiter und Schriftsteller um Abgabe eines Urtheils gewendet. Diese und mit ihnen die Commission fanden den Bau eines neuen grösseren Theaters in Frankfurt unräthlich. »Ein Theater soll nicht grösser sein, als das Bedürfniss des Besuchs erheischt. Der wichtigste Punkt einer künstlerisch und finanziell wohlorganisirten Theaterwirthschaft ist das richtige Maass der Theatergrösse; sie muss so beschaffen sein, dass sie bei besonders anziehenden Vorstellungen dem Besuch nicht genügt, damit solche Vorstellungen häufig wiederholt und dadurch Zeit und Kraft zu gehöriger Vorbereitung neuer Vorstellungen, sowie Ersatz der Kosten der Ausstattung gewonnen wird. Das Publikum sieht sich ungern in einem leeren Hause, was bei grossen Räumen häufig der Fall. Das Frankfurter Theater hat in seinem Auditorium ein glückliches Grössenmaass, ist von freier heiterer Form, man sieht von allen Sitzen, hat eine gute Akustik; diese Vortheile sind zu bewahren; das Einzige, was ihm fehle, ist eine elegantere Ausschmückung, eine bauliche Veränderung und Verbesserung der Bühne, der Maschinerie und Gasbeleuchtung, die schon Kosten genug erfordern. Dagegen verlangt ein neues grösseres Haus eine Vermehrung der Ausgaben, die über alle Vorstellungen auch Sachkundiger häufig gehe, denn der Chor und Orchester, die Statisterei und damit die Costüme müssen vermehrt werden, Decorationen werden kostspieliger, das recitirende Schauspiel und Conversationsstück artet aus oder geht zu Grund; die Sänger werden mehr angestrengt, ruiniren sich früher, werden theuerer.« Die Commission zog hierbei noch die hohen Kosten eines Neubaues, die wie in Karlsruhe für 1500 Zuhörer über fl. 500,000, in Dresden 1 Million Gulden und in Hannover für 1900 Zuhörer 1 Million Thaler betragen hätten, und die Schwierigkeit einen geeigneten Platz zu finden. Den Paradeplatz zu verbauen schien nicht räthlich, da man die Stadt nicht eines freien Platzes berauben dürfe; der Platz des gegenwärtigen Theaters bedinge für den Neubau den Abbruch des Marstalls und Ankauf von Privathäusern und ein provisorisches Theater — Umstände, die den Bau um fl. 200—250,000 vertheuern. Der beste Platz am Rossmarkt, an Stelle des Cronstett'schen Stifts, würde Summen für Ankauf und Bau erfordern, welche zu verausgaben man selbst in den befriedigendsten Zeiten Bedenken tragen wird. Ueberdies wäre nicht auf Deckung der Zinsen durch einen Unternehmer zu rechnen. Dagegen sprach sich die Commission für den Vorschlag Mühldorfer's in Mannheim und des Stadtbaumeisters Henrich aus, das jetzige Haus zu verbessern und zwar durch Vergrösserung des Parterre's mittelst Wegnahme von 6 Logen und Hinzuziehung des Gangs, Herstellung von 4 Reihen Sperrsitze, Umgestaltung des Orchesters, Erneuerung der Parterrebänke mit Rücklehnen, Erneuerung der Logenbrüstungen und Ausschmückung des Saals, Einrichtung der Gasbeleuchtung mit neuem Kronleuchter und Girandolen, gänzliche Umgestaltung des Bühnenhauses, Veränderung am Eingange etc. Die Kosten hierfür wurden auf fl. 68,000 berechnet. Die Frage in Betreff der Berufung eines Intendanten zu bejahen, fanden die oben erwähnten Sachkundigen und mit ihnen die Commission dann räthlich, wenn man eine kunstverständige Persönlichkeit streng ästhetische und künstlerische Ziele ohne Beengung durch finanzielle Fesseln könne verfolgen lassen, um das Theater auf eine wirkliche Kunsthöhe zu bringen und zu erhalten und allmälig das Publikum heranzuziehen zu dem Besuche guter Stücke und Aufführungen. Allein dazu müsste demselben eine Stellung, eine Machtvollkommenheit gegeben werden, die unverhältnissmässige finanzielle Opfer, — in der ersten Zeit etwa fl. 50,000 Subvention —

erheischen. Auf Gefahr eines Unternehmers einen Intendanten diesem beizuordnen, sei praktisch unzuträglich.

Der Senat unterzog diese Vorlagen wiederholter Erwägung und conferirte sodann in ihrem Sinne am 28. December 1854 mit der ständigen Bürgerrepräsentation. Diese lehnte am 25. Januar 1855 den Umbau ganz ab und consentirte nur eine Subvention von fl. 13,000 bis 1. Mai 1858. Am 30. Januar 1855 gelangten beiderlei Vorlagen an die gesetzgebende Versammlung mit dem Antrage einer Jahressubvention von fl. 15,000, einer noch zu berechnenden Entschädigung während des Umbaues und Bewilligung von fl. 68,000 für letzteren.

Bei der gesetzgebenden Versammlung[1]) nahm die Sache eine andere Wendung. Die für Begutachtung bestellte Commission (Siebert, Forsboom, Dr. Fester, Dr. Spiess, Varrentrapp, Reubl, Dr. Schlemmer) war in ihrer Majorität für einen Neubau in minder kostspieliger Weise auf dem jetzigen Platze, sah aber ein, dass dieser nicht so bald geschehen könne, während der schmutzige Zustand des jetzigen Hauses, seine lebensgefährliche Maschinerie und schlechte Conlisseneinrichtung nicht länger bestehen bleiben könne. Sie war daher für Bewilligung der fl. 68,000 und Bezahlung einer Entschädigung während des Baues, aber gegen die Subvention eines Unternehmers, und beantragte zugleich, um eine freie Concurrenz zu gewinnen, Ankauf des ganzen Theater-Inventars an Requisiten, Bibliothek, Instrumenten, Musikalien, Garderobe. — Zwei Mitglieder waren für die Anträge des Senats; ein Mitglied gegen den Umbau, ein anderes gegen die Anträge des Senats und der Commission, wie sie vorlagen. Verschiedene neue Anträge wurden in der äusserst lebhaften und gereizten Discussion, welcher die Stadt mit dem gespanntesten Interesse folgte, gestellt. Schliesslich wurden die Senatsanträge auf Umbau und Subvention abgelehnt mit 41 gegen 38 Stimmen, und der Antrag auf Ankauf des Inventars Behufs freier Ueberlassung an einen Unternehmer mit 50 gegen 28 Stimmen angenommen; alle anderen Anträge aber verworfen.

Dieser Beschluss der gesetzgebenden Versammlung vom 5. März 1855 war gegen die Direction, zu deren Gunsten die damaligen Abonnenten am 24. Februar d. J. noch eine anerkennende Eingabe gemacht hatten, gerichtet; seine Wirkung blieb nicht aus. Denn als der Senat Herrn Hoffmann vernehmen liess, ob derselbe ohne fernere Subvention das Theater in einer den Vorschriften der Concession überall entsprechenden Weise fortzuführen im Stande sei, erklärte dieser am 15. März 1855, dass er, und zwar ohne sein Verschulden, in Ermangelung einer Subvention vom 1. Mai 1855 hierzu nicht im Stande sei. Es blieb hiernach nur die Wahl, ob man Hoffmann — ohne auf den Forderungen des Contracts zu bestehen — wollte fortwirthschaften und das Theater auf eine niedrigere Stufe herabsinken lassen oder ihn vom Contrakte freigeben und entweder einen anderen Unternehmer suchen, oder das Theater durch einen Intendanten, wozu sich bereits Herr Roderich Benedix anmeldete, in Regie nehmen wollte. Man entschied sich für die zweite Alternative, für eine neue Begebung an einen oder mehrere Unternehmer und zu diesem Zwecke Ankauf des Inventars. Der Senat entzog durch Beschluss vom 20. März 1855 dem Theaterunternehmer Herrn Hoffmann die demselben zur Führung des hiesigen Theaters verliehene Concession vom 1. Mai 1855

---

[1]) Vergl. Mittheilungen aus den Protokollen Band 16. S. 47, 62—79.

an und erklärte den Concessionsvertrag von diesem Tag an für aufgelöst. Die Stadtkämmerei ward beauftragt, das Theater am 1. Mai zu schliessen, zugleich aber die nicht in das Eigenthum der Stadt vertragsmässig übergehenden Decorationen, Bibliothek, Musikalien, Instrumente, Garderobe, kurz das ganze Theaterinventar nach vorgängiger Abschätzung durch beiderseits zu ernennende Sachverständige zu einem angemessenen Preise salva ratif. anzukaufen. Der Herr Senatscommissar zum Theater legte seine Stelle nieder, deren mühevolle Widmung der Senat dankbar anerkannte.

Siebenter Abschnitt.

Interim. Umbau.

XX. Das Interim. 1. Mai—31. Juli 1855.

Der Beschluss vom 20. März 1855 machte grosse Sensation, am meisten natürlich unter dem Theaterpersonal, dem Hoffmann für den 1. Mai insgesammt kündigte. Alle Mitglieder der Bühne und des Orchesters waren somit plötzlich entlassen und zum ersten Mal ohne Aussicht auf Fortverwendung. Die besseren Kräfte des Schauspiels und der Oper konnten sich leicht andere Engagements verschaffen; aber nicht Alle konnten nach ihren häuslichen Verhältnissen die Stadt aufgeben, namentlich nicht die Orchestermitglieder, welche mit ihren Einnahmen, neben der Gage des Theaters, auf Mitwirkung in Concerten und auf Unterrichtgeben angewiesen waren; ebensowenig die geringeren Kräfte und die sonstigen bei dem Theater beschäftigten Personen. Eine Pause in dem Theaterbetriebe musste nothwendig eintreten; denn bis 1. Mai d. J. konnte man unmöglich einen neuen Unternehmer finden und ebensowenig konnte man jetzt unterlassen die allerseits als nothwendig erkannte Herstellung des Theaters vorzunehmen. Im eigenen Interesse des Personals und im Interesse einer künftigen Theaterunternehmung, welcher das bisherige Personal wohl zu gut kommen konnte, lag es daher ein Zusammenhalten der Bühnenmitglieder zu sichern, und es gelang dem Eifer des Personals und der Unterstützung eines Comités von der Bürgerschaft, in welcher bereits die Bildung einer neuen Actiengesellschaft Anregung und Anklang gefunden hatte, eine Vereinigung fast aller Bühnenmitglieder noch im März zu Stande zu bringen, welche sich bereit erklärte, auf eigene Rechnung bis zum 1. November oder bis vom Senate über die Fortführung definitiv entschieden wäre, fortzuspielen, insofern ihr das Theaterlocal und die Decorationen, eventuell das Inventar zur unentgeltlichen Benutzung überlassen würden. Am 31. März 1855 richtete das hierzu gewählte Comité (L. Meck, Capellmeister Schmidt, Fr. Sam. Hussel, Wilhelm Dettmer, Caroline Lindner, Carl Gollmick, E. Hallenstein, C. L. Heyl) ein Gesuch um Concession hierzu an den Senat. Nachdem von dem Polizeiamte, an welches die Theatersachen wieder devolvirt waren, die sämmtlichen Theilnehmer zum Abschlusse eines Vertrags unter sich und zu dem Nachweise, dass das gesammte Personal sich bis Ende Juli d. J., mit

Ausnahme der Frau Anschütz-Capitän, welche nur bis zum 15. Juni, des Herrn Benda, welcher nur bis 15. Juli, und der Fränlein Janauscheck, welche nur einen Theil des Sommers spielen wollte, sowie der abtretenden Herren F. Devrient, Auerbach und Fräulein Hoffmann, zum Fortspielen und eventuelle Reduction der Gagen über fl. 600 verpflichtet hatten, — veranlasst worden und als leitendes Comité die Unterzeichner obiger Eingabe, als geschäftsführenden Ausschuss die Herren Capellmeister Schmidt, W. Dettmer und F. S. Hassel gewählt hatten, somit das Anerbieten auch formell eine Basis erhalten, ward durch Senatsbeschluss vom 17. April 1855 den in diesem Comité vertretenen Mitgliedern des Theaters und Orchesters die Concession zur Benutzung des Theaters und der Decorationen gegeben. Bedingung war, dass sie keine Unterstützung aus dem Aerar ansprechen, die hier anwendbaren Vorschriften des früheren Concessionsvertrags einhalten, die Ueberwachung der Einnahmen und Leitung des Unternehmens ihnen allein überlassen bleibe und dass sie den Weisungen des Polizeiamts Folge zu leisten haben. Die Mitbenutzung des Inventars gestattete Herr Hoffmann, nachdem das Personal nach Bezahlung der Gage bis Ende April auf etwaige weitere Ansprüche verzichtet hatte.

Unterstützt durch die Abonnements, welche das obenerwähnte Comité dem Unternehmen verschafft hatte, gelang es während dieser drei Monate Mai, Juni und Juli unter lebhafter Theilnahme des Publikums und mit Erfolg zu spielen, so dass die Gagen vollbezahlt wurden und am Schlusse den Theilnehmern noch ein kleiner Ueberschuss zur Vertheilung blieb. Am 5. Mai 1855 wurde das Zusammenspiel mit einem Prologe: »das Interim« von W. Jordan, der dem Unternehmen den Namen gab, und der Aufführung des Freischütz eröffnet und am 30. Juli mit der von »Nathan dem Weisen« und einem Prologe von F. Hessemer geschlossen.

Zu dem guten Erfolge hatten wesentlich die Gastspiele der Sängerinnen Leisinger, Bury, Behrend-Brand, der Sänger Tichatscheck und Roger und der Schauspieler Döring und Schneider beigetragen. Waren auch Unannehmlichkeiten und Zerwürfnisse unter den Theilnehmern nicht ganz zu vermeiden gewesen, anfänglich, ehe der Plan einer neuen Actiengesellschaft Gestaltung gewonnen, die Verlockungen misstrauender Mitglieder zu auswärtigen Engagements nicht ohne Erfolg geblieben und manche Verlegenheiten dadurch erwachsen, so war es doch recht sehr anzuerkennen, dass die Einigkeit unter so zahlreichen Betheiligten und ihr Eifer und Fleiss — es waren 4 Novitäten und 16 Stücke neu einstudirt worden — in so nachhaltiger Weise sich bewährt hatten.[1]) Von den hier engagirt gewesenen Künstlern hatten Theil genommen: Im Schauspiel die Herren Blattner, Diehl, Hallenstein, Hassel, Roger, Meck, Stotz, Vollmer, Werkenthin; die Damen: Dettmer, Genelli, Haase, Janauscheck, Lindner, Köhler, Röhrig. In der Oper: die Herren Baumann, Benda, Dettmer, Leser, Rübsamen; die Damen: Anschütz-Capitän, Schmidt.

---

[1]) Vergl. Hassel, Frankfurter Localstücke, S. 166—178. Gollmick, Autobiographie. 3. Theil. S. 50 ff. Theateralmanach von 1856, S. 37—51.

XXI. Umbau und Herstellung des Theaters im Innern. 1. August bis 31. October 1855.

Wie schon erwähnt, waren auch in dem Commissionsberichte der gesetzgebenden Versammlung vom März 1855 die mangelhaften Zustände des Theaters in baulicher Beziehung allseitig erkannt und der den Umbau ablehnende Beschluss der Versammlung offenbar nur im Zusammenhange mit der Ablehnung der Subvention gefasst worden, wiewohl der Bau eines ganz neuen Theaters vielfach begehrt worden war. Mit der Schliessung des Theaters wurde nun, nachdem sich der Senat gegen den Neubau ausgesprochen, der Antrag auf Herstellung des Hauses am 3. April 1855 von Neuem zur Conferenz mit der ständigen Bürgerrepräsentation gebracht. Ein ausführlicher Bericht des Herrn Stadtbaumeisters Henrich hatte dargethan, dass, wenn nur die schon seit längerer Zeit für den jährlichen Baubedürfnissstand vorgesehenen Reparaturen, welche bisher aufgeschoben worden, gefertigt und die lebensgefährlichen Einrichtungen der Bühne und Maschinerie durch andere ersetzt, sowie die Gasbeleuchtung zweckmässig hergerichtet werden sollten, schon fl. 41,000 nöthig seien. Es waren in dieser Berechnung für äussere Herstellung des Hauses fl. 8000, für einfache Reparaturen im Saale fl. 2000, für Maschinerie fl. 22,000, für Gasbeleuchtung fl. 6000 vorgesehen; Nichts aber für Verbesserung des Zuschauerraums an sich, wie es früher projectirt war. Der Senat kam, da auf diesem Wege mit Verausgabung von fl. 41,000 doch nur eine kümmerliche und wenig befriedigende Herstellung erzielt werde, auf seinen früheren Antrag für Bewilligung von fl. 68,000 zurück, und hob hervor, dass nach Auflösung des Contracts auch die für den Unternehmer sonst während der Bauzeit in Aussicht genommene Entschädigung wegfalle und überdies jedem neuen Unternehmer das Haus in einem Zustande übergeben werden müsse, der die Aufführung grosser Opern und Schauspiele gestatte. Die ständige Bürgerrepräsentation stimmte am 12. April d. J. dem Antrag bei, da die jetzigen Verhandlungen die Mangelhaftigkeit des Innern des Theaters so sehr klargestellt, dass eine geringere Ausgabe nur zu einem nirgends befriedigenden Zustande führen würde.

Am 18. April gelangte der Antrag an die gesetzgebende Versammlung.[1]) Diese liess die Frage durch die frühere Commission prüfen. Letztere war in ihrer Mehrheit principiell noch immer für einen Neubau; erkannte aber an, dass unter den jetzigen Verhältnissen, wo keine Aussicht auf baldige Verständigung über einen Neubau bestehe, und in Ermangelung der besseren Herstellung des Innern des Saales eine Minderung des Theaterbesuchs und eine Kündigung des Restes der Abonnements noch mehr, als bisher zu besorgen sei; sie entschied sich daher für die Aufwendung auch der für den Zuschauerraum erforderlichen Herstellungen im Anschlag von fl. 27,000, somit für die ganze Bausumme. Was die Abweichung des jetzigen Autrags von dem früheren, welcher die jetzt nicht vorgesehene Entschädigung des Unternehmers für seinen Einnahmeverlust während des Baues, während seine Verpflichtungen gegen das Personal fortdauerten, gefordert hatte, anbelangt, so war die Mehrheit der Commission der Meinung, es hätte der Entlassung des Unternehmers aus dem Contracte nicht bedurft; man hätte demselben in seinen Verpflichtungen belassen sollen, bis ein neuer sich gefunden. Dies habe die

---
[1]) Mittheilungen aus den Protokollen 16. Bd., S. 101, 108—112.

Versammlung aber nicht zu vertreten; dagegen könne sie sich über die Noth und Bedrängniss eines Theils des Personals, zumal wenn dessen Versuch zur Fortführung des Theaters misslinge, die Augen nicht verschliessen; sie halte es für billig und gerecht den Mitgliedern und Bediensteten des Theaters eine Entschädigung zu Theil werden zu lassen und finde diese Ausgabe auch für das Institut nützlich, da hierdurch für das neue Unternehmen der Abschluss neuer Contracte mit manchem der seitherigen Künstler, dessen Erhaltung von Werth sei, erleichtert und jedenfalls tüchtige Künstler zu der Annahme eines Engagements, wenn sie nicht die Lösung ihrer Contracte durch ähnliche Krisen fürchten müssten, eher vermocht würden. Ihre Anträge gingen auf Bewilligung der Bausumme und der gedachten Entschädigung, sowie auf Prüfung, ob nicht jährlich durch Zurücklegung einer angemessenen Summe die successive Bildung eines Baufonds zweckmässig sei. — Ein Mitglied fand die Baufrage noch nicht reif und wollte höchstens fl. 10,000 für Herstellung im Aeussern und Innern und fl. 3600 für Erneuerung des Logeumobiliars bewilligen. Zwei Mitglieder waren mit den Anträgen, nicht aber deren von ihnen thatsächlich nicht als richtig anerkannten Motiven einverstanden.

Die lebhafte Discussion rief noch verschiedene abweichende Anträge hervor. Endlich aber wurde mit 57 gegen 24 Stimmen der Umbau beschlossen und dazu fl. 68,000 bewilligt, auch dem Senate anheimgegeben, dem allhier verbleibenden Theil des Theaterpersonals während der durch den Umbau veranlassten Schliessung des Theaters eine angemessene Entschädigung zukommen zu lassen. Zugleich wurde noch ein Antrag angenommen, den Senat zu ersuchen, die Frage: ob es zweckmässiger sei die Theaterführung auf städtische Rechnung zu übernehmen oder einem Unternehmer zu überlassen, möglichst bald zur Entscheidung zu bringen. — Durch Beschluss vom 15. Mai 1855 verfügte der Senat den Umbau nach den Plänen der Herren Mühldörfer und Stadtbaumeister Henrich, behielt sich aber im Uebrigen noch Beschluss vor.

Die Verhandlungen über Abschluss eines Accords mit Herrn Mühldörfer in Mannheim, die sofort eingeleitet wurden und namentlich eine Garantie für Fertigstellung des Hauses bis zum 1. November 1855 ins Auge fassten, fanden einige Schwierigkeiten, da Herr Mühldörfer statt der früher berechneten fl. 20,000 nunmehr fl. 29,000 forderte, wenn er die sämmtlichen festen Holzarbeiten des Souterrains, des Bühnenbodens und diesen selbst, den Schnürboden, die beweglichen Holzarbeiten (Rollen, Walzen, Tummelbaum, Kunetten, Versenkungen etc.), die Guss- und Schmiedeeisen-Arbeiten, Holzdreher- und Seilerarbeit einschliesslich des Transports und der Aufstellung bis zum 15. November liefern sollte bei Meidung von fl. 100 Conventionalstrafe für jeden Tag Verspätung. Die ständige Bürgerrepräsentation, mit welcher wegen der Nachverwilligung conferirt wurde, lehnte diese am 21. Juni ab; sie wollte eine nochmalige Prüfung der Voranschläge, hierzu Aussetzung des Baues bis Frühjahr 1856 und inzwischen Fortdauer des Interims oder Vergebung für den Winter mit Vorbehalt des Baues im folgenden Sommer. Inzwischen hatte auch Mühldörfer die Fertigung der festen Holzarbeiten wegen einer von den Mannheimer Handwerkern ihm zugemutheten Preissteigerung abgelehnt; es gelang dieselben an die Herren Renck und Lindheimer für fl. 10,868, die beweglichen an Mühldörfer für fl. 19,250 zu veraccordiren, so dass zuzüglich der übrigen Arbeiten im Anschlag von fl. 48,000, ein Mehrbedarf von fl. 10,000 — auf die bewilligten fl. 68,000 — auch unter diesen Umständen nicht zu vermeiden war. Die gesetzgebende Versammlung,[1]) an welche der Antrag hierzu am 28. Juni 1855 gelangt

---

[1]) Mittheilungen aus den Protokollen, 16. Bd., S 188—190.

war, genehmigte an demselben Tage auf befürwortenden Bericht ihrer frühern Commission mit 55 gegen 18 Stimmen die Nachbewilligung; sie erkannte diesen Mehrbedarf als nachgewiesen an und konnte eine Verschiebung der baulichen Herstellung schon aus dem Grunde nicht billigen, da das Interim in Folge anderweiter Contractsverbindlichkeiten seiner bedeutendsten Mitglieder nicht über Ende Juli ohne neue Engagements spielen konnte und die neue Theaterführung, für welche wohl eine Actiengesellschaft sich bilden werde, ohnedem der Vorbereitung von 2—3 Monaten für Gewinnung tüchtiger Kräfte und günstiger Chancen bedurfte. An Widerspruch hiergegen hatte es in der Debatte natürlich nicht gefehlt.

Der Bau wurde sofort in der Nacht vom 31. Juli auf 1. August 1855 begonnen und wurde noch vor dem 15. November 1855 vollendet. Es ward der Raum unter der Bühne um 7' vertieft und dazu die Futtermauer verstärkt, eine neue Maschinerie und Schnürboden nebst Sofitten, ein neues Podium hergestellt, das Doppelgebälk theilweise erneuert, die Fussböden neu gelegt, die Decken des Saales frisch verschalt und mit Gyps verputzt, die Logenbrüstungen anders decorirt, das ganze Mobiliar erneuert und das Haus von Aussen völlig restaurirt. Bei der inneren Decoration wirkten die Bildbauer v. der Lannitz, von welchem der Plan zur künstlerischen Ausstattung des Saals herrührt, und v. Nordheim, die Maler Vendatour und Umpfenbach mit. Das Deckenbild war von Vendatour, der später (1856) den neuen Vorhang malte. Die Details der Bauherstellung leitete Herr Architect H. Hornitz, der auch die Detailpläne bearbeitet hatte. Alle diese Arbeiten wurden von Herrn Stadtbaumeister Henrich rasch gefördert und fanden in ihrer Vollendung allgemeinen Beifall. Allein sie überschritten auch die bewilligten fl. 68,000 um fl. 28,000. Um deren Nachbewilligung kam das Bauamt am 3. December 1855 ein und rechtfertigte den Antrag durch speciellen Nachweis, dass an Ueberschreitungen des Kostenanschlags hierbei nur fl. 8060, der Rest für unvorhergesehene, bei einem solchen ungewöhnlichen Bauwesen nicht im Voraus auzuschlagende Arbeiten in Betracht komme, auch die künstlerische Ausschmückung einen Mehrbetrag von fl. 4000 verlangt habe. Gleichzeitig wurde eine Ueberdachung der Eingänge im Kostenanschlag von fl. 7900, eventuell fl. 15,800 beantragt. Der Senat genehmigte die Nachverwilligung, nicht aber letztern Antrag, und obwohl die ständige Bürgerrepräsentation an obigen fl. 28,000 einen für Schränke berechneten Betrag von fl. 1044, als der Theaterführung zur Last stehend, beanstandet hatte, wurde auch von der gesetzgebenden Versammlung[1]) am 25. Februar 1856 die ganze Nachforderung verwilligt, da man anerkennen musste, dass nur durch ein energisches, rasches Vorgehen der Baubehörde, ohne Aufenthalt durch Zwischenverhandlungen, die gelungene Ausführung in der kurzen Frist möglich gewesen war. Ausser den obigen Beträgen waren am 2. October 1855 noch fl. 1500 für Abänderungen der Decorationen, fl. 3200 für einen Schuppen zu deren Aufbewahrung und fl. 600 für Ordnung des Inventars, zusammen fl. 5300 bewilligt worden. Der ganze Umbau kostete mit diesem Betrage fl. 111,900.

Am 30. October 1855 konnte das Haus in dem neuen freundlichen Gewande, das es noch trägt, in brillanter Beleuchtung den städtischen Behörden gezeigt werden. Am 3. November empfing es zum ersten Male seine neuen Actionäre und am 5. November zum ersten Male ein zahlreiches Publikum.

---

[1]) Mittheilungen aus den Protokollen 17. Bd., S. 43, 66—68.

XXII. Ankauf des Theater-Inventars. März bis Juli 1855.

Mittlerweile war auch eine andere Verhandlung zum Abschluss gekommen, die ebenfalls in Folge der Auflösung des bisherigen Contracts angeregt worden war, nämlich der Ankauf des Theaterinventars. Dem Rathschlusse vom 20. März 1855 entsprechend wurde der Werth des Gesammtinventars an dem Unternehmer gehörigen Decorationen, Bibliothek, Musikalien, Instrumenten, Garderobe, Requisiten etc. einer Abschätzung unterzogen. Die städtischer Seits bestellten Schätzer veranschlagten dessen Werth zu fl. 50,078. 11 kr., diejenigen des Herrn Hoffmann zu fl. 49,570. 4 kr., an welchen Beträgen jedoch 1% für die alljährlich zu ergänzenden Decorationen von 1848—1855 mit fl. 1950 abgingen. Herr Hoffmann erbot sich, das ganze Inventar zu fl. 28,000 an die Stadt zu überlassen, eine Summe, die sich aus der Zusammenrechnung der von ihm für das von seinen Vorgängern übernommene alte Inventar bezahlten Kaufsumme von fl. 15,000 und seines oben declarirten Deficits von mehr als fl. 13,700 formiren liess, und ihm somit grossentheils wieder sein eingeschossenes Capital ersetzen konnte, ohne dass er irgend einen Vortheil weiter erzielt hatte. Der Senat ging auf diese Forderung ein.

Gleichzeitig war die Frage, wie es mit der künftigen Theaterführung gehalten werden solle, von ihm erwogen und sich für die Begebung an einen oder mehrere Unternehmer entschieden worden. Die Uebernahme in Selbstregie unter einem Intendanten schien aus den bereits oben angeführten Gründen eines Berichtes der Senatscommission (December 1854) sich nicht zu empfehlen. Ueberdies (Polizeiamtsbericht vom 14. Mai 1855) kam in Betracht: Wollte man auch annehmen, dass der Intendant nicht blos nach höheren artistischen Rücksichten, sondern im Limitum eines Budgets, an der Mehreinnahme mit Tantième, an der Mindereinnahme mit Abzügen betheiligt, controlirt von einer Commission, das Theater führen solle: so schien hierdurch die Stadt doch bei schlimmem Gange des Betriebs gegen Uebernahme des Schadens nicht gedeckt. Glückt die Wahl, so war zweifelhaft, ob der Intendant lange in solchen Fesseln beharren wolle; im entgegengesetzten Falle trifft die Stadt der Schaden. Liesse sich der Bedarf der Bühne im Voraus genau limitiren? Könne man erwarten, dass das Publikum sich bei einem Unternehmen der Stadt regsamer betheiligen werde; sicherlich ist zu besorgen, dass einerseits die Auforderungen steigen, andererseits alle Gegner des Intendanten, alle schwankenden Urtheile über die Bühne sich gegen die städtischen Behörden wenden, welchen bald zu laxe Ueberwachung, bald unzeitige Einmischung und Hemmung zum Vorwurf gemacht werden. Daher besser ein Unternehmer, am besten, wenn wieder eine Actiengesellschaft sich bilden wollte, die selbst hervorzurufen nicht Sache der Behörden sei. Von diesen Motiven geleitet musste aber dem Unternehmer nicht blos das Haus, die Decorationen, das Inventar unentgeltlich angeboten, sondern auch ein Beitrag zur Instandhaltung des letzteren zur Verfügung gestellt werden. Ein Beitrag von fl. 8000 entsprach dem Durchschnitt der in den Jahren 1852—54 gemachten jährlichen Anschaffungen. Zahlte man diesen, so konnte man fortwährend die Nachschaffungen als städtisches Eigenthum ansehen. Ebenso durfte es als im Interesse der Bühne liegend gelten, dass die Theaterführung der Pensionsanstalt jährlich bis zu fl. 3000 für ihre Mehrausgaben aufkomme.

In diesem Sinne ward am 19. Mai 1855 mit der ständigen Bürgerrepräsentation conferirt. Diese wünschte noch einen Versuch der Reduction des Kaufpreises des Inventars, eventuell dessen Ergänzung durch Herbeigabe einiger Costume-Kupferwerke und specielle Revision, schloss sich aber im Uebrigen den Ansichten des Senats an. Da Hoffmann eine Minderung des Preises ablehnte und die Einlieferung jener Bücher, insoweit er sie noch besitze, zusagte, so kam die Sache am 19. Juni an die gesetzgebende Versammlung*), welche des kurzen Ratificationstermins wegen (6. Juli) die Sache rasch am 28. Juni 1855 erledigte. Die Commission, obwohl mit dem Preise des Inventars gerade nicht einverstanden, billigte doch den Ankauf wie er vorlag, da eine im Entstehen begriffene Actiengesellschaft ohne solches ihre Wirksamkeit nicht beginnen könne und sicherlich für ein neues Inventar vielmehr ausgeben müsse; und obwohl sie auch nicht mit allen Mitgliedern der Ansicht des Senats bezüglich der Theaterführung beitreten könne, so enthebe doch eben der glückliche Umstand, dass eine Actiengesellschaft sich bilde, jeder weiteren Erörterung. Sie war daher für die Subvention und brachte nur noch, um das gute Ensemble des Bühnenpersonals und Orchesters zu sichern, den Antrag, jetzt schon gleich der künftigen Theaterführung zum Zweck der Entschädigung desjenigen Theils des früheren Personals, welches bei dem hiesigen Theater verbleibt, eine Subvention von fl. 15,000 zukommen zu lassen. Dem Pensionsfonds sollte aus dem Aerar für die Zeit vom 1. Mai bis zur neuen Theaterübernahme die entsprechende Rate gewährt, auch der Theaterleitung des Interims unentgeltlich die Benutzung von Inventar und Decorationen verbleiben.

In der Discussion war zwar die Ablehnung des Inventar-Ankaufs und auch der letztern Subvention an einen unbekannten Unternehmer vorgeschlagen worden; die Versammlung entschied sich aber mit 51 gegen 10 Stimmen für die Anträge der Commission und somit für die Senatsanträge im Wesentlichen, welche der Senat am 3. Juli 1855 zur Ausführung verstellte. So waren denn die bisherigen Hauptdifferenzen nach hartem Kampfe ausgeglichen und es handelte sich nur noch darum, wer das Theater weiterführen sollte.

---

*) Mittheilungen aus den Prot. 16. Bd., S. 188, 190—192.

Achter Abschnitt.

Theater zu Frankfurt a. M. Die zweite Theater-Actiengesellschaft.

XXIII. Uebergabe des Theaters an die zweite Theater-Actiengesellschaft. Technischer Director. (7. Concessionsvertrag.) Juli bis 1. November 1855.

Die Frage über die künftige Theaterführung fand ihre Lösung leichter, als im März des Jahres gehofft worden. Es ist schon mehrfach der zu erhoffenden Bildung einer neuen Actiengesellschaft gedacht. Mochte man früher manchmal wieder bedauert haben, dass das Theater in den Händen eines Einzelunternehmers nicht gedeihen könne und eine Vereinigung, wie sie früher bestanden, wohl zurückgewünscht, aber die Möglichkeit von deren Realisirung bezweifelt haben; die langen Streitigkeiten über die Theaterverhältnisse seit 1848, die traurigen Finanznöthen des Unternehmens, die leeren Bänke in den letzten Jahren hatten deutlich darauf hingewiesen, dass das Theater nicht blos eine städtische Subvention, nein, vielmehr eine Unterstützung in den Kreisen der Bürgerschaft, eine enge Betheiligung derselben als Lebenselement verlange. Recht erkennbar wurde dies, als plötzlich der Theatervertrag gelöset war. Das Interim hätte nicht gedeihen können, hätte sich nicht ein Comité dessen Unterstützung mit Logen- und andern Abonnements angelegen sein lassen. Aus den Kreisen dieses Comités und der alten Theaterabonnenten entwickelte sich nun die Theatergesellschaft. Auf Einladung eines Comités waren bis zum 6. Juli 1855 schon 226 Actien mit fl. 33,900 gezeichnet von Männern aller Stände der Bürgerschaft. An dem genannten Tage constituirte sich die Gesellschaft auf Grund nachfolgender Statuten: „Die Gesellschaft bildet sich zu dem Zwecke, die Führung des Theaters für die Dauer von 6 Jahren zu übernehmen unter der Voraussetzung, dass ihr von Seiten der Stadt die unentgeltliche Benutzung des Theatergebäudes sammt Inventar zugestanden, zugleich aber auch eine entsprechende jährliche Subvention bewilligt werde. Die Gesellschaft verpflichtet sich, ein Capital von mindestens fl. 30,000 in Antheilen von fl. 150 aufzubringen. Sobald 200 Antheile gezeichnet sind, ist die Gesellschaft constituirt. Kein Gesellschafter haftet weiter, als mit dem Betrage seines eingezahlten Capitalantheils. Die Forderung eines Nachschusses findet niemals statt. Die Führung des Theaters wird einem Ausschusse ihrer Mitglieder und einem technischen Director übertragen. Der Ausschuss zerfällt in einen engeren von 5 und einen grösseren von 20 Mitgliedern. Der engere Ausschuss, auf 3 Jahre gewählt unter der Leitung eines Präsidenten. Vicepräsidenten und Schriftführers, überwacht die gesammte artistische Leitung, entscheidet über das Jahresbudget und hat bei Anstellung von Künstlern und Bediensteten, bei Gastspielen, Anordnungen von ausserordentlichen Vorstellungen und bei Auswahl neu aufzuführender Werke das Recht des Veto's. Er verwaltet das Gesellschaftsvermögen. Der grössere Ausschuss, alljährlich um die Hälfte sich erneuend, hat in allen Angelegenheiten, welche die Verwaltung des Vermögens betreffen oder an die Generalversammlung zu bringen sind, mitzubeschliessen. Der technische Director wird vom engeren Ausschusse angestellt; er hat eine Tantième am Gewinn ausser dem vertragsmässigen Gehalte. Er leistet Caution. Er führt die ganze Leitung in artistischer Beziehung nach einem festgestellten Budget. Mit den Theater-Mitgliedern werden Verträge über Gehalt, Rechte und Pflichten wobei die Fälle ausserordentlicher Kündigung anzugeben, abgeschlossen. Das Gesellschaftsvermögen wird zinstragend angelegt und zu 3% den Mitgliedern verzinset; etwaige Zinsüberschüsse werden ihm gutgeschrieben; es haftet für Verluste. Der Gewinn eines Geschäftsjahrs wird als Reservefond je nach drei Jahren für das Institut einzig und allein, nach Abzug der Tantième des Directors, verwendet. Die Generalversammlung, vom Präses des Ausschusses berufen, prüft und dechargirt die Rechnungen, entscheidet über Fortbestand, Liquidirung der Gesellschaft, über Statutenänderungen. Die Gesellschaft löset sich auf mit Ablauf der Concessionszeit, insofern sie nicht ihren Fortbestand bei Erneuerung der Concession beschliesst, oder wenn *j der Actionäre in Folge von Ereignissen, welche die Fortführung des Theaters unmöglich erscheinen lassen, die Liquidirung beschliessen.

Als Mitglieder des engeren Ausschusses wurden erwählt die Herren Senator F. v. Bernus, E. F. Wecker, G. v. Heyder, Wilh. Speyer und Dr. Sieger, zu deren Suppleanten Hr. Fr. Pfeffel, Dr. v. Gnaita, W. Metzler, Kohn-Speyer, G. Sarasin, von welchen F. v. Bernus Präsident, Wecker Vicepräsident und Dr. Sieger Schriftführer wurden.

Am 13. Juli 1855 suchte der engere Ausschuss bei dem Senate um Ertheilung der Concession auf Grund der im vorigen Abschnitt aufgestellten Bedingungen für 6 Jahre nach. Der Senat entsprach diesem Antrage durch Beschluss vom 21. Juli 1855, genehmigte die Statuten und ertheilte der Frankfurter Theater-Actiengesellschaft — vorbehaltlich der Feststellung des Contractes im Einzelnen, — die Concession zur ausschliesslichen Aufführung von Schauspielen, Opern und Concerten im Schauspielhause auf die Zeit vom 15. November 1855 bis 31. October 1861 mit der Zusicherung, dass

a) Das neu hergestellte Theatergebäude und das gesammte der Stadt gehörige Inventar ihr zur unentgeltlichen Benutzung überlassen werde;

b) Dass — insofern die Theaterführung keinen Anlass zu gegründeter Beschwerde gebe — diejenigen Kosten, welche als für Unterhaltung und Vervollständigung des Theater-Inventars verwendet, glaubhaft nachgewiesen werden, bis zum Betrag von fl. 8000 jährlich aus städtischen Mitteln vergütet werden, wogegen alle neue Anschaffungen, auch wenn sie den Betrag von fl. 8000 übersteigen, der Stadt verbleiben;

c) Dass dieselbe der Theaterpensionsanstalt einen jährlichen Zuschuss von fl. 3000 zu leisten habe, und dass

d) Das Polizei-Amt ermächtigt werde, zur Vergütung derjenigen Entschädigungen, welche von der Gesellschaft an den Theil des bis zum 1. Mai 1855 an hiesiger Bühne angestellt gewesenen

Personals, welches wiederum engagirt wird, während des Zeitraums vom 1. August bis zu Beendidigung des Umbaues zu bezahlen sind, die erforderlichen Beträge bis zum Belauf von fl. 15,000 anzuweisen.

Der neue Concessionsvertrag ward, in Folge Beschlusses des Senats vom 6. November 1855 und der Bürgerrepräsentation vom 31. October, von dem Polizei-Amte und engeren Ausschusse am 1. December 1855 unterzeichnet. Er enthielt unter Berücksichtigung der obigen Sätze im Uebrigen wesentlich die nämlichen Stipulationen wie der Vertrag vom 10. Mai 1849. Der Preis der neuen Sperrsitze ward auf fl. 1. 24 Kreuzer angesetzt. Die Caution betrug fl. 10000.

Das Personal der neuen Bühnenleitung war theils aus früher angestellten Kräften, theils aus neu engagirten gebildet. Technischer Director wurde der bekannte dramatische Schriftsteller H. Roderich Benedix. Für die Oper waren die Herren Baumann, Dettmer, Eppich, Fass, Formes, Hellmuth, Jungmann, Leser, Lincker, Pichler; die Damen Johannsen, Müller, Schmidt, Veith engagirt; für das Schauspiel: die Herren Degen, Diehl, Hassel, Hallenstein, Köckert, Meck, Osten, Rhodius, Scherer, Schneider, Dr. Schwarz, Stader, Stotz, Vollmer, Werkenthin; die Damen Bogner, Dettmer, Halbreiter, Janauschek, Köhler, Liebich, Lindner, Röhrig, an die sich bald noch die Damen Anschütz-Capitän, Oswald, Labitzky, Fr. Haase, A. Müller, wieder anschlossen. Regisseure waren Dr. Schwarz, Lincker, Werkenthin. Kapellmeister Hr. Gust. Schmidt, Musikdirector Goldmann.[1]

Nachdem das neue Personal bereits in drei Concerten am 11. und 18. October und 2. November dem Publikum im Weidenbuschsaale (Hotel Union) vorgeführt worden, begannen die Vorstellungen am 5. November 1855 mit einem Prologe von F. Hessemer, gesprochen von Regisseur D. Schwarz und Iphigenia in Tauris von Goethe.

Eine neue Aera für das Theater war hiermit begonnen; und ähnlich wie in dem ersten Jahrzehnt der früheren Actiengesellschaft wieder die Bühnenleitung von allseitiger Theilnahme des Publikums getragen; das Logenabonnement stärker wie je; die Tageseinnahme im Steigen, obwohl die Oper anfänglich durch den Mangel eines ersten Tenors und später durch Krankheit der lyrischen Sängerin beeinträchtigt war. Das freundlich und elegant hergestellte Haus, die bequemere Einrichtung der Logen und Sperrsitze, der grössere Parterreraum, frische Costüme, ein verstärktes und mit theilweise neuen Kräften ausgestattetes Orchester trugen ihren Theil zu diesem reicheren Besuche bei, den ein anfänglich mit ungewohnter Sorgfalt gewähltes Repertoir zu erhalten geeignet war. Ueberhaupt war aber durch die Gefahr des Verlustes das Bedürfniss eines Theaters wieder in allen Kreisen fühlbarer, das Publikum wieder für Theatergenuss empfänglicher geworden. Dass hiermit auch die Ansprüche wuchsen, auch Widersacher, besonders gegen die Art der getheilten Theaterführung und wegen deren technischen Träger, nicht ausblieben, wäre zu verwundern, wenn es anders gewesen wäre. Die Discussionen über das Theater für die Behörden schienen geschlossen, obschon bereits im Januar 1850 die Uebernahme der Feuerwache, die Herstellung eines Vorhangs und die Art der Auszahlung des Zuschusses Gesuche der Verwaltung, welche keinen Erfolg hatten, hervorgerufen. Nur die viel-

---

[1] Die gesperrt gedruckten Namen sind diejenigen der Mitglieder, welche von der Hoffmann'schen Direction übernommen waren.

fachen Verhandlungen über die Versicherung des Theater-Gebäudes und Inventars beschäftigten die Behörden.[1])

Das Theater führte jetzt den Namen: Theater zu Frankfurt a. M.

XXIV. Erweiterte Subvention. Abänderung des Actienstatuts. Wegfall des technischen Directors. 1855—1861.

Die in dem Concessionsbeschlusse vom 24. Juli 1855 gewährte Subvention von fl. 8000 — war an gewisse Beschränkungen geknüpft; sie sollte in das Inventar verwendet und solches nachgewiesen werden; sie setzte eine entsprechende Theaterführung voraus und war noch mit der Last eines Beitrags von fl. 3000 an den Pensionsfonds verknüpft. Ob sie ausreiche zur guten Bühnenleitung ohne Deficit war schon anfangs vom Comité angezweifelt worden; allein die Hoffnungen auf den Erfolg des Unternehmens liessen allerseits dies Bedenken zurücktreten; man wollte eine Theaterführung ohne eigentliche Subvention; man hatte eine solche nicht mehr principiell anerkennen und daher nur dasjenige zuschiessen wollen, was nöthig wäre, damit die Vermehrungen des Inventars nicht ohne Entgelt der Stadt zufielen. Damit kam aber bald der Jahresbedarf der Bühnenleitung in Collision; ein Versuch diesem zu begegnen durch Vorausentnahme der fl. 8000 und Uebertrag der anfänglich bedeutenderen Neuanschaffungen auf den Rest der Concessionsjahre liess sich, dem Wortlaute der Concession gegenüber, bei der ansehenden Behörde nicht durchsetzen. So blieb denn gegen Ende des zweiten Theaterjahrs dem engeren Ausschusse im Einvernehmen mit dem grösseren nichts übrig, als die Sachlage, so wie sie war, darzulegen und eine bessere Unterstützung zu beantragen, wollte er nicht die Theatergesellschaft der Liquidation zuführen trotz der vermehrten Einnahmen, in Folge aber auch der starken Vorlagen und Jahresausgaben. Er that dies in einer eingehenden Vorstellung vom 14. September 1857 unter Vorlage von Buchauszügen und Jahresberichten. Diese Vorstellung wies nach, dass die Verwaltung in der Unterstellung, dass die fl. 8000 Jahressubvention als eine auf die 6jährige Dauer der Concession vertheilte Gesammtsubvention von fl. 48,000 anzusehen sei, im ersten Jahre fl. 20,519. 29 kr. und im zweiten Jahre bis Ende August fl. 10,502. 2 kr., also im Ganzen fl. 15,021. 31 kr. mehr als die entsprechende Subventionsrate verwendet habe. Ausserdem berechnete sie eine Ausgabe von fl. 5133. 34 kr. für Anschaffung von Garderobeschränken, Umbau des Orchesters einen neuen Vorhang (Ventatour fl. 1200), eine neue Orgel, und sonstige Nachschaffungen für das

---

[1]) Bei Gelegenheit derselben war auf Antrag der gesetzgebenden Versammlung eine Aufstellung aller Summen gemacht worden, welche seit 1. Januar 1848 bis Ende 1855 für das Theater aus dem Aerar verausgabt worden waren. Es betrugen solche:

a) für bauliche Herstellungen . . . . fl. 111,923 55 kr.
b) Ankauf der Decorationen und Inventar nebst Spesen . . . . » 61,004 28 »
c) Subvention 1854 . . . . » 32,000 — »
d) Entschädigung an das Personal und Pensionskasse während des Baues » 16,625 — »

zusammen . . . fl. 221,553 23 kr.

Hans. Die Geschäftsführung hatte in den beiden Jahren 1855—56 und 1856—57 sich wie folgt, finanziell gestellt: Das Actiencapital, ursprünglich fl. 33,900, war durch 9 weitere Actien auf fl. 34,800 in 232 Actien zu fl. 150 gestiegen. fl. 6000 waren vor Beginn des Theaterjahrs als Gagen der bereits seit 1. October 1855 neu engagirten Mitglieder ausgegeben worden. Die Einnahme war bis Ende

October 1856 . . . . fl. 152,875. 57 kr.

nämlich Abonnements fl. 59,308. 28 kr., Tageseinnahme fl. 93,566. 26 kr.

dazn ausserordentliche Einnahmen . . . . » 485. 45 »

                                                                                                               fl. 153,361. 39 kr.

die Ausgaben . . . . » 155,682. 46 »

                                                                                             mithin Deficit von fl. 2321. 7 kr.

ohne die Ausgabe für Inventar und obige fl. 5133. 34 kr. Im zweiten Jahre berechnete sich das Deficit bei fl. 158,200 Einnahme und ca. fl. 168,000. Ausgaben auf fl. 9697. 58 kr., also dass dasselbe sich mit obigen fl. 6000 auf fl. 18,219. 5 kr. belief. Mit Berufung auf die erhöhten Gagen, auf die Unthunlichkeit ihrer Verminderung, ohne die Bühne zu schädigen, und mit Hinweis auf die Unmöglichkeit, das Theater ohne eine bessere Beihülfe zu führen, wie solche ja in den Vorverhandlungen mit Hoffmann von allen Seiten anerkannt worden sei, und auf die Anerkennung, die gerade einer Theaterführung durch die Bürger selbst gebühre, gingen die Anträge auf Ersatz des Aufwands von fl. 5133. 34 kr. für obige Aufwendungen, Erhöhung der Subvention auf fl. 12,000 für die ferneren vier Concessionsjahre, event. Auszahlung der fl. 8000 ohne Beschränkung, Befreiung von der Verpflichtung einer Zahlung an den Pensionsfonds, der Kosten der Feuerwache und Abgabe an den Almosenkasten, Gestattung der Uebertragbarkeit der Subventionsbeträge von einem Jahre in das andere und Erhöhung der Preise für Logen und Sperrsitze, endlich Nachbewilligung von fl. 4000 für jedes der abgelaufenen Jahre.

Der Senat sprach sich, nach vorgängiger Berichterstattung der einschlägigen Stellen, dahin aus: Wenngleich die Erwartungen, welche der Senat bei Ertheilung der Concession an die dermalige Actiengesellschaft hegen zu dürfen glaubte, nicht überall in befriedigender Weise in Erfüllung gegangen seien, so halte er es doch unter den obwaltenden Verhältnissen für bedenklich, durch unabänderliches Festhalten an den Bestimmungen der nach Massgabe der Beschlüsse der gesetzgebenden Versammlung vom 28. Juni 1855 ertheilten Concession den ungehinderten Fortbestand der jetzigen Theaterunternehmung zu gefährden und die fernere Leitung dieses Instituts einem vielleicht plötzlichen Wechsel und damit einem abermaligen ungewissen und möglicherweise noch unglücklicheren Versuche preiszugeben oder wohl gar einen momentanen Stillstand des ganzen Instituts herbeizuführen. Er hielt es daher für nöthig, den Gesuchen, wenn auch nicht im ganzen Umfang, doch insoweit zu entsprechen, als nach seinem Dafürhalten ausreichen werde, um bei einem geordneten Haushalte das Theaterinstitut in befriedigender Weise fortzuführen. Er beantragte hiernach (6. October) die Bewilligung der verausgabten fl. 5133. 34 kr., die sofortige Anzahlung der Subvention für das laufende Jahr, und für die künftigen Jahre 1857—58 deren Bewilligung ohne beschränkende Bestimmung über deren Verwendung, Uebernahme der Kosten der Feuerwache und endlich, ohne Consequenz für die fernere Concessionsdauer ein für alle Mal die Zahlung von fl. 12,000 als Ersatz für die von der Theaterverwaltung im Interesse des Instituts aufgewendeten eigenen Mittel.

Auch die ständige Bürgerrepräsentation hatte in ihrer Erklärung vom 29. October 1857 gern ersehen, dass es der jetzigen Theaterverwaltung gelungen, die Einnahmen des Theaters während ihrer zweijährigen Führung gegen frühere Jahre sehr wesentlich und bis zu einem Grade zu steigern, dass es wohl thunlich gewesen wäre, ohne weitere Subvention und ohne Verminderung des Actiencapitals das Institut in einem geordneten, billigen Ansprüchen genügenden Gange fortzuführen. Wenn dies leider nicht gelungen ist, so dürfte der Grund hiervon hauptsächlich in der eigenthümlichen Stellung der dermaligen Theater-Actiengesellschaft zu suchen sein, welche auf der einen Seite ihrer Zusammensetzung nach alle Elemente enthält, um zu fortwährend grösseren Aufwendungen für die Vervollkommnung des Instituts anzuspornen, auf der anderen Seite aber die Mittel zur Vermeidung unverhältnissmässiger Ausgaben, nämlich die Nothwendigkeit, etwaige Deficits aus der Tasche der Actionäre zu decken, nicht in vollem Maasse besitzt. Denn die Nothwendigkeit der Erhaltung des Theaters, welche allseits anerkannt sei, verleite zu der Folgerung, dass äussersten Falls das Aerar noch weitere Opfer bringen müsse. Die ständige Bürgerrepräsentation halte daher für nothwendig, dass der Gesellschaft eine Ueberwachungsbehörde zur Seite gestellt werde, welche ohne directe Einmischung in die Theaterführung das Interesse des Staats hinsichtlich des Hauses und Inventars und hinsichtlich der finanziellen Leitung und Festhaltung eines Etats zu wahren hätte und aus Mitgliedern des Senats und Bürgercollegs zusammengesetzt werde. Den Anträgen des Senats stimmte sie bei, mit Ausnahme der Aufhebung der an die Beihülfe von fl. 8000 geknüpften Voraussetzung, die sie höchstens dahin beschränken wollte, dass, wenn in einem Jahre weniger verwendet worden als fl. 8000, weil im vorhergehenden Jahre mehr, es von der Prüfung und Entscheidung der Behörde abhängen sollte, ob von der stricten Aufrechthaltung der Bedingung abzusehen sei. Auch verlangte sie ein jährliches Ab- und Zuschreiben über den Bestand im Inventar. Mit der Anstellung einer Ueberwachungsbehörde erklärte der Senat sich nicht einverstanden, da er des Dafürhaltens war, die Leitung einer artistischen Anstalt, wie das Theater, deren Gedeihen und Bestand zum allermeisten Theile von der Gunst, den Liebhabereien, ja Launen eines in seinen Anschauungen sehr auseinander gehenden Publikums abhängig sei, werde sich mit den Grundsätzen einer Verwaltung, wie solche jedenfalls Gegenstand der Oberaufsicht einer Staatsbehörde sein müsste, nicht vereinigen lassen, ohne letztere eben in Aufrechthaltung ihrer Principien zu nöthigen, wenigstens mittelbar in jene Leitung selbst einzugreifen und sie insoweit sogar für die artistische Leitung verantwortlich zu machen; jedenfalls aber bei jedem wirklichen oder vermeintlichen Rückgange sie in den Augen des Publikums an den schuldigen Theil blosszustellen, — Behelligungen, denen, selbst wenn sie noch so unbegründet sein sollten, eine Behörde auszusetzen um so bedenklicher erscheine, als der Natur der Sache nach die entscheidende Stimme über ihr Verhalten lediglich aber wieder von jenem Publikum werde in Anspruch genommen werden und diesem auch schliesslich nach aller Orten gemachten Erfahrungen zufallen werde. Dass übrigens mit der Creirung einer solchen Behörde unausbleiblich die Begehrlichkeit des Publikums in Anforderungen an die Leistungen der Bühne in bedenklicher Weise werde gesteigert und schliesslich das Aerar für weit ungemessenere Ansprüche als dermalen aufzukommen bedroht werde, solle nur beiläufig bemerkt sein. Der Senat brachte sonach seine obigen Anträge unverändert an die gesetzgebende Versammlung (10. November 1857).[1]) Die von letzterer eingesetzte Commission berichtete am

---

[1]) Mittheilungen aus den Protokollen, 19. Bd., S. 13—15, 79—83, 86—88.

29. Januar 1858; sie war in verschiedene Ansichten getheilt. Die Mehrheit stimmte den Anträgen des Senats, jedoch mit der Klausel der ständigen Bürgerrepräsentation hinsichtlich des Inventars bei; zwei Mitglieder wollten eine Verweisung der Verwaltung auf ein eifriges Bestreben, ihren Etat im Gleichgewicht zu halten und Erhöhung des Logenabonnements auf fl. 1200; ein Mitglied wollte die fl. 12,000 in vier Jahresraten im Falle eines Deficits und bis zu fl. 3000 auf die noch übrigen Concessionsjahre vertheilen. Die Mehrheit der Commission hatte an die Bewilligung des Zuschusses von fl. 12,000 noch die Bedingung geknüpft, dass nur solche Freiplätze für Logen und Sperrsitze gegeben werden, die in dem Concessionsvertrag oder in Privatverträgen ihre Rechtfertigung finden, dagegen hatte sie sich gegen die angeregte Aufsichtsbehörde ausgesprochen. Sie hatte als eines der Hauptmotive für ihre Anträge auch hervorgehoben, dass jetzt der erste Schritt zu einer den Erwartungen mehr entsprechenden Leitung durch Lösung contractlicher, der Abänderung entgegenstehender Verhältnisse geschehen sei (Kündigung des Intendanten) und sie hohen Werth auf die fernere Mitwirkung eines Mitglieds der Versammlung bei der Theaterleitung (Dr. v. Guaita) setze, von dessen reinem Eifer und Thätigkeit für das Theater sie sich überzeugt habe. Die Discussion spann sich durch zwei Sitzungen fort; sie drehte sich vielfach um die beantragte an die Bewilligung des Beitrags der fl. 12,000 zu knüpfende Bedingung hinsichtlich der Freiplätze, welche die Mitglieder der Theaterverwaltung in der Versammlung als unzulässig und als Misstrauensvotum anfochten; sowie um die besprochene Aufsichtsbehörde. Schliesslich wurden die Anträge des Senats angenommen, die Bedingung wegen Beschränkung der Freiplätze, sowie wegen der Nachweise hinsichtlich des Inventars aber abgelehnt; jedoch noch ein Zusatz zu erstern Anträgen beschlossen, wodurch die Erhöhung des Logenabonnements auf fl. 1200 genehmigt und die Erwartung ausgesprochen wurde, dass es der Theater-Actiengesellschaft endlich gelingen werde, durch eine verständige, nach allen Richtungen hin zu handhabende Sparsamkeit, durch sachverständige und energische Thätigkeit ihrer bevollmächtigten Repräsentanten bei der sich unzweidentig kundgebenden Gunst des Publikums für das dermalige Theaterinstitut, ihren Ausgabenetat mit ihrem Einnahmenetat ins Gleichgewicht zu setzen. Der Senat verfügte am 19. Februar 1858 die Ausführung der hiermit gewährten Bewilligungen der gesetzgebenden Versammlung, übernahm am 19. April 1858 die Kosten der Feuerwehr, lehnte aber eine Genehmigung der Erhöhung des Logenabonnements und der Preise von Plätzen in der Fremdenloge auf fl. 2 ab. Der Theater-Ausschuss hielt aber die erstere Erhöhung, da im Concessionsvertrage wohl das Maximum der Einzelpreise, nicht aber des Abonnements fixirt war, und diese Steigerung von fl. 250 auf fl. 300 für einen abonnirten Logenplatz noch nicht den Einzelpreis erreichte, für seine Befugniss und setzte sie bei den Abonnenten durch.

Nachdem der bisherige Intendant Herr R. Benedix seine Entlassung erbeten und der engere Ausschuss ihm dieselbe unter Beirath des grössern Ausschusses gewährt hatte, beschloss die Generalversammlung der Actionäre am 26. October 1858 eine Abänderung der Statuten der Actien-Gesellschaft. Sie strich die Uebertragung der artistischen Leitung an einen technischen Director und setzte die Zahl der Mitglieder des engeren Ausschusses von fünf auf drei, übertrug diesem die ganze artistische und ökonomische Leitung, wobei er Sachverständige oder Hülfsbeamte, wie z. B. einen technischen Director oder Regisseure zuziehen kann, die aber, wie alle Beamten nach den vom engern Ausschusse ihnen zu ertheilenden Instructionen sich zu richten haben. Die Befugnisse des

Präsidenten des engern Ausschusses wurden dahin erweitert, dass er in allen dringlichen Fällen auf eigene Verantwortlichkeit allein handeln kann mit der Verpflichtung seine Collegen von dem Geschehenen in Kenntniss zu setzen. Der engere Ausschuss stellt jährlich ein vom grössern Ausschusse in den Gesammtsummen zu genehmigendes Budget auf; er kann nothwendige Ueberschreitungen vorbehaltlich nachträglicher Genehmigung des grösseren Ausschusses anordnen. Der S. hat genehmigte diese Abänderungen am 6. December 1858.

Nachdem bereits im December 1856 Herr Wilhelm Speyer und im J. 1857 Herr G. v. Heyder aus dem engeren Ausschusse ausgetreten und durch die Herren F. Pfaffel und Dr. C. von Guaita ersetzt worden, auch Herr Senator v. Bernus und Herr Dr. Sieger zurückgetreten waren, wurde in Folge obiger Statutenänderung ein neuer engerer Ausschuss und in diesen die Herren Dr. von Guaita als Präsident, Wilhelm Speyer und Georg Reuhl erwählt. An die Stelle des im August 1861 aus Gesundheitsrücksichten ausscheidenden Herrn W. Speyer trat am 1. November 1861 Herr S. Kohn-Speyer ein.

Bauliche Einrichtungen waren im Laufe dieses gegenwärtigen Vertrags nicht vorgekommen, nur der erste Versuch der Errichtung von Quenebarrieren an den Eingängen wurde 1860 gemacht. Eine Vermehrung der Sperrsitze um 20 war beantragt, aber abgelehnt worden.

XXV. Verlängerung der Concession an die neue Actiengesellschaft. (8. Concessionsvertrag.) 1861—1867.

Als der Ablauf der 6jährigen Concessionszeit und des Actienverbands heranahte, entschlossen sich die Actionäre, einen neuen Verband einzuleiten und um Verlängerung der Concession einzukommen, dabei aber neuerdings die Erhöhung der Subvention auf fl. 16,000 zu beantragen. Eine ausführliche Darlegung vom 27. December 1860 suchte dies zu begründen. Von der Ueberzeugung der Nothwendigkeit des Theaterbetriebs durch eine Gesellschaft von Bürgern, die sich von aller Speculation fernhalte, ebenso aber auch von der Unentbehrlichkeit einer Beihülfe überzeugt hätten, die Behörden eine Subvention gewährt. Trotzdem dass die Einnahmen an Abonnementserträg auf fl. 75,404 und Tagesertrag auf fl. 118,896, zusammen 194,300, die Subvention ungerechnet, gestiegen, waren auch die Ausgaben auf fl. 200,055 angewachsen in Folge der Gagen-Ansprüche und mit den vermehrten Vorstellungen zugenommenen Nebenkosten. Während 1855—56 im Ganzen 285 Vorstellungen gegeben wurden, wären 1858—59 350 Vorstellungen gewesen; es seien alle bedeutenderen Künstler, alle hervorragenden Novitäten vorgeführt worden. Aber das Unternehmen habe mit der Kleinheit des Hauses, die im Winter nicht die Ansammlung eines Sparpfennigs für den Sommer zulasse; mit der Concurrenz der vielen Concerte, Quartette etc., mit der der Kunstreiter etc. zu kämpfen, sei durch die Verbote des Spiels an den hohen Festen, durch die Abgabe an die Pensionsanstalt, durch die rasche Abnutzung der Decorationen in Folge der schlechten Kunstufsträume benachtheiligt. Das Actiencapital von fl. 34,800 sei am Ende des 4. Theaterjahrs auf fl. 9903. 56 kr. gesunken, jetzt 1859—60 wäre es auf 12,567. 10 kr. gestiegen. In das Inventar seien im Ganzen seit 1855 verwendet fl. 60,329. Ziehe man hiervon die 5jährige Subvention (nach Abzug der Abgabe an die Pensionsanstalt) mit je fl. 5000, also fl. 25,000, und die 1857 vergüteten fl. 17,133 ab, zusammen fl. 42,133, so kämen der Gesellschaft noch fl. 18,196 zu gut, die ihr Actiencapital wieder auf fl. 30,763 refundirten. Es wurde um die Vergütung dieses Betrags aus dem Aerar gebeten. Ausserdem wurde, wie bemerkt, um Erneuerung der Concession auf 6 Jahre mit einer Jahressubvention von fl. 16,000 und Abänderung des Vertrags hinsichtlich der verbotenen Spieltage, des Verhältnisses des Orchesters zum Museum, besseren Schutzes gegen Concurrenz, Erhöhung der Einzelpreise der Logen und Sperrsitze etc. angestanden.

Der Senat wies am 12. Februar 1861 das Ansinnen auf Ersatz einer angeblich erlittenen Einbusse der Actiengesellschaft von fl. 18,196 ans Staatsmitteln sofort zurück; ebenso die Erhöhung der Subvention auf fl. 16,000 und die sonstigen Abänderungen des Vertrags; dagegen erklärte er sich bereit, der Actiengesellschaft, wenn sie sich auf 6 Jahre neu constituirt und ein dem ursprünglichen mindestens nahekommendes Gesellschaftsvermögen nachgewiesen habe, auf die Zeit von 6 Jahren die Concession zu erneuern und die bisherige Subvention jährlich auf fl. 10,000 zu erhöhen, dabei fl. 3000 an die Pensionsanstalt auf das Aerar zu übernehmen und die §§ 15 und 16 des Vertrags (Logenpreise und Gas) abzuändern.

In Folge dessen erklärten sich sofort eine Anzahl Actionäre zur Deckung eines weiteren Actiencapitals von fl. 24,000 bereit, mit dem Recht für die übrigen Actionäre durch Zuschuss zu ihren Action sich hieran zu betheiligen, und damit formell aus den alten Statuten keine Bedenken für die Verpflichtung der letztern zu einem Zuschusse entständen, eine neue Actiengesellschaft zu bilden. Der Senat fand diese Garantie genügend, conferirte nach seinem Beschlusse vom 12. Februar 1861 mit dem Bürgercolleg, und da dieses am 26. März zustimmte, mit der gesetzgebenden Versammlung durch Vortrag vom 30. März 1861. Auch letztere trat nach langer Discussion am 26. April 1861 dem Senate bei. Die Discussion berührte hauptsächlich die Frage über die Fortdauer des Monopols des Theaters, Erweiterung der Pensionsberechtigung auf den Theaterchor, Beschränkung der Subvention auf den Fall eines jeweiligen Deficits bis zu fl. 10,000, brachte aber keine neuen oder anderen Gesichtspunkte, als die bereits 1857 erwähnten, zu Tage.

Nachdem sich die Actiengesellschaft am 26. September 1861 als „Neue Theater-Actiengesellschaft" mit 160 Actien zu fl. 150 (in Händen von 82 Actionären), zusammen fl. 24,000 Capital constituirt und die Herren Dr. v. Guaita, G. Reuhl und S. Kohn-Speyer als engeren Ausschuss erwählt hatte, wurde mit denselben der neue Concessionsvertrag vom Polizei-Amt am 11. October 1861 abgeschlossen und am 15. October 1861 ebenso wie die neuen Statuten vom Senate genehmigt.

Die Statuten der neuen Frankfurter Theater-Actiengesellschaft bezeichnen als Zweck die Führung des Theaters für die Dauer von 6 Jahren unter der Voraussetzung, dass ihr von Seiten hiesiger Stadt die unentgeltliche Benutzung des Theaters sammt Inventar zugestanden, zugleich aber auch eine entsprechende jährliche Subvention bewilligt werde. Im Uebrigen war die Organisation und Verwaltungsnorm dieselbe, wie in dem revidirten Statut vom 20. October 1858.

---

[1]) Mittheilungen aus den Protokollen 22. Bd., S. 223, 303—306.

Mit der Uebergabe des Inventars und Hauses an die neue Gesellschaft wurde eine Anzahl unbrauchbarer Stücke ausgeschieden und verkauft. Ein Antrag aber, dass der Gasbeleuchtungsapparat neu hergestellt (für fl. 1355) und ein Decorationsschuppen im Elleschen Garten neu erbauet (für fl. 2600) werde, wurde nicht genehmigt. Bei der Verhandlung des letztern in der gesetzgebenden Versammlung[1]) am 26. September 1862 wurde zugleich ein A n t r a g (Herr Dr. Verrantrapp) angenommen, den Senat zu ersuchen, „die einleitenden Schritte zum Neubau eines den jetzigen Forderungen entsprechenden Theaters zu treffen, und darüber Vorlage zu machen." Derselbe Antrag wurde am 28. December 1864[1]) in der gesetzgebenden Versammlung von einem Mitgliede (Herrn Schiele) erneuert und obwohl mehrfach die Ansicht, es sei besser, eine Privatgesellschaft befasse sich unter staatlicher Beihülfe mit diesem Unternehmen, geltend gemacht wurde, für zulässig erklärt und dem Senate mitgetheilt. Die Sache wurde auch im Jahr 1865 vom Bauamt in vorbereitende Verhandlung genommen.

XXVI. Fortsetzung der Concession durch die Actiengesellschaft. (9. Concessionsvertrag.) 1867—1872.

Wir nahen uns jetzt dem letzten Abschnitte der äusseren Geschichte des hiesigen Theaters, der Erneuerung der mit dem 1. November 1867 abgelaufenen Concession. Eine Erneuerung des Vertrags auf der Grundlage von 1861 schien keinen Bedenken zu unterliegen; Schwierigkeiten drohten nur in Folge der veränderten politischen Stellung der Stadt. Hatten sich schon 1864 und 1865 verschiedene Bewerber um eine Concession zu einem zweiten Theater gemeldet, so traten für das Stadttheater jetzt als Bewerber neben der Actiengesellschaft verschiedene auswärtige Theaterdirectoren, einige sogar unter Verzicht auf jede Subvention, auf und suchten zugleich die Unterstützung der zur Mitwirkung hinsichtlich der Concessionirung zur Theaterführung überhaupt, wenngleich nicht des Vertragsabschlusses selbst, berufenen neuen Staatsbehörden nach. Allein glücklicher Weise war man auch von dieser Seite bald überzeugt, dass es zur Sicherung der Vortheile, welche die Leitung eines Kunstinstituts, wie die des Stadttheaters, durch eine mit ausreichenden Mitteln ausgestattete Actiengesellschaft bietet, wünschenswerth sei, mit der bestehenden Actiengesellschaft über Fortführung des Theaters in Benehmen zu treten, wobei freilich neben demselben die Zulassung eines Vaudevilletheaters zu berücksichtigen sein werde.

Die Actionäre hatten am 11. December 1866 sich bereit erklärt, ihre Actienbeträge wie bisher zu belassen, für den Fall, dass der engere Ausschuss eine Verlängerung des Vertrags zu annehmbaren Bedingungen erlangen könne. Dieser letztere stellte daher in diesem Sinne seine Anträge, unter Nachweis, dass er seit 1841 die Summe von fl. 43,811 in das Inventar verwendet, und da er nur fl. 3000 (1862—63) Ueberschuss erzielt, nicht wohl ohne Deficit die Subvention entbehren könne; er bat daher um Prolongation des bisherigen Vertrags, zu dem er einige Abänderungen vorschlug,

---

[1]) Mittheilungen aus den Protokollen 23. Bd., S. 308, 351—354, ferner 26. Bd., S. 89.

zugleich aber mit Beschaffung eines angemessenen Aufbewahrungsraums für Decorationen und Inventar und eines Malersaals, war auch mit einer Einschränkung des Monopols einer Bühne für Vaudeville, Posse, Lustspiel und Operette gegenüber einverstanden. Der Senat und ebenso die ständige Bürgerrepräsentation (letztere zugleich in ihrer interimistischen Eigenschaft als gesetzgebende Versammlung) waren darin einverstanden, dass der Actiengesellschaft das Theater nebst Decorationen und Inventar unentgeltlich und mit einer Subvention von fl. 10,000 überlassen werden, der **städtische Beitrag zur Pensionskasse wegfallen**, das Privileg in obiger Weise beschränkt und zugleich ein Schuppen im Kostenanschlag von fl. 2300 für die Decorationen (im Groote'schen Hofe) erbauet werden solle. Das Bürgercolleg hatte sich jedoch gegen die vom engern Ausschusse beantragten Erhöhungen der Eingangspreise und für die Fortdauer der Bestimmungen wegen Theilnahme der Orchestermitglieder an den Museumsconcerten ausgesprochen. Es wurde demgemäss ein neuer Vertrag von den städtischen Behörden verabredet und endlich nach mehrfachen Verhandlungen, welche hauptsächlich die Frage der Concessionirung der Actiengesellschaft zum Theaterbetriebe überhaupt, sowie einige Abänderungen hinsichtlich der Zulassung anderer theatralischer Darstellungen, wie auch hinsichtlich der Museumsconcerte betrafen, am 6. Juli 1869 von Stadtkämmerei und Polizeiamt einerseits und dem engern Ausschusse (Dr. v. Guaita, Gg. Seufferheld und Sigismund Kohn-Speyer) unterzeichnet und am 11. Juli 1867 vom Civilcommissariate bestätigt. Dieser Vertrag gewährt die Benutzung des Theaters bis zum 31. October 1873. Die Gesellschaft (§ 2) leistet fl. 10,000 Caution, wie früher; ihr wird (§ 3) ausser dem Hause und dem Inventar, dessen Revision unter Ausscheidung der Defecten und Unbrauchbaren geschehen soll, der Decorationsschuppen und ein Malersaal zugesichert. Das Inventar ist mindestens im dermaligen Werth zu erhalten und dies durch Verzeichnisse der neuen Zugänge, der Abänderungen und unbrauchbaren Objecte nachzuweisen, wogegen die Gesellschaft fl. 10,000 Beitrag in halbjährigen Raten erhält. Die §§ 4 und 5—7 enthalten die Vorschriften über die Führung des Theaters in einer der Ehre der Stadt entsprechenden Weise und den Bestand des darstellenden Personals und Orchesters und dessen Ersatz. Der § 8 wiederholt die frühere Verpflichtung hinsichtlich der Mitgliederbeiträge zur Pensionskasse. Der § 9 bespricht das Repertoir; dem allgemeinen Almosenkasten werden jährlich statt der Vorstellung für die Armen fl. 235 vergütet. Der § 10 und § 11 belässt es bei den 4 Spieltagen in der Woche, gestattet die Abonnementaufhebung bei Gastspielen und an den 3 Messsonntagen, sichert dem Museum zu, dass an den Freitagen seiner Aufführungen keine Oper gegeben wird, welche die Orchestermitglieder von der Mitwirkung in den Museumsconcerten abhielte. Geschlossen soll das Haus (§ 12) am ersten Oster-, Pfingst- und Christfeiertag, am Charfreitag und Buss- und Bettag sein. Die Gesellschaft darf das Haus nicht schliessen und nicht (§ 13) an Andre, ausser zu einzelnen Vorstellungen überlassen. Das bisherige ausschliessliche Privileg (§ 14) wird insofern beschränkt, als 1) die Errichtung eines zweiten Theaters für Vandeville, Posse, Operette, Lustspiel; 2) ein ständiger Reitercircus; 3) während der Messen fremden Künstlern solche Darstellungen, welche als eigentlich theatralische nicht anzusehen sind, zugelassen werden; auch 4) der Polizeibehörde unbenommen ist, in geeigneten Fällen theatralische Vorstellungen in Wirths-, Kaffeehäusern und Gärten ohne bühnenmässigen Apparat, Decorationen und Costüme zu gestatten. Die Preise (§ 15) werden bestimmt für nummerirte Sitze in der Fremdenloge ersten Rangs fl. 1. 45 kr.—fl. 2: im zweiten Range fl. 1. 24 kr.—fl. 1. 30 kr.; Logen, Parterre und erster Rang fl. 1. 24 kr.; zweiter Rang fl. 1—fl. 1. 21 kr.; Sperrsitze fl. 1. 24 kr. —fl. 1. 30 kr.; Parterre 48 kr. Gallerie 24 kr. Abonnement für viersitzige Logen, Parterre und ersten Rang fl. 1200; Sperrsitz fl. 300; Parterre fl. 150; Logen zweiten Ranges fl. 700, mit Ausnahme der Proscceniumslogen zu fl. 1000 und je 5 Mittellogen fl. 900. Bei aufgehobenem Abonnement bleibt die Preisbestimmung überlassen. Die Sperrsitze können um 2 Reihen vermehrt werden, wenn ebensoviel Sitzplätze im Parterre ergänzt werden; dem Polizei-Präsidenten und Stadt-Commandanten ist je eine zweisitzige Loge, dem Polizei-Inspector ein bestimmter Eckspersitz zur Verfügung zu stellen. Die §§ 16 und 17 betreffen die regelmässige Instandhaltung des Hauses und dessen Rückgabe bei Ablauf der Concession.

Auf Grund dieses Ve. age wird das Theater dermalen noch fortgeführt; Störungen oder Veränderungen sind nicht eingetreten. Die Theaterleitung verlor im Januar 1868 ihren seit Ende 1858 im Amt gestandenen thätigen Vorsitzenden, Herr Dr. C. v. Gusita. An seine Stelle trat Herr S. Kohn-Speyer, mit welchem die Herren G. Seufferheld und L. Brentano den engeren Ausschuss bilden.

Das Haus erhielt im Jahre 1870 an Stelle der vor den Thüren seit 1855 angebrachten Wetterdächer ein fortlaufendes Vordach auf eisernen Säulen mit Glasbedeckung, um das Publikum beim Aus- und Eingange vor den Unbilden der Witterung zu schützen, — eine Einrichtung, die früher schon mehrfach beantragt, nie Billigung der Behörden gefunden hatte.

Hatte schon der § 14 des laufenden Vertrags die Concurrenz eines Vaudevilletheaters in Aussicht gestellt, so blieb diese nicht lange aus, indem sofort ein Bewerber für ein solches auftrat. Im Jahre 1868 wurde das neue Thaliatheater am Mozartplatze für Vaudeville und Posse eröffnet, das anfänglich vom Publikum begünstigt, sich doch nicht lebenskräftig bewies und bereits im Herbste 1871 wieder geschlossen wurde. Auf Grund des § 32 der Gewerbeordnung des Norddeutschen Bundes vom 21. Juni 1869, wonach die Concession zu Schauspielunternehmungen nicht versagt werden kann, wenn nicht Thatsachen vorliegen, welche die Unzuverlässigkeit des Unternehmers in Bezug auf den beabsichtigten Gewerbebetrieb darthun, haben auch Andere als Theaterunternehmer für Vaudevilletheater, Sommertheater, Singhallen, Spielhallen in hiesiger Stadt bisher ihr Glück versucht und betreiben diese Unternehmungen mit mehr oder minderem Erfolge. Dessenungeachtet hat die Theilnahme am Besuche des Stadttheaters nicht abgenommen, sondern sie ist eine so lebhafte und rege, dass das Haus für die Nachfrage nach Plätzen nicht ausreicht und bei der rapiden Zunahme der Bevölkerung und der jetzt vorherrschenden, durch Wohlstand und Bildung der Einwohnerschaft genährten Vorliebe für das Theatervergnügen den Wünschen nicht mehr genügen kann. Um so rascher fand daher der schon seit 1862 und erneuert 1865 verfolgte Gedanke, ein neues, allen Bedürfnissen entsprechendes Theatergebäude zu erbauen, thatkräftige Unterstützung, als er Ende 1869 wieder angeregt und erörtert wurde. Möge diesen Erörterungen ein günstiger Erfolg nicht fehlen; möge aber auch dem alten Hause, das wir in seiner Geschichte durch ein Jahrhundert begleitet haben, noch ferner vergönnt sein, in seinen zwar bescheidenen, aber doch so manche Vorzüge und Annehmlichkeiten bietenden Räumen, die eine lange Gewohnheit der lebenden Generation vertraut und heimisch gemacht hat, ein theilnehmendes Publikum zum Kunstgenusse zu vereinigen!

Neunter Abschnitt.

Pensions-Anstalten.

XXVII. Die Theater-Pensions-Anstalt. 1807—72. Wittwen- und Waisen-Pensionsfonds der Orchestermitglieder. 1854.

Mit vorstehendem Abschnitte schliesst sich die äussere Geschichte unserer Bühne. Allein es scheint uns doch nothwendig, hier nicht abzubrechen, ohne etwas genauer einer Anstalt zu gedenken, welche vielfach seit 1792 in der obigen Darstellung erwähnt wurde und deren Schicksal einerseits sich enge an dasjenige der Bühne selbst anknüpft, andererseits auch auf das Letztere nicht ohne bedeutenden Einfluss war, — es ist dies die Theater-Pensions-Anstalt.

Bekanntlich war von Anfang an den Theater-Concessionsverträgen die oben mehrfach verhandelte Klausel beigefügt, dass die Theaterpächter dafür einzustehen hätten, dass ihr gesammtes Personal der Stadt und den Stiftungen nicht zur Last falle. Nahe lag daher der Gedanke zur Sicherung dieser Haftpflicht einen besondern Fonds anzusammeln, der den wegen Krankheit oder Alter nicht mehr brauchbaren und von der Bühne ausscheidenden Künstlern eine Unterstützung gewähren und damit diese selbst zum Ausharren bei der hiesigen Bühne veranlassen solle. Diesen Gedanken hatten die Actionäre bereits bei ihrem Gesuche um Erneuerung des Pachtvertrags im Jahre 1802 (Siehe oben Cap. IX.) ausgesprochen und denselben zur Unterstützung ihres Antrags auf eine länger als zehnjährige Dauer der Concession benutzt; nur eine längere Zeit ermögliche es ihnen einen Pensionsfonds zu begründen. Im Laufe dieser Concessionsperiode kam am 15. Juli 1807 auch wirklich eine Pensions- und Wittwenkasse zu Stande und eine fürstlich primatische Verordnung vom 16. Juli 1808 gestattete derselben, Gelder auf hiesige gerichtliche Insätze anzulegen, — eine Vergünstigung, die ihr Corporationsrechte verlieh und auch durch das allgemeine Gesetz vom 8. Juli 1817, III. C. 4, bestätigt und in neuer Fassung als Anlage 8 des allgemeinen Gesetzes vom 23. December 1807 publicirt, noch in Kraft bestehet. Durch eine andere Verordnung vom 19. Juli 1808 wurden zugleich die Theater-Pensionsgelder von Arresten eximirt; diese Bestimmung ward durch das allgemeine Gesetz vom

8. Juli 1817 beibehalten, jedoch durch § 5 des allgemeinen Gesetzes vom 30. December 1819 zwar aufgehoben, aber durch den daselbe Vorrecht gewährenden Artikel 57 zu 11 der provisorischen Prozessordnung ersetzt. Von nun erscheint diese Theaterwittwen- und Pensionskasse in den Verträgen, anfänglich nur als eine neben der Actiengesellschaft wirkende, von ihr subventionirte Anstalt, später als eine mit dem Theaterinstitut eng verknüpfte Institution, ohne welche das Erstere nicht gedacht werden konnte. Während in den ersten Verträgen die oben erwähnte Haftpflicht für die Schauspieler und ihre Familie ausgesprochen wurde, so gedenkt der Vertrag von 1810 dieser Pflicht nur insoweit der Pensionsfonds nicht ausreiche und bedingt unter allen Umständen die Zahlung einer weiteren Vierteljahrsgage an die unbrauchbar gewordenen Schauspieler oder deren Wittwen.

Der Pensionsfonds wurde von Anfang an durch Beiträge oder Gagenabzüge des Personals, aber auch durch reichliche Beiträge der Theateractionäre und Zuwendungen von den Benefizvorstellungen der Schauspieler und endlich durch besondere Vorstellungen, deren Erträgniss ihm zufiel, gebildet. Hassel (in der oft citirten Schrift S. 2) berechnet gegen fl. 10,000, die ihm durch das Wohlwollen der Actionäre in den ersten 20 Jahren seines Bestehens zu Theil geworden. Allein die Ansprüche an die Anstalt standen in keinem Verhältniss zu ihren Einnahmequellen. Pensionsfonds und Wittwenkasse konnte sie nicht zugleich sein; sie konnte nicht Beides ohne Rücksicht auf die Fortdauer des Verbands mit dem hiesigen Theater sein; sie konnte nicht ohne enge Verbindung mit der letzteren Verwaltung lebenskräftig bleiben.

Den 11. November 1829 ward daher eine erste Revision der Statuten auf Grund eines Vertrags mit der Actiengesellschaft vom 1. September 1829 vorgenommen und die Anstalt hierdurch lediglich zu Gunsten des bei dem hiesigen Theater engagirten Personals neu errichtet, und die alte in diese neue aufgenommen und umgewandelt. Nach diesen Statuten hatte sie (§ 1) den Zweck, den bei dem hiesigen Theater angestellten Künstlern, welche durch Alter oder Krankheit oder deren Folgen unbrauchbar geworden sind, nach Maassgabe ihrer genossenen Besoldung und der Länge der geleisteten Dienste eine angemessene Unterstützung zu verschaffen. Sie ist mit dem hiesigen Theaterinstitut verbunden, hat jedoch eine getrennte Verwaltung und Fonds (§ 2). Sie ist auf bei dem hiesigen Theater angestellte und invalid gewordene Künstler, (nicht deren Familienglieder) beschränkt (§§ 3, 4). Ihr Capitalfonds ist hierzu unangreifbar (§ 5). Ihre Einnahmequellen sind (§ 6): Zuwendungen der Actionäre statt Antheils am Gewinne des Instituts, jedoch nur freiwillige; Geschenke und Vermächtnisse; Ertrag von dazu bestimmten Benefizvorstellungen; Strafgelder; Gagenabzüge als Mitgliederbeiträge; 5% von allen, eine Einnahme über fl. 200 gewährenden, Benefizen der Mitglieder; 1% der Pensionen selbst. Die Gagenbeiträge belaufen sich (§ 9) auf einen Kreuzer von jedem Gulden der alle 14 Tage zahlbaren Gage. Mitglied wird jedes Mitglied der Oper, des Schauspiels und Orchesters (§ 11), mit Ausschluss der Choristen, Handwerker und Theatergehülfen, auf die Dauer des Contracts (§ 12). Der Anspruch auf Pension ist durch (§ 13) die von Alter oder Krankheit und deren Folgen bedingte Unbrauchbarkeit erwachsen, die im Krankheitsfall durch Zeugniss dreier Aerzte, deren einer der Theaterarzt, der zweite vom Ausschuss, der dritte vom Ansuchenden ernannt ist, bezeugt werden muss. Ein Alter von 65 Jahren bei 30jährigem Dienste gibt den Männern, ein solches von 60 mit 30 Dienstjahren den Frauen einen Anspruch. Letzterer geht (§ 14) verloren durch Entlassung auf eigenes Begehren oder Kündigung Seitens der Direction, muthwillige und verschuldete Versetzung in den

Stand der Untauglichkeit, entehrende Verbrechen, den Stand des Künstlers entehrende Vergehen oder Dienstvernachlässigung, z. B. Contractbruch, Entweichen, über welche letzteren und den zweiten Grund der Ausschuss und die Oberdirection entscheiden. Die Höhe der Pension bestimmt sich (§ 15) in der Art, dass die gesammten seit Eintritt bezogenen jährlichen Gagen zusammengezogen und durch die Zahl der Dienstjahre getheilt die in Ansatz kommende Jahresgage ergeben. Diese soll jedoch nicht (§ 16) unter fl. 300 und nicht über fl. 1000 betragen; sie wird festgesetzt (§ 17) in den ersten zehn Dienstjahren auf fl. 300, in dem 10.—15. Dienstjahre auf die Hälfte der ermittelten Jahresdurchschnittsgage, jedoch nicht unter fl. 300 und nicht über fl. 600; vom 15.—25. Jahre auf ⅔ der Gage, jedoch nicht über fl. 900, und nach dem 25. Jahre fl. 1000, wenn ⅔ der berechneten Gage über fl. 900 betragen, sonst nur fl. 900. Ueberschüsse in der Jahresrechnung der Anstalt werden an die Pensionisten, jedoch nicht über ½ bez. ⅔ der betreffenden Gage vertheilt. Die Verwaltung (§ 19) besorgt ein Ausschuss von 5 vom Theater- und Orchester-Personal gewählten Mitgliedern unter Hinzutritt eines Mitglieds der Actiengesellschaft als Dirigenten mit berathender Stimme, der nicht in der Oberdirection des Theaters sitzt; die Mitglieder werden auf zwei Jahre von der Generalversammlung der Theilhaber aus dem activen Personal gewählt (§§ 20—23). Der Ausschuss entscheidet über die Pensionsberechtigung und Verwaltung, vorbehaltlich der Berufung an die Oberdirection, welche endgültige Beschlüsse zu fassen und die Gesamutoberaufsicht zu führen hat (§§ 24—30). Bei Aufhören eines stehenden Theaters werden die Fonds zur Tilgung aller Ansprüche und, nachdem diese erfolgt, bis zu Wiedereintritt einer neuen stehenden Bühne lediglich zur Vermehrung des Capitals verwendet (§ 31). Abänderungen dieser Statuten können nur mit ⅔ Majorität aller Contribuenten und Zustimmung der Generalversammlung der Theateractionäre erfolgen (§ 32). Den Theilhabern der früheren Anstalt wurden (§ 33) ihre Rechte auf Theilnahme auch während des auswärtigen Engagements bei Fortzahlung der Beiträge und Bezug einer Pension von fl. 300 in den ersten zehn Jahren, von ⅓ in den nächsten 5 und von ⅙ der letzten hiesigen Gage nach 15 Jahren der Betheiligung an der Anstalt reservirt.

Bei Uebergang des Theaters an die Unternehmer wurde in dem § 9 zu 1—6 des Concessionsvertrags vom 16. December 1841 das Verhältniss zur Pensionsanstalt, wie oben bemerkt (Cap. X) gesichert. Die bisher von einem Mitgliede der Actiengesellschaft geübte Controle und Leitung der Anstalt ging auf das Rechneiamt, später einen Beamten desselben über. Ein Antrag auf Betheiligung der Choristen an der Anstalt wurde vom Senate am 5. October und 28. December 1841, als der freien Vereinbarung anheimfallend, abgelehnt; den Theaterunternehmern aber die Verwendung unbrauchbar gewordener Choristen zu andern Theaterdiensten thunlichst empfohlen.

Das Vermögen der Anstalt belief sich 1840 nach der Schlussbilanz auf fl. 45,920. 27 kr.; der Pensionsconto auf fl. 6026. 22 kr.; die Verwaltungskosten auf fl. 160. 26 kr.; die Jahreseinnahme an Gageubeiträgen auf fl. 1279. 21 kr.; an Benefizen fl. 2574. 51 kr.; Gastrollenbeiträgen fl. 403. 57 kr.; Strafen fl. 101. 49 kr.; Geschenke fl. 25 und Zinsen etc. fl. 1840. 42 kr.

Die oben geschilderten Verhandlungen der Jahre 1854 und 1855 betrafen als einen Hauptgegenstand auch die Subventionirung der Pensionsanstalt und die Aufgabe, sie wieder zu kräftigen und vor Beeinträchtigungen durch die Direction zu bewahren, welche letztere die Einbussen, die sie zur Deckung des Deficits der Anstalt nach § 9 des Vertrags vom 16. December 1841 zu tragen hatte, schmerzlich empfand und zu mildern suchte. Zwar hatte Theaterdirector Hoffmann einen Versuch gemacht, die Einnahmen der Anstalt ohne eigene Mehrleistung dadurch zu erhöhen, dass er von den musikalischen Vereinen, Concertgebern u. s. w., welche das Orchester und die Sänger und Schauspieler zu ihren Aufführungen als Mitwirkende bedurften, gewisse Honorare zu Gunsten der Pensionsanstalt forderte; allein er musste diesen Versuch bald, gegenüber dem sich gegen ihn erhebenden Sturm des allgemeinen Unwillens, aufgeben; nur fl. 100 waren auf diese Weise eingegangen. Um so lebhafter drang die Direction bei den Subventionsverhandlungen auf andere Regelung ihres Verhältnisses zur Pensionsanstalt. Durch den Senatsbeschluss vom 28. März 1854 ward auch wirklich der Director von Zuschusszahlungen zu dem Pensionsfonds befreit und dem letzteren für die Jahre 1854—1858 ein städtischer Jahresbeitrag von fl. 3000 bewilligt, aber die Bedingung beigefügt, dass die Mitglieder ihre Beiträge auf 5% der Gagen oder 3 kr. vom Gulden zu erhöhen hätten.

Eine Folge hiervon war eine Revision des Statuts vom 11. November 1829. Diese erfolgte unter Mitwirkung des damaligen Herrn Senatscommissärs zu dem Theater, in einer Generalversammlung vom 1. März 1854, nachdem schon 1853 lange und unerquickliche Verhandlungen hierüber, namentlich wegen günstigerer Stellung der sogenannten jüngeren Mitglieder, die ihre Rechte durch einen besonderen Ausschuss hatten vertreten lassen, stattgefunden hatten. Diese neuen Statuten blieben in der Zweckbestimmung der Anstalt den früheren Bestimmungen gleich (§§ 1—4), bezeichneten (§ 5) als E i n n a h m e n die mit ausdrücklicher Bestimmung zur Zahlung von Jahrespensionen eingehenden Geschenke, die Capitalzinsen, die vom Aerar nach Belieben der Behörden geleisteten Zuschüsse, die Disciplinarstrafgelder mit Ausnahme der als Entschädigung der Direction dienenden Conventionalstrafen, die Gagenbeiträge. Ein Reservefond (§ 6) sollte gebildet werden aus etwaigen Ueberschüssen, 2½% der Pensionen, 5% der Einnahmen von allen Benefizvorstellungen, deren Einnahme dem Benefizianten zufällt, Extrazuwendungen der Direction. Der Capitalfond wird vermehrt durch den Ueberschuss des Reservefonds über fl. 1000 jährlich und besondere Zuwendungen. Der G a g e n b e i t r a g (§§ 1—9) ward auf 5%, jedoch bei Gagen über fl. 2000 im höchsten Satze auf fl. 100 festgesetzt. Berechtigt wurden neben allen auf Jahrescontract engagirten Schauspielern, Sängern, Schauspielerinnen und Sängerinnen und Musikern die Regisseure (nach Beschluss vom 14. September 1860 auch Souffleure), Theatermaler, Obermaschinist und Directoren, letztere wenn sie wollen und nur bis zu fl. 100 Beitrag. Mitglieder können ihre Anwartschaft auf Pension conserviren, wenn sie (§ 13) nach zehnjähriger Dienstzeit in Folge einer Kündigung das Theater verlassen. A u s p r u c h a u f P e n s i o n (§ 14) gibt ein Alter von 65 Jahren bei Männern, von 60 bei Frauen nach 30 Dienstjahren; sodann Krankheit und Alterschwäche. Sänger und Sängerinnen haben sich bei am hiesigen Theater eintretendem Verluste ihrer Stimmen im Schauspiel verwenden zu lassen; Orchestermitglieder ebenso bei eintretender Unfähigkeit für ihr Instrument bei einem andern, mit Ausnahme der Trommel, des Triangels und der Becken, in beiden Fällen nach Ermessen der Direction. In Krankheitsfällen wird der Anspruch durch das Zeugniss dreier Aerzte ermittelt, von denen die Anstalt einen, der Nachsuchende den zweiten und diese den Obmann wählen. Gegen deren Ausspruch kann endgültig an das Physicat appellirt werden. Temporäre Pensionirungen (§ 15) können stattfinden. V e r l u s t i g d e r A n w a r t s c h a f t w i r d (§ 16), wer seine Entlassung vor zehnjähriger Dienstzeit erhält oder begehrt, oder solche nach zehnjähriger Dienstzeit selbst begehrt; auswärtige Mitglieder, welche seit ihrem Abgange vom hiesigen Theater sich nicht mehr dem Theater oder musikalischen Fache widmen, oder drei halbe Jahre mit dem Beitrag im Rückstand sind, ausserdem wer gegen seine contractlichen Pflichten handelt oder solche durch Contractbruch, Entfernung oder Engagement bei einer anderen Bühne vor Contractsablauf nicht erfüllt. Die Pension (§ 19) beträgt nach dem sechsten und vor dem zehnten Dienstjahre den 4. Theil der nach den Dienstjahren ermittelten Durchschnittsgage, jedoch nicht über fl. 400 jährlich, nach dem zehnten und vor dem achtzehnten Dienstjahre ⅓, jedoch nicht über fl. 600; nach dem achtzehnten Jahre ½, jedoch nicht über fl. 800, endlich nach fünfundzwanzig Jahren bei Gagen unter fl. 400 mindestens fl. 200, bei solchen von fl. 400—499 mindestens fl. 300 und bei fl. 500 und mehr fl. 350. Die Verwaltung führt ein Ausschuss von 5 Mitgliedern, von denen vier aus und von den Theilhabern, Einer aus Nichtbetheiligten von der durch den Senat berufenen Oberaufsichtsbehörde, welche auch den Vorsitzenden bestellt, ernannt werden. Der Ausschuss entscheidet auch über die Pensionsrechte vorbehaltlich des Regresses an die städtische Oberaufsichtsbehörde. Im Uebrigen blieben die Statuten, Redactionsänderungen ausgenommen, die früheren, indem sie noch die Rechte älterer Mitglieder auf fl. 900 vor und fl. 1000 nach dem fünfundzwanzigten Dienstjahre wahrten.

Der Senat bestätigte die neuen Statuten durch Beschluss vom 14. März 1854 unter der Bedingung, dass ihm vorbehalten bleibe, die in diesen Statuten dem Theaterinstitute oder dessen Direction auferlegten Verpflichtungen jederzeit zu ändern, oder aufzuheben, wie nicht minder die Verbindung mit dem Theaterinstitute zu lösen und damit die Mitglieder des Letzteren von dem zwangsweisen Beitritt zur Pensionsanstalt zu entbinden, ferner demgemäss die Statuten zu ändern, falls diese Veränderungen nicht von der Anstalt selbst ins Leben gerufen würden.

Diese Statuten und der jährliche Subventionsbeitrag der Stadt stellten das finanzielle Gleichgewicht in Einnahme und Ausgabe der Anstalt nicht allein wieder her, sondern bewirkten eine so günstige Vermehrung des Capitalfonds, dass bei Erneuerung des Theatervertrags 1867 von der Fortbezahlung jenes städtischen Beitrags abgesehen werden konnte. Das Capital erhöhte sich bis zum 30. April 1870 auf fl. 107,559. 45 kr. Der vortheilhafte Capitalstand regte begreiflicher Weise bei den Theilhabern der Anstalt den Wunsch an, in ihren Beiträgen erleichtert und in den Pensionen aufgebessert zu werden. Es blieben daher im Herbst 1869, sowie März 1870 und erneuert im Februar 1871 Anträge, welche diese Wünsche brachten, nicht aus. Sie bezweckten im Wesentlichen Befreiung der Pensionisten von dem Beitrag von 2½% zum Reservefonds, Erhaltung der Anwartschaft auf die bereits erdiente Pension für die freiwillig vom Theater abgehenden Mitglieder, Abänderung der zehn- in eine achtjährige Dienstzeit für die Begründung des Anspruchs, Erhöhung des Minimums der Pension auf fl. 100 und Maximums auf fl. 900, Zulassung temporärer Pensionirung auswärtiger Mitglieder. Diese Vorschläge konnten nicht ohne Bedenken von den städtischen Behörden betrachtet werden und riefen auch Reclamationen der bereits im Pensionsstand befindlichen wegen Sicherung ihrer Pensionen besorgten Mitglieder hervor. Die Verhandlungen endigten mit Bestätigung und Annahme der in der Generalversammlung vom 28. October 1869 beschlossenen Abänderungen durch das Oberpräsidium, am 29. Juni 1871, und es traten die neuen Statuten mit dem 1. Juli 1871 ins Leben. Sie hoben den obigen Beitrag der Pensionisten auf (§ 5), gestatteten (§ 12) die Beibehaltung des Aurechts bei Kündigung nach 8 Jahren, erhöheten die (§§ 14—16) Pension auf ½ für das sechste bis zehnte Dienstjahr, jedoch nicht über fl. 500 und nicht unter fl. 200, vom zehnten bis achtzehnten auf ⅔, jedoch nicht über fl. 700 und nicht unter fl. 250 und vom achtzehnten Jahre an auf ⅔, jedoch nicht über fl. 900. Die Wahl des fünften Verwaltungsmitglieds und des Vorsitzenden des Ausschusses (§§ 21, 24, 26), sowie die Entscheidung in Berufungsfällen und die Controle und Rechnungsabnahme ward einer vom Magistrat bestellten Oberaufsichtsbehörde (dermalen die Stadtkämmerei) übertragen. Die bereits vor dieser Statutenänderung bewilligten Pensionen bleiben (§ 31) in ihrem bisherigen Stande bestehen; der Ausschuss der Anstalt hatte vor Genehmigung der letzteren Statuten anerkannt, dass er dem Magistrat das Recht einräume, die Lösung der Verbindung der Anstalt mit dem Theaterinstitut jederzeit und die daraus folgenden Statutenänderungen zu bewirken, falls die städtischen Behörden dies für angemessen erachten.

Für die Mitglieder des Theaterorchesters ward am 18. October 1854 eine Wittwen- und Waisen-Pensionskasse errichtet. Anlass dazu war ein Legat des Herrn Alexander Gontard von fl. 500 zu Gunsten einer Theaterorchester-Wittwen- und Waisenkasse, wenn eine solche existire oder demnächst gegründet werde. Ihr Capital soll nach dem durch Senatsbeschluss vom 31. October 1854 bestätigten Statut vom 18. October d. J. durch jenes Legat, Ertrag von Benefiz-Vorstellungen und Concerten, welche die Theaterdirection, ohne dazu eine Verbindlichkeit zu übernehmen, gestatten wird, durch das Honorar der Mitglieder für je einen Museumsabend im Winter, Ertrag von Concerten, Geschenke, etc. gebildet und vermehrt werden. Ihre Wirksamkeit (§ 2) beginnt erst, wenn das Capital fl. 10,000 erreicht hat, bis wohin die Einnahmen capitalisirt und in 3½% Frankfurter Obligationen angelegt und beim Rechneiamt deponirt werden. Jedes Orchestermitglied (§ 3) ist binnen der ersten 3 Monate nach Engagement zum Beitritt einzuladen und berechtigt. Abgehende können, wenn sie mindestens 6 Jahre beim Orchester hier waren, gegen einen Beitrag von fl. 8 jährlich Mitglieder bleiben, sie müssten denn dreimal mit der Zahlung in Rückstand kommen oder versäumen binnen 3 Monaten nach Abgang ihre Betheiligung zu wahren. Wenn das Capital (§ 4) fl. 10,000 erreicht hat, werden ¼ der Zinsen und Benefizeinnahmen unter die vorhandenen Wittwen und Waisen, letztere, so lange sie unter 18 Jahre alt sind, zusammen als ein Theil gezählt, vertheilt. Eine Verwaltung von 5 Mitgliedern, unter Oberaufsicht der mit dieser bei dem Theater beauftragten Behörde, führt die Geschäfte. Die Zahl der ersten Gründer und Theilhaber umfasste 35 Mitglieder des Orchesters, einschliesslich der Capellmeister und Musikdirectoren.

Zehnter Abschnitt.
Schluss.

XXVIII. Uebersicht der Verwaltungsmitglieder des hiesigen Theaters.

Mit den vorstehenden Mittheilungen schliesst der geschichtliche Ueberblick, den durch mehr oder minder detaillirte Darlegungen, je nach dem vorhandenen Actenmaterial, zu geben die Aufgabe dieser Blätter war. Die versuchte Schilderung konnte, unter Benutzung der Locallitteratur, nur hier und da auf die innere Geschichte der Bühne, die Art ihrer Leitung und deren artistischen Werth eingehen; sie durfte dies um so weniger versuchen, je seltener Material für diesen Zweck in den Acten oder in einer unparteiischen Zeitliteratur zu finden ist. Auch hat das Frankfurter Theater, wie E. Devrient [1]) wohl mit Recht sagt, von jeher unter den Stadttheatern eine besondere Aufmerksamkeit in Anspruch genommen, nicht weil seine Haltung im Ganzen von Bedeutung für die Kunst gewesen wäre, sondern weil stets einige Talente ihm angehörten, merkwürdig im Entwicklungsgange der Schauspielkunst, während im Uebrigen ein ununtergesetzter Wechsel im Personal nicht immer gedeihlichen Zuständen der Kunst zum Kennzeichen oder zum Förderungsmittel dienen konnte. Das Frankfurter Theater wurde jedoch durch seine Oberleitung und Verwaltung, wenn auch nicht über, doch stets im Geleise der Tagesforderungen gehalten. Dass dies nicht anders sein konnte, wenn man die Verhältnisse in Erwägung zieht, werden die vorstehenden Zeilen klarstellen. Es wird ersichtlich sein, welche Opfer an Zeit und Geld die Actionäre und ihr leitender Ausschuss der Bühnenleitung zu bringen hatten, welche Schwierigkeiten der gedeihlichen Fortführung des Theaters, seiner zweckmässigen Einrichtung und Erweiterung entgegenstanden und wie spät doch erst das städtische Aerar seinerseits für den Fortbestand einzutreten hatte und wie gering verhältnissmässig, will man die eingezahlten Beiträge des Aerars auf die Vergangenheit vertheilen, diese Subventionen im Ganzen bis jetzt waren. Möge man darum dankbar sein allen Denen, welche aus dem Kreise der Bürgerschaft sich der mühevollen, wenn schon verlockenden Theaterführung unterzogen haben; möge man zugleich in den Lehren der Vergangenheit einen Fingerzeig finden für den Rath, auch fernerhin die Garantie für eine den hiesigen Anforderungen entsprechende Bühnenleitung in deren Uebergabe an aufopferungsfähige Bürger zu suchen!

Hiervon ausgehend, lassen wir zum Schluss ein Verzeichniss der Mitglieder der Oberdirection und des Comités, sowie der Directionen des Theaters folgen, soweit sich deren Namen aus den Acten und seit 1822 aus den Staatskalendern ermitteln liessen.

[1]) Geschichte der deutschen Schauspielkunst, II. Bd., S. 144—146.

Verzeichniss der Mitglieder der Theateroberdirection, des Theatercomités, des Engeren Ausschusses der Theater-Actiengesellschaften und der Theaterdirectionen zu Frankfurt a. M. 1782—1872.

1782—91. I. Hofrath Joh. Aug. Tabor, Unternehmer.
II. Frankfurter Nationaltheater.
1792—1795. Theateroberdirection:
Abraham Chiron,
Joh. Jak. v. Stockum,
G. Chamot,
Simon Friedr. Kästner.
1796—1800. Dr. J. G. Grambs,
J. F. Küstuer,
J. D. Schmid,
Heinrich Schwendel,
P. Mossy,
Peter Bernard,
G. Guaita.
1800—1802. Dr. Grambs,
Moritz v. Bethmann,
Joh. Georg Heyder-Arledter,
Jos. Jak. Willemer.
1802—1803. Dr. Grambs,
Jac. Ph. Leerse, genannt Sarasin,
Phil. Christ. Zickwolff.
1804. Dr. J. Georg Grambs,
Frhr. v. Wiesenhütten.
J. J. Willemer,
G. Chamot.
1804—1820. Fehlen die Notizen.
1820—1823. Oberdirection:
Staatsrath Mor. v. Bethmann,
P. J. Leerse,
Fr. Wilmanns.
Erweitertes Comité:
Bernhard Andreä,
Georg Brentano-Laroche,

W. Mumm-Rübel,
Fr. Willemer,
Alex. Frhr. v. Vriuts-Berberich.
Direction:
Carl Guhr,
J. J. Ihlee,
K. Malss.

1824. Oberdirection:
P. J. Leerse,
Fr. Wilmanns.
Erweitertes Comité:
B. Andreä,
M. v. Bethmann,
G. Brentano,
W. Mumm-Rübel.

1825. Oberdirection:
P. J. Leerse.
Organisationscomité
für die Actienverbindung und Theaterleitung:
J. J. Bonn,
Brentano-Wals,
J. F. Brevillier.
J. N. du Fay,
G. L. Gontard.
Direction wie oben 1820 fl.
1826—1827. Dieselben.
1828. Oberdirectionscomité:
J. P. Leerse, Präses,
Ph. B. Andreä,
Phil. Kessler,
M. G. Seufferheld,
Fr. Wilmanns

1829—1831. Theater-Oberdirection:
  Bernh. Andreä,
  Phil. Kessler,
  Marqu. Georg Seufferheld.
1832—1833. Direction wie oben.
  Oberdirection:
  P. B. Andreä,
  Geh. Hofrath v. Nebell,
  J. M. Sarasin,
  Franz Grüner, Intendant.
1834. Dieselben, ohne J. M. Sarasin.
1835. Phil. B. Andreä,
  Franz Grüner, Intendant.
1836. J. P. Leerse,
  J. F. A. Fornboom-v. Goldner.
1837—1838. J. P. Leerse.
1839. Actionär-Comité:
  Joh. Müller-Buch,
  Gottl. Mumm-v. Scheibler,
  J. Peter Belli-Gontard.
1840—1842. J. P. Kessler,
  G. Mumm-v. Scheibler,
  J. Müller-Buch.
  Direction:
  Carl Guhr,
  Carl Malss,
  Leonhard Meck.
1843—1844. Prov. Theatercomité:
  F. Alex. Bernus,
  Gottl. Mumm-v. Scheibler,
  Dr. Ohlenschlager.
  Frankfurter Stadttheater.
1844—1848. Theaterdirection:
  C. Guhr,
  C. Malss,
  L. Meck.
1849—1851. L. Meck,
  Julius Mühling.
1852. Leonh. Meck,
  Joh. Hoffmann.

1853 bis Mai 1855 Joh. Hoffmann.
1855. Mai bis Aug. Interim. Leitendes Comité.
  Kapellmeister G. Schmidt,
  W. Dettmer,
  F. S. Hassel.
  Theater zu Frankfurt a. M.
1855 November bis 1856. Engerer Ausschuss
  der Theater-Actiengesellschaft:
  Senator Franz Joh. Alfred Bernus,
  Präsident,
  Carl Friedr. Wecker,
  Dr. jur. Carl Lambr. Sieger,
  Joh. Georg Heyder-v. St. George,
  K. Wilh. Wolfg. Speyer,
  Rod. Benedix, Intendant.
1857—1858. Dieselben mit Ausnahme von
  W. Speyer u. Georg Heyder,
  ersetzt durch
  Dr. C. v. Gnaita u. Fr. Pfeffel,
  R. Benedix, Intendant.
1859. Dr. C. v. Gnaita, Präsident,
  C. F. Wecker,
  Dr. C. W. Sieger,
  Fr. Pfeffel,
  Siegm. Kohn-Speyer.
1860—1861. Dr. C. v. Gnaita, Präsident,
  W. Speyer,
  Gg. Heinr. Reuhl.
1862—1863. Dr. C. v. Gnaita, Präsident,
  G. H. Reuhl,
  Siegm. Kohn-Speyer.
1864—1867. Dr. C. v. Gnaita, Präsident,
  Siegm. Kohn-Speyer,
  Joh. Georg Seufferheld.
  Frankfurter Stadttheater.
1868—1872. Siegm. Kohn-Speyer, Präsident,
  J. G. Seufferheld,
  Dr. L. Brentano.

Anhang.

I. Die Theaterzettel der Frankfurter Bühne.

Die Theaterzettel haben im Laufe der Zeit mancherlei Veränderungen in ihrer äusseren Form erhalten. Ursprünglich, namentlich in der Zeit vor Errichtung einer ständigen Bühne, konnten die Unternehmer nicht umhin, in grossen Plakaten, ähnlich wie noch die Kunstreiter und sonstige wandernde Schausteller unserer Tage, die Stücke anzukündigen, die sie geben wollten, und sie durch Erläuterungen, Beschreibungen, Selbstkritiken anlockend und Aufsehen erregend für das Publikum zu machen. Das Format der Zettel war gewöhnlich Grossquerfolio. Allmälig vereinfachte sich die Theateranzeige, und wenn auch Grossmann nach Beginn der Vorstellungen im neuen Comödienhause — so hiess offiziell das neuerbauete Schauspielhaus — in der Regel Querfolio-Anzeigen ausgab, so reducirte er doch bald, jedenfalls aber seine Nachfolger das Format in das jetzt noch übliche Folioblatt. Eine Zeit lang, namentlich in der Periode von 1810—1814, erschienen die Zettel auch in Quart. In den letztgedachten Jahren trugen sie die grossherzoglich Frankfurtische Stempelmarke von 1 kr. am rechten oberen Rande. Sie enthielten, wie die nachfolgenden beispielsweise abgedruckten Exemplare zeigen, die einleitende Ueberschrift: »Mit gnädigster Erlaubniss«, anfänglich, in den ersten Jahren des Tabor'schen Pachtes, 1782—1785 (unter Grossmann) mit dem Zusatze: »Eines HochEdlen und Hochweisen Magistrats der freyen Reichs- und Handelsstadt Frankfurt a. M.«, später bloss mit jener Aufschrift, die auch unter der primatischen und grossherzoglichen Regierung dieselbe blieb.[1]) Erst mit dem Jahre 1820 verwandelte sich diese Ueberschrift in die bis 1848 gebliebene Aufschrift: »Mit Hochobrigkeitlicher Erlaubniss.« Später nach 1848 blieb jeder derartige Eingang auf den Theaterzetteln weg. Die Zettel enthielten sodann, wie noch jetzt, Titel und Personen des Stücks; Zahl der Abonnementvorstellung, der Vorstellung im kleinen (16 Billets-) Abonnement, im Messabonnement, oder Angabe der Aufhebung des Abonnements *(Abonnement suspendu)*. In den ersten Jahren des Tabor'schen Pachtes (1782—1788) bis zur Uebernahme des Vertrags durch die Mainzer Intendantur stand auf dem Zettel die Verwarnung, dass Niemanden auf Rechnung des Entrepreneurs geborgt werden möge, eine Anzeige, die dem Pachtvertrage mit Hofrath Tabor entsprach. Dann folgte seit 1792 die Bemerkung, dass Niemand während der Probe oder Vorstellung auf die Bühne zugelassen werden könne; dass die einmal gelösten Billets nicht zurückgenommen würden; seit 1802 beziehungsweise 1812 — die häufig wiederholte Anzeige, dass diejenigen Personen, welche freien

---

[1]) Vgl. Börne, Ernsthafte Betrachtung über den Frankfurter Comödienzettel. 1818. (Werke Bd. II, S. 160).

Eingang geniessen, nicht früher als um 6 Uhr (Zeit des Beginns der Aufführung) eingelassen werden könnten oder bei aufgehobenem Abonnement, dass kein freier Eintritt gestattet sei; die Angabe der Preise und der Anfangszeit. Die Zeit des Endes der Stücke findet sich erst seit 1802 auf den Zetteln bemerkt. Nach 1820 wird bei gewöhnlichen Aufführungen um 8 Uhr der Eintritt in das Parquet (Parterre) zum halben Preise gestattet. Im Jahre 1824 war noch bemerkt, dass für Kinder in abonnirten und anderen Logen, wie auch im Parquet (Parterre) und auf der Gallerie die Hälfte bezahlt werde. Die Bekanntmachungen der nächsten Aufführungen am Schlusse des Theaterzettels kamen erst nach 1812 auf.

Nach dem Uebergange des Theaters in die Hände von Unternehmern (1842) wird die Bühne auf den Theateranzeigen am Kopfe derselben näher bezeichnet als: »Frankfurter Stadttheater«, eine Bezeichnung, die bei Beginn der zweiten Theater-Actiengesellschaft (1855) durch die Aufschrift: »Theater zu Frankfurt a. M.« ersetzt wurde. Seit 1868 ist, zum Unterschiede von den Privattheatern, wieder die Ueberschrift: »Frankfurter Stadttheater« an der Spitze der Anzeigen. — Die letzteren waren früher in deutschen Lettern gedruckt; seit 1855 erscheinen sie in lateinischen Lettern. In einer anderen, als der deutschen Sprache, waren die Anzeigen der Bühne, seit sie eine ständige geworden, auch während der französischen Occupationen von 1792 und 1796 nicht erschienen; jedoch hatten die Zettel vom August 1796 auch eine französische Uebersetzung auf einem Nebenbogen. Dagegen erschienen bei Aufführungen französischer Stücke durch französische Schauspieler, einmal auch englischer Lustspiele durch Engländer und italienischer Opern durch italienische Sänger, die Angaben der Rollen und ihrer Darsteller öfter in der betreffenden fremden Sprache. — Zur Characterisirung folgen nebenbei die Abdrücke mehrerer älterer Theaterzettel und zwar:

1. Ein Theaterzettel der Marchand'schen Gesellschaft vom 8. April 1771. (Bühne im Junghof.)
2. Theaterzettel der Grossmann'schen Gesellschaft vom 19. April 1784. (Bühne im städtischen Schauspielhause.)
3. Theaterzettel der Mainz-Frankfurter Nationalbühne vom 30. Juni 1787. Aufführung im städt. Schauspielhause; characteristisch in Bezug auf Unzelmann und dessen Gattin und das mit ihnen wirkende Personal. (Vgl. Keil, Briefe der Frau Rath Goethe. S. 267 ff.)
4. Theaterzettel derselben Gesellschaft unter Koch's (Eckhard) Leitung vom 22. October 1791 (im städt. Schauspielhause.)
5. Theaterzettel der ersten Aufführung der Actiengesellschaft in Frankfurt 24. Juni 1792 (in einer Bude auf dem Paradeplatz.)
6. Theaterzettel derselben ebenda bei der Krönung Franz II. vom 15. Juli 1792.
7. Ein solcher vom 13. September 1795 — Aufführung im Schauspielhause.
8. Ein solcher vom 11. September 1796 — ebenda (zur Kenntniss des damaligen von Goethe [26. Bd. d. W.] erwähnten Personals mitgetheilt).
9. Französischer Theaterzettel nach der Einnahme von 1796 den 7. August: La flûte enchantée — Zauberflöte.
10. Erste Aufführung zu Gunsten des Pensionsfonds betreffend.
11. 12. Zwei Zettel aus der Periode der 2. Actiengesellschaft vom 14. Juli 1804 u. 7. Aug. 1805 — zugleich diejenigen der ersten Aufführungen von Clavigo und der Braut von Messina.

13. Ein solcher über die Oper »Achilles« vom 22. Juni 1809 (Leissering's letztes Auftreten als Sänger).
14. Ein Theaterzettel vom 28. December 1824, erste Aufführung von Spohr's Faust, das damalige Opernpersonal bezeichnend.

An diese schliesst sich ein Verzeichniss der ersten Auflührungen der classischen und der damals sehr beliebten und am meisten gegebenen Stücke 1790—1812 alphabetisch geordnet, soweit solche aus den Sammlungen der Stadtbibliothek zu ermitteln waren.

1.
Theaterzettel der Marchand'schen Gesellschaft.

Mit gnädigster Erlaubniss
Eines Hochedlen und Hochweisen
Magistrats
der Freyen Reichs-, Wahl- und Handels-Stadt
Frankfurt am Mayn
Werden heute Montags den 8. April 1771.
die Chur-Pfalzischen Hof-Schauspieler
unter der Direction des Herrn Marchand
die Ehre haben ihren Schauplatz zu eröffnen
und auf demselben aufzuführen:
Eine Opera Bouffa
in drey Aufzügen
aus dem Französischen ins Deutsche übersetzt:
genannt
Le Déserteur
Oder
Der Deserteur.

Personen:
Alexis, ein Soldat . . . . . Herr Huck.
Johann Ludwig, ein Invalid . Herr Helmuth.
Die Base des Alexis . . . . Madem. Kellerin.
Louise, Tochter des Joh. Ludwig Mad. Brochard.
Hannchen, eine junge Bäuerin Mad. Marchand.
Himmelsturm, ein Dragoner . Herr Marchand.
Bertrand, Vetter des Alexis . Herr Pilotti.
Canchemin, ein Brigadier von
 der Maréchaussée . . . . Herr Schrotter.
Crick, ein Thurmhüter . . . Herr Grosse.
Eine Menge Volks und Soldaten.

Den Schluss macht ein recht lustiges
Pantomimisches Ballet
genannt:
Das Mayntzer Marckt-Schiff.

NB. Es diene zur Nachricht, dass die Billietten, welche gelöst werden, den nemlichen Tag abgegeben werden müssen, auf künfftige Täge sind sie ungültig.

Der Anfang ist mit Glockenschlag 6 Uhr.

Die Person zahlt auf den ersten Logen 1 Gulden, eine ganze Loge zu 8 Gulden, auf dem Amphitheater 12 Batzen, auf dem Parterre 10 Batzen, auf der Gallerie 20 Kreutzer und auf dem letzten Platz 12 Kreutzer.

Der Schauplatz im Junghof in dem gewöhnlichen Comödiensaal.

Wer vorhero Billets verlangt, beliebe solche bey dem Directeur im Junghof abhohlen zu lassen.

2.
Ein Theaterzettel der Grossmannschen Gesellschaft. (Format Querfolio.)
Mit gnädigster Erlaubniss
Eines hochedlen u. hochweisen Magistrats
der Kaiserl. Freyen Reichs-, Wahl- und Handels-Stadt Frankfurt am Mayn
wird heute Montags den 19. April 1784
von der Grossmännischen Schauspieler-Gesellschaft
aufgeführt werden:

Lanassa

Ein Schauspiel in fünf Aufzügen von C. M. Plümicke. Nach der Venve du Malabar des Le Miere.

Die Musik zu den Chören ist von dem Herrn Hauptmann d'Antoine.

Personen:

Lanassa, eine junge indianische Wittwe	Mad. Soph. Albrecht.
Palmira, ihre Vertraute	Mad. Zimdor.
Oberbramin	Herr Stegmann.
Ein junger Bramin	Herr Schmidt.
Noch ein Bramin	Herr Erhard.
Montalban, General der europäischen Truppen	Herr Unzelmann.
Ein Oberster	Herr Nuth.
Ein Adjutant	Herr Huber.
Ein Offizier	Herr Diezel.
Ein indianischer Offizier	Herr Boesenberg.

Europäische und indianische Offiziere und Soldaten. Braminen. Anverwandte der Lanassa. Klagweiber und Jungfrauen.

In der Rolle des Generals wird Herr Unzelmann Einem hochgeneigten Publikum sich zu empfehlen die Ehre haben.

Zwischen dem vierten und fünften Akt wird Herr Jakobi ein Conzert auf der Violine spielen.

Fünfundsiebenzigste Vorstellung im Abonnement.

Es wird jedermann ersuchet, Niemanden auf meinen Namen das Mindeste zu borgen.

Wegen Abonnementsbillets beliebe man sich bey Herrn Scheidweiler auf dem Comödienplatz zu melden.

Der Anfang ist mit dem Glockenschlag 6 Uhr.

Die Person zahlt in den Logen des ersten, zweyten und dritten Rangs und in Parket 1 Gulden. Eine ganze Loge zu 8 Gulden. Im Parterre die Person 10 Batzen. In der Gallerie 20 kr. Auf dem letzten Platz 12 kr.

Wer vorhero Billets verlangt, beliebe solche bey mir im Comödienhause abholen zu lassen, können aber nicht länger als denselben Tag gültig seyn.

Grossmann.

3.

Mit gnädigster Erlaubniss wird heute Montags den 30. Juni 1787 aufgeführt werden:

Das Räuschgen

oder

die Zurückkunft aus Amerika.

Ein Lust-Spiel in vier Aufzügen von Bretzner.

Personen:

Busch, ein Kaufmann	Herr Stegmann.
Major Busch, sein älterer Sohn	Herr Böheim.
Carl Busch, sein jüngerer Sohn, ein angehender junger Arzt	Herr Mattausch.
Madame Barnrod, Schwester des alten Busch	Mad. Stegmann.
Wilhelmine, seine Nichte	Mad. Günther.
Julchen, ihre jüngere Schwester, zehn Jahr alt	Dem. Stegmann.
Doktor Wunderlich, ein Mediziner	Herr Frankenberg.
Sophie, seine Tochter	Mad. Unzelmann.
Eduard, ein junger Engländer, der die Sprache zu erlernen in Deutschland und beym alten Busch im Hause ist	Herr Wolschowaky.
Rath Brand	Herr Unzelmann.
August	Mad. Fiala.
Fritz, ihr Sohn, ein Kind von vier Jahren	Fritz Stegmann.
Wilhelm, Bedienter des alten Busch	Herr Vio.
Held, Bedienter des Major	Herr Diezel.

58. Vorstellung im Jahr-Abonnement und achte Vorstellung im neuen Abonnement, wovon 16

Billets für fl. 10 bei Herrn Scheidweiler wiederum zu haben sind.

Es wird jedermann ersucht niemanden auf Rechnung der Entreprise das mindeste zu borgen.

Der Anfang ist um 6 Uhr.

Die Person zahlt in den Logen des ersten, zweyten und dritten Rangs und im Parket 1 Gulden. Eine ganze Loge zu 8 Gulden. Im Parterre die Person 9 Batzen. In der Gallerie 6 Batzen. Auf dem letzten Platz 12 kr.

Wer vorher Billets verlangt, beliebe solche im neuen Comödienhause abholen zu lassen, können aber nicht länger als denselben Tag gültig seyn.

4.

Ein Theaterzettel der Koch'schen Gesellschaft.

Mit gnädigster Erlaubniss
wird heute Samstags den 22. October 1791
aufgeführt werden:

Hamlet,
Prinz von Dänemark.

Ein Trauerspiel in 5 Aufzügen nach Shakespeare.

Personen:
Der König von Dänemark Koch.
Die Königin, Hamlets Mutter Mad. Fiala.
Hamlet, Neffe des Königs . Herr Porsch.
Der Geist von Hamlets
 Vater . . . . Herr Christ.
Oldenholm, Oberkämmerer. Herr Stegmann.
Ophelia, dessen Tochter. . Mad. Porsch.
Laertes, dessen Sohn . . Herr Walter jun.
Güldenstern, ein Hofmann . Herr Beck.
Gustav, | Offiziere . . | Herr Wolschowsky.
Berfield, | | Herr Blüm.
Ellrich, | Soldaten . . | Herr Mende.
Francisco, | | Herr Lange.
Ein Schauspieler . . . . Herr Hübsch.

Personen zum Schauspiel:
Herzog . . . . Herr Walter sen.
Herzogin . . . . . . Mad. Wolschowsky.
Lucian . . . . Herr Pauser.
Hofleute, Wache.

Fünfundsiebenzigste Vorstellung im Jahrabonnement und Erste Vorstellung im kleinen Billet-Abonnement, zu welchem 7 Billete vor 4 fl. 22½ kr. auf so viel nach einanderfolgende Vorstellungen bei dem Cassirer Herrn Kämmerer auf der grossen Gallengasse im Bayrhoffer'schen Hause zu haben sind. Die Abonnementbillete sind nie an der Casse zu haben.

Der Anfang ist um 6 Uhr.

Die Person zahlt in den Logen des ersten, zweyten und dritten Rangs und im Parquet fl. 1. — Eine ganze Loge 8 Gulden. Im Parterre die Person 9 Batzen. In der Gallerie 6 Batzen. Auf dem letzten Platz 12 kr.

Billette sind bei Herrn Scheidweiler auf der Bockenheimergasse und nachher an der Casse zu haben, können aber nicht länger als denselben Tag gültig sein.

5.

Erste Aufführung der Actiengesellschaft in dem Interimstheater auf dem Paradeplatz.

Mit gnädigster Erlaubniss
wird heute Sonntags den 24. Juni 1792
von den Frankfurtischen Schauspielern
im Schauspielhause auf dem Paradeplatz
aufgeführt:

Zum Erstenmal:

Alte Zeit und neue Zeit.

Ein Schauspiel in fünf Aufzügen von Iffland.
(Manuscript.)

Personen:
Amtmann Grüneich . . . Herr Brück'l.
Wittwe Langenfeld, eine
Kaufmannsfrau, dessen
Tochter . . . . Frau Brück'l.
Jakoh, } deren Kinder   Herr Hiepe.
Christine, }   Dem. Brück'l, ältere.
Herr Grüneich, des Amt-
mannt Sohn . . . . Herr Prandt.
Madame Grüneich, seine
Frau . . . . Mad. Gensike.
Louis, } deren Kinder   Herr Stentzsch.
Amalie, }   Mad. Göde.
Landrath Baron v. Gärtner Herr Schmidt.
Justizrath Freudenberg . . Herr Bötticher.
Philippine, } im Grüneichi-
Mädchen   } schen Hause   Mad. Bulla.
Bedienter }   Herr Amberg.
Ein Bedienter des Justizraths Herr Schlegel.

Vorher ein Prolog zur Eröffnung der Bühne gesprochen von Demoiselle Boudet.

Erste Vorstellung im Abonnement.

Uebereingekommener massen werden die respect. Herren Abonnenten und Logeninhabern belieben ihre Billets jedesmal abzugeben, indem die Veranstaltung getroffen ist, dass Niemand ohne selbige eingelassen wird.

Der Ordnung wegen kann niemand weder bey den Proben, noch während der Vorstellung aufs Theater gelassen werden.

Der Preis der Logen des ersten, zweyten und dritten Rangs und im Parquet ist 1 fl. die Person. Eine ganze Loge zu 8 Personen 8 fl. Auf der Gallerie 24 Kreutzer. Auf dem letzten Platz 12 Kreutzer.

Billets — nur für den nemlichen Tag gültig — sind bey Herrn Scheidweiller auf der Bockenheimergasse und nachher am Eingang zu haben.

Der Anfang ist präcise um 6 Uhr.

Nach Endigung des Schauspiels wird Ball en Masque gegeben laut nebiger Anzeige.

Nebenblatt. Heute Sonntags den 24. Juni 1792.
wird
mit gnädigster Erlaubniss
im Schauspielhause auf dem Paradeplatze
nach Endigung des Schauspiels
Ball
En Masque
gegeben.

Die Person zahlt einen kleinen Thaler oder
21 Batzen.

Auf der Gallerie ist Ball zuzusehen zu 24 Kreutzer
die Person.

Billets sind bei Herrn Scheidweiller und am Eingange zu haben.

Der Anfang ist um 10 Uhr.

Ganz neue seidene Venetianer Mäntel leihweise für 2 fl. 45 kr. das Stück, desgleichen Alle Arten Larven und Handschuh sind bey dem Schauspieldirector im Deobaldischen Hause auf der Bockengasse wohnhaft, und auch beym Eingang zu haben. — Auch sind Zimmer zum Umkleiden für Damens und Herren eingerichtet. Erfrischungen — aller Arten — werden im Tanzsaal zu haben seyn. Auch bittet man ergebenst weder mit Degen, Stock oder Sporen im Tanzsaal zu erscheinen.

6.
Erste Festvorstellung der Actiengesellschaft bei der Krönung von Franz II.
Mit gnädigster Erlaubniss
wird heute Sonntags den 15. Juli 1792
von den Frankfurtischen Schauspielern
im Schauspielhause auf dem Paradeplatz
aufgeführt

Der Eichenkranz

Ein Dialog zur Eröffnung der Schaubühne bei der Krönungs-Feier Ihro Majestät des Kayser Franz des Zweiten von Herrn Iffland.

Personen:

August Röder,		Herr Hensing.
Karl Simmer,		Herr Brück'l.
Friedrich Hagen,	Land-	Herr Iffland.
Sophie, Karls Frau,	leute	Mad. Gensike.
Marie, Augusts Frau.		Mad. Bötticher.
Franz Wille,		Herr Stentzsch.
Jakob Wunder,	benachbarte	Herr Bötticher.
Joseph Anter,	Landleute	Herr Heinemann

Bauern und Bäuerinnen.

Der Dialog ist am Eingang für 6 Batzen zu haben.

Hierauf (Auf Begehren)

Die Hagestolzen.

Ein Lustspiel in fünf Aufzügen von Herrn Iffland.

Personen:

Hofrath Reinhold	....
Mamsell Reinhold, seine Schwester	Mad. Bötticher.
Geheimerath Sternberg	Herr Bötticher.
Mamsell Sternberg, seine Cousine	Mad. Bulle.
Konsulent Wachtel	Herr Schmidt.
Valentin, Reinholds Bedienter	Herr Heinemann.
Christine, Magd im Reinhold'schen Haus	Mad. Göde.
Friedrich Linde, Pachter	Herr Hensing.
Therese, seine Frau	Mad. Gensike.
Margarethe, ihre Schwester	Dem. Boudet.
Paul, } Lindens Kinder	Dem. Brück'l, ält.
Bärbchen,	Dem. Brück'l, jüng.

Herr Iffland wird den Hofrath Reinhold spielen.

Abonnement suspendu.

7.

Mit gnädigster Erlaubniss wird heute Sonntags den 13. September 1795 aufgeführt.

(Zum Erstenmal.)

Abällino,

der grosse Bandit.

Ein Trauerspiel in fünf Aufzügen.

Personen:

Andreas Gritto, Doge zu Venedig	......	Herr Schmidt.
Rosamunde von Corfu, seine Nichte	......	Mad. Aschenbrenner.
Isabella, Rosamundens Hofmeisterin	......	Mad. Bötticher.
Dandoli,	Gritto's Vertraute	Herr Lux.
Canari,	und Räthe	Herr Engelhard.
Flodoardo von Florenz	..	Herr Prandt.
Grimaldi,		Herr Demmer.
Ricotti,	Venetianische	Herr Porsch.
Falieri,	Nobili und	Herr Hasslinger.
Cantarino,	Verschworne	Herr Schröder.
Mammo,		Herr Dupré.
Mattero,	Banditen	Herr Amberg.
Abällino,		

Mehrere Banditen. Senatoren. Damen. Wache.

Abonnement suspendu.

Diejenigen der respect. Herren Logen-Inhabern, welche heute Ihre Logen zu behalten gesonnen sind, belieben längstens bis diesen Mittag 12 Uhr die dazu benöthigte Billets abholen zu lassen, widrigenfalls sie gewärtigen müssen, dass solche auf Begehren anderwärts abgegeben werden. Wegen vorgefallenen Unordnungen und Misbräuchen werden ins künftige die einmal an der Kasse gelöste Entrée-Billets nicht wieder zurück-

---

[1]) Folio-Format. — Auf den Zetteln von 1800 an wird der Verfasser Heinrich Zschokke genannt.

genommen, welches hierdurch einem verehrungswürdigen Publiko bekannt gemacht wird.
Der Preis der Logen des ersten, zweyten und dritten Rangs und im Parquet ist fl. 1 die Person. Auf der Gallerie 24 Kreutzer. Auf dem letzten Platz 12 Kreutzer.
Billets — nur für den nämlichen Tag gültig — sind bey Herrn Scheidweiler an der Allee Lit. E. N. 238 und nachher am Eingange zu haben.
Der Anfang ist präcise um 6 Uhr.

8.
Mit gnädigster Erlaubniss
wird heute Sonntags den 11. September 1796
aufgeführt:
Medea.
Ein Melodrama in einem Aufzuge mit Musik von Benda.
Personen:
Medea . . . . Mad. Bötticher.
Ihre Söhne {der ältere . . . Mr. Demmer.
{der jüngere . . . Dem. Demmer.
Deren Hofmeisterinn . . . . Mad. Schmidt.
Jason . . . . Herr Prandt.
Creuse . . . . Dem. Zuccarini.
Gefolge.

Hierauf
(zum Erstenmal)
Der seltene Freyer.
Ein Lustspiel in drei Aufzügen.
Personen:
Obrist v. Kalt-
stein   Herr Prandt.
Major v. Erd- Offiziere
mund   a. D. Herr Schmidt.
Hauptmann v.
Lindenfels   Herr Wieland.

Fräulein Rosalie, Erd-
munds Nichte. . . . Mad. Aschenbrenner.
Minchen, ihr Kammer-
mädchen. . . . . . Dem. Boudet.
Berthold, Lindenfels' Be-
dienter . . . . . . Herr Amberg.
Anton, Kaltsteins Bedienter Herr Aschenbrenner.
Umgekehrt, Notarius . . Herr Lux.
Ein Bedienter . . . . Mr. Roland.
Abonnement suspendu.
Diejenigen der respect. Herrn Logen-Inhabern, welche heute ihre Logen zu behalten gesonnen sind, belieben längstens bis diesen Mittag 12 Uhr die dazu benöthigten Billets abholen zu lassen, widrigenfalls Sie zu gewärtigen haben, dass solche auf Begehren anderwärts abgegeben werden.
Der Ordnung wegen kann niemand, weder bey den Proben, noch während der Vorstellung aufs Theater gelassen werden.
Der Preis der Logen des ersten, zweyten und dritten Rangs und im Parquet ist fl. 1 die Person. Auf der Gallerie 24 Kreuzer. Auf dem letzten Platz 12 Kreuzer.
Billets — nur für den nemlichen Tag gültig — sind bey Herrn Scheidweiler an der Alle Lit. E. Nro. 238 und nachher am Eingang zu haben.
Der Anfang ist präcise um 6 Uhr.

9.
Französischer Zettel nach der Einnahme
von Frankfurt 1796.
Avec Permission
on donnera aujourd'hui dimanche le 7 Août 1796:
**La
flute enchantée**
Opera en deux actes
Musique du Maître de Chapelle Mozart.

Personnages.

Sarastro	Mr. Zuccarini.
Tamino	Mr. Wieland.
La Reine de la Nuit . .	Mad. Heinemann.
Pamina, sa fille . . .	Mad. Woraleck.
Nymphes de la Reine de la Nuit	Mad. Ascheubrenner. Mad. Affée. Mad. Demmer.
Genies	Mademois. Hübsch. Mademois. Kallmen. Mr. Demmer.
Papageno	Mr. Lux.
Une vieille femme . . .	Mademois. Zuccarini.
Monostatos, un nègre . .	Mr. Demmer.
Esclaves	Mr. Roland. Mr. Dupré. Mr. Amberg.

D'autres Esclaves. Prêtres. Suitte.

Le texte des aries se trouve à la Porte pour 3 Batz.

158ᵐᵉ Représentation pour les Abonnés à l'Année.

11ᵐᵉ représentation dans le 10ᵐᵉ Abonnement des petits billets dont 16 coûtent 10 fl.

NB. les billets d'Abonnement ne servent qu'aux personnes de la ville et point pour les étrangers et ne peuvent se prendre à la porte d'entrée; pour conserver l'ordre on ne pourra laisser aller personne sur le theâtre pendant les représentations et les repetitions.

Les Loges des Abonnés ne pourrontt être ouvertes pour personne d'autre que pour les proprietaires. Le prix des Loges du premier, second et troisième Rang et au parquet est 1 fl., pour les militaires seulement 38 kr. Sur la gallerie 24 kr. et an Paradis 12 kr. le tout en espèces sounantes.

Billets — valables seulement pour le même jour — se trouvent chez le Sr. Scheidweiller à la promenade Lit. E. 238 et ensuite à la porte.

Le commencement est à six heures précises.

Aehnliche Zettel an den folgenden Tagen, z. B.

11. August 1796. L'Enlèvement du Sérail.

---

23. August 1796.
L'homme Noir.
Com. tirée du français par Gotter.
Les deux Savoyards.
Opéra comique tirée du français.
Musique de Dalayrac.

Prix de places aux premières, secondes et troièmes loges, ainsi qu'au parquet est un florin, mais les militaires ne payerout que 38 Kreuzer.

10.
Erste Aufführung zu Gunsten des
Pensionsfonds.
Mit gnädigster Erlaubniss
wird Montag den 1. Juni 1807
Zur Gründung des Pensionsfonds
aufgeführt:
Der Aufschluss.
Eine komische Oper in zwei Aufzügen nach la Chiffra neu bearbeitet. Musik von Salieri.

Personen:

Graf v. Altstein, Herr des Dorfs	Herr Berger.
Baron v. Lingen, sein Freund .	Herr Hill.
Grobhard, Verwalter auf dem Gute	Herr Lux.
Therese, Lieschen, } seine Töchter	Dem. Schmelz. Mad. Uraspruch.
Anton, Gärtner	Herr Hassloch.

Bediente. Jäger. Bauern. Bäuerinnen.

Abonnement suspendu.

Die respect. Herrn Logenabonnenten, welche heute Ihre Logen zu behalten gesonnen sind, belieben längstens bis diesen Mittag 12 Uhr die dazu benöthigte Billets an der Theaterkasse abholen zu lassen, widrigenfalls Sie gewärtigen müssen, dass solche auf Begehren anderwärts vergeben werden.

Der Ordnung wegen kann Niemand weder bey den Proben, noch während der Vorstellung aufs Theater gelassen werden.

Der Eingangspreis in die Logen ist 1 fl. 12 kr. In das Parquet 48 kr. Auf der Gallerie 24 kr. Auf dem letzten Platz 12 kr.

Billets sind von Morgens 9—12 Uhr und Abends von 5 Uhr an, an der Theaterkasse zu haben. Diese Billets sind jedoch nur für denselben Tag gültig und werden, wenn sie einmal gelöst sind, nicht wieder zurückgenommen.

Der Anfang ist um 6 Uhr — Ende um 9 Uhr.

11.

Mit gnädigster Erlaubniss wird Samstag den 14. Juli 1804 aufgeführt:
Zum ersten Mahl

Clavigo.

Ein Trauerspiel von Göthe.

Personen:

Clavigo, Archivarius des Königs Herr Werdy.
Carlos, dessen Freund . . . . Herr Reinhard.
Beaumarchais . . . . Herr Otto.
Marie Beaumarchais . . . . Mad. Quandt.
Sophie Guilbert, geb. Beaumar-
chais . . . . Mad. Hasloch.
Guilbert, ihr Mann . . . . Herr Quandt.
Buenco . . . . Herr Keer.
St. George . . . . Herr Urspruch.
Clavigos Diener . . . . . . Herr Hartig.

(Das Uebrige wie gewöhnlich.)

12.

Mit gnädigster Erlaubniss wird Mittwoch den 7. August 1805 aufgeführt:
Zum ersten Mahl
und
zum Benefiz der Madame Fleck.

Die Braut von Messina
oder
die feindlichen Brüder.

Ein Trauerspiel mit Chören in fünf Aufzügen von Schiller.

Personen:

Donna Isabella, Fürstin von Mes-
sina . . . . Mad. Hasloch.
Don Manuel,) ihre Söhne   Herr Werdy.
Don Cesar,   )   Herr Otto.
Beatrice . . . . *
Diego, ein alter Diener der Fürstin Herr Amberg.
Ein Bote des Don Cesar . . . Herr Lux.
Ein Bote der Fürstin . . . . Herr Keilholz.
Chor des Don Manuel.
Chor des Cesar.
Die Aeltesten von Messina.

* Madame Fleck,
Mitglied des Königl. Berliner } Beatrice.
Nationaltheaters.

Abonnement suspendu.

(Das Uebrige wie gewöhnlich.)

13.

13. Mit gnädigster Erlaubniss wird Sonntag den 22. Januar 1809 aufgeführt:
Achilles.
Eine grosse heroische Oper in zwei Aufzügen nach dem Italienischen. Die Musik ist von Paer.

Personen:
Achilles, König v. Thessalien. Herr Leissering.
Agamemnon, König von Argos
und Mycena. . . . . . . Herr Berthold.
Brises, König von Lyrnessus Herr Haas.
Briseis, dessen Tochter . . . * . *
Patroclus, Achilles' Freund . Herr Hill.
Hippodamia, Oberpriesterin der
Pallas . . . . Mad. Heinemann.

Priesterinnen der Pallas.
Weiber und Pagen am Hofe des Brises.
Hauptleute. Soldaten.

Der Text der Gesänge ist am Eingange für 3 Batzen zu haben.

Vierte Gastrolle.

Briseis . . . Madame Müller.

66. Vorstellung im Jahr-Abonnement.

Diejenigen Personen, welche die freye Entrée geniessen, können nicht früher als um Sechs Uhr eingelassen werden.

Der Eingangspreis in die freyen Logen ist 1 fl. 12 kr. In das Parquet 48 kr. Auf die Gallerie 24 kr. Auf den letzten Platz 12 kr.

Billets sind bey Herrn Michel an der Allee E. N. 243 und Abends von 5 Uhr an an der Theaterkasse zu haben. Diese Billets sind jedoch nur für denselben Tag gültig und werden, wenn sie einmal gelöst sind, nicht wieder zurückgenommen.

Der Anfang ist um 6 Uhr. Das Ende gegen 9 Uhr.

14.
Mit Hochobrigkeitlicher Erlaubniss.
Heute Dienstag den 28. Dezember 1824 wird aufgeführt:

Faust.
Eine romantische Oper in zwei Abtheilungen
von J. C. Bernard.
Die Musik ist von Kapellmeister Spohr.

Personen:
Faust . . . . Herr Grösser.
Mephistopheles . . . . Herr Dobler.
Graf Hugo . . . . . Herr Nieser.
Kunigunde, seine Verlobte Mad. Brauer.
Gulf, ein Ritter . . . . Herr Hill.
Kaylinger, } Herr Hassel.
Woschardt, { Fausts Herr Leissering.
Wagner, (Geführten Herr Lincker.
Mehr, } Herr Just.
Röschen, ein Bürgermädchen . . . . Dem. Heinefetter d. j.
Franz, ein Goldschmiedsgeselle . . . . . . Herr Beer.
Eine Dienerin Kunigundens Dem. Haas.
Ein Knappe Hugo's . . Herr Rühr.
Sycorrax, Hexenführerin . Mad. Urspruch.
Hexen . . . . . . { Dem. Heinefetter, d. ä.
{ Dem. Berger.
{ Mad. Schmidt.
{ Mad. Farnung.
{ Dem. Gutmann.

Gefolge der Grafen. Frauen.
Gerichtsdiener. Volk. Masken. Larven.

Der Text der Gesänge ist am Eingang für 24 kr. zu haben.

140. Vorstellung im Jahr-Abonnement.

Der Ordnung wegen kann Niemand, weder bei den Proben noch während der Vorstellung aufs Theater gelassen werden.

Diejenigen Personen, welche den freyen Eingang geniessen, können nicht früher, als um 6 Uhr eingelassen werden.

Billets sind Lit. E. No. 211 in der Biebergasse und Abends von 5 Uhr an, an der Theaterkasse zu haben. Diese Billets sind nur für denselben

Tag gültig und werden, wenn sie einmal gelöst sind, nicht wieder zurückgenommen.

Der Eingangspreis in die Logen ist 1 fl. 12 kr. In das Parquet 48 kr. Auf der Gallerie 24 kr. Auf dem letzten Platz 12 kr. Für Kinder wird in abonnirten und anderen Logen, wie auch im Parquet und auf der Gallerie die Hälfte bezahlt.

Um acht Uhr wird für das Parquet der halbe Eingangspreis angenommen.

Der Anfang ist um 6 Uhr. Das Ende gegen 9 Uhr.

Morgen Mittwoch den 29. Dec. wird aufgeführt: Kabale und Liebe. Trauerspiel in 5 Abtheilungen.

Major von Walter . . . . . Herr Fehringer.

Verzeichniss der Daten der ersten Aufführungen der klassischen und der seiner Zeit beliebtesten Stücke (alphabetisch geordnet) 1790—1812.

Zum Erstenmale:

1795. 13. Sept. Aballino, von Zschokke.
1802. 11. April. Achilles, Oper von Paer.
1797. 17. April. Die Advokaten, von Iffland.
1791. 8. Mai. Alceste, nach Ritter Glucks Musik.
1805. 7. April. Aline, Königin von Golkonda, Oper von Berton.
1792. 24. Juni. Alte und neue Zeit, von Iffland.
1801. 5. Juli. Graf Armand, oder die gefahrvollen Tage (Wasserträger), von Cherubini.
1796. 28. Febr. Armuth und Edelsinn, von Kotzebue.
1800. 23. Januar. Der Arrestant, Oper von Domenico della Maria. (14. December 1807 zum Benefiz von Leissring als Blendheim.)
1811. 1. Januar. Aschenbrödel, von Nicolo.
1806. 11. Januar. Tante Aurora, Oper von Bojeldieu.
1795. 25. Januar. Aussteuer, von Iffland.
1792. 1. Juli. Axur, König von Ormus von Salieri. Im Stadtschauspielhause.
1791. 3. August. Baum der Diana, v. da Ponte. Musik von Martin.

1802. 1. Januar. Bayard, von Kotzebue.
1810. 1. December. Pachter Feldkümmels Hochzeit, von Kotzebue.
1794. 23. Juni. Graf Benjowsky, vom Präsidenten v. Kotzebue (siehe oben S. 30). 1797 wiederholt.
1800. 16. November. Besuch, von Kotzebue.
1808. 13. November. Bianca della Porta, von Collin.
1801. 8. Januar. Von den Zöglingen der theatralischen Vorschule: Der Bettelstudent oder das Donnerwetter. Lustspiel in zwei Aufzügen, Musik von Winter.
1806. 7. Januar. Brandschatzung, von Kotzebue.
1805. 7. August. Braut von Messina, von Schiller.
1797. 5. März. Bruderzwist, von Kotzebue.
1803. 2. Juli. Die Brüder nach Terenz in 5 Acten mit Masken.
1792. 15. Juni. Bürgerglück, von Babo.
1796. 17. April. Der Graf von Burgund, von Kotzebue.
1810. 27. Mai. Cesario, von Alex. Wolff.
1799. 4. Juli. Camilla, Oper von Paer (bis 1811 12mal).

1810. Circe u. Ulysses, grosse Oper von V. Ramberg, als Concert für Capellmeister C. J. Schmitt.
1804. 14. Juli. Clavigo, von Göthe.
1809. 1. Oct. Columbus von Aug. Klingemann.
1798. 1. December. Corsar, Oper von Weigl.
1794. 4. Mai. Der wohlthätige Derwisch, Oper in 3 Aufzügen v. Schikaneder, Musik von einem Schüler des verstorbenen Capellmeisters Mozart.
1792. 15. April. Dido. Singspiel von Piccini.
1796. 25. November. Dienstpflicht, von Iffland.
1801. 17. Mai. Der argwöhnische Ehemann, von Gotter.
1792. 4. Juni. Ehestandsproben, von Vulpius.
1809. 3. April. Elektra, von Voltaire, übersetzt von Gotter.
1803. 10. August. Elise, Oper von Cherubini.
1791. 18. Mai. Die Entführung, von Jünger. Jurist und Bauer, von Rautenstrauch.
1798. 25. November. Die Unglücklichen, von A. v. Kotzebue.
1791. 15. Oct. Entführung aus dem Serail, von Mozart, und 1792, 18. Juli, von den Frankfurter Schauspielern auf dem Paradeplatz; den 11. Aug. 1796 mit deutschem und französischem Zettel (l'enlèvement du Serail) angekündigt.
1801. 13. December. Das Epigramm, von A. v. Kotzebue.
1804. 30. September. Der Essighändler, von Mercier, aus dem Französischen, dazu Prolog zur 12jährigen Stiftungsfeier des Frankfurter Nationaltheaters, gesprochen von Demois. Grossmann.
1805. 30 Mai. Fanchon, das Leyermädchen, von Kotzebue, Musik von Friedrich Himmel in Berlin, 12. Nov. 1808 zum Debut des Herrn Illenberger als Eduard.

1806. 14. Sept. Faniska, Oper v. Cherubini.
1801. 1. März. Fremde, von Iffland.
1796. 1. Januar. Die Freyer, von A. von Steigentesch.
1792. 10. Fürstengrösse, von Ziegler.
1806. 30. Oct. Der Geizige nach Moliere, von Zschokke.
1793. 2. Mai. Geschwister, von Göthe.
1792. 27. Juni. Ernst, Graf v. Gleichen, Gatte zweier Weiber, Schauspiel in 5 Acten vom Reichsgrafen v. Soden.
1809. 5. Juni. Götz von Berlichingen mit der eisernen Hand, von Göthe, für die Bühne geordnet.
1802. 23. August. Griseldu, von Paer (Oper).
1806. 31. August. Gulistan oder Hulla von Samarkand, von d'Alleyrac.
1808. 15. April. Kaiser Hadrian, vom Capellmeister Weigl.
1806. 26. Mai. Heimkehr, von Iffland.
1792. 30. Juni. Helene und Paris, Singspiel von Winter.
1804. 4. August. Helene, Oper von Mehul.
1811. 10. August. Herodes vor Bethlehem, oder der triumphirende Viertelsmeister, ein Schau-, Trauer- und Thränenspiel. Als Pendant zu den vielbeweinten Hussiten vor Naumburg.
1791. 17. October. Clara v. Hobeneichen, von Spiess. Ritterschauspiel.
1803. 11. April. Die Hussiten vor Naumburg im Jahre 1432, Schauspiel von A. v. Kotzebue.
1810. 4. Februar. Jakob und seine Söhne in Egypten, von Mehul.
1807. 4. November. Idomeneus, König von Kreta, von Mozart.
1808. 18. September. Intermezzo, v. Kotzebue.
1798. 17. Nov. Der Jude, von Cumberland.

1806. 7. April. Die Jungfrau von Orleans. Ein romantisches Trauerspiel in fünf Aufzügen, von Schiller.
1792. 9. April. Rothkäppchen, von Ditters, Edler von Dittersdorf. (12. Juli 1792 von den Frankfurter Schauspielern, H. Lux, Kurf, Koeln, Hofsänger als Schulze.)
1810. 25. August. Kapellmeister aus Venedig, von Breitenstein.
1802. 10. Juni. Die deutschen Kleinstädter, von A. v. Kotzebue.
1799. 23. November. Die beiden Klingsberge, von A. v. Kotzebue.
1792. 26. Juni. Hieronym. Knicker, v. Dittersdorf.
1808. 16. Februar. Die wandernden Comödianten, von Fioravanti.
1803. 30. Oct. Die Kreuzfahrer, v. Kotzebue.
1795. 1. October. König Lear, von Shakespeare (wiederholt).
1810. 4. Juni. Leonore, von Paer.
1806. 16. Februar. Blinde Liebe, v. Kotzebue.
1792. 31. Mai. Liebesproben, von Vulpius.
1791. 20. August. Lilla, oder Schönheit und Tugend. Singspiel. Musik v. Martin.
1804. 29. Januar. List und Liebe, von Mehul.
1797. 6. September. Lodoiska, von Cherubini.
1810. 21. December. Lügner, von Goldoni.
1800. 14. Sept. Macbeth, nach Shakespeare, von Schiller.
1804. 31. Mai. Mahomet, nach Voltaire, von Göthe.
1801. 1. Febr. Mann von Wort, von Iffland.
1803. 2. September. Mariane, von Gotter und Todtenfeier der Charlotte v. Bötticher, mit Musik.
1804. 2. September. Marschall von Sachsen, von Zschokke.
1808. 24. April. Medea, von Cherubini.

1802. 1. Juni. Menschenhass und Reue, vom Präsidenten v. Kotzebue.
1795. 29. Mai. Merope, nach Voltaire (1809. 20,11. Mad. Hendel).
1801. 7. Januar. Johanna v. Montfaucon, von Kotzebue.
1795. 20. December. Die Grafen Moor, nach Schillers Räuber freibearbeitet.
1803. 19. December. Gefährliche Nachbarschaft, von Kotzebue.
1806. 19. März. Nathan der Weise, von G. E. Lessing, für die Bühne eingerichtet von Schiller.
1706. 19. Juni. Nina, von Paisiello.
1802. 29. August. Nymphe der Donau, von F. Kauer.
1798. 10. December. Das unterbrochene Opferfest, von Winter.
1805. 25. Februar. Pagonstreiche, v. Kotzebue.
1797. 7. April. Palmira, von Salieri, Oper.
1811. 15. April. Parteienwuth, von Ziegler, k. k. Hofschauspieler.
1806. 21. September. Phädra, übersetzt nach Racine, von Schiller.
1810. 17. Juli. Proberollen, von Breitenstein.
1810. 6. Mai. Rochus Pumpernickel, v. Stegmayer.
1802. 19. Dec. Don Ranudo di Colibrados, nach Holberg, von Kotzebue.
1802. 1. August. Regulus, von Collin.
1805. 18. März. Rinaldo Rinaldini, vom Verf. des Romans.
1806. 4. Mai. Sängerinnen auf dem Lande, von Fioravanti.
1806. 14. August. Schule der Frauen, von Moliere, bearbeitet von Kotzebue.
1802. 13. März. Der lustige Schuster, v. Paer.
1810. 8. August. Schweizerfamilie, von Weigl.

1818.	24. August. Sappho, Trauerspiel von Grillparzer (Madame Schröder von Wien).		1799.	22. Aug. Titus, her. Oper in 2 Aufzügen nach Metastasio, Musik v. Kapellmeister Mozart.
1806.	16. März. Zauberin Sidonia, neues grosses Schauspiel in 4 Akten, von Heinrich Zschokke, Verf. des Abällino.		1807.	30. März. Turandot, Prinzessin von China, Mährchen in 5 Aufzügen nach Gozzi, vou Schiller.
1796.	14. April. So machen Sie's Alle, Oper in 2 Aufzügen, von Mozart.		1805.	16. September. Die Uniform, Oper von J. Weigl.
1797.	28. November. Neue Sonntagskind, von Müller.		1810.	15. April. Vehmgericht, von Klingemann.
1808.	25. Sept. Sophonisbe, Oper von Paer.		1791.	28. October. Verirrung ohne Laster, von Beck.
1795.	20. September. Spiegel in Arkadien, von Süssmeyer.		1798.	4. November. Die Verwandtschaften, von Kotzebue.
1796.	26. Juni. Der Spieler, von Iffland.		1811.	1. September. Die Vestalin, von Spontini.
1803.	1. Januar. Lorenz Stark, nach Engel. Vorher: Prolog, gesprochen von Helene Amberg.		1792.	22. Juli. Der Vorsatz, von Iffland. Der Verfasser wird die Rolle des Frühberg spielen.
1801.	1. Juni. Alwine von Steinheim, von Blumauer.		1801.	18. Oct. Wallenstein, ein Trauerspiel in 5 Acten, von Schiller, bearbeitet von Vogel.
1809.	22. Mai. Stella, Trauerspiel in 5 Aufzügen von Hrn. v. Göthe neu bearbeitet.		1804.	28. Oct. Wallensteins Tod, Trauerspiel in 5 Aufzügen, von Schiller.
1802.	8. April. Maria Stuart, v. Schiller.		1791.	15. August. Elise v. Valberg, von Iffland.
1807.	7. September. Tancred, ein Trauerspiel von Göthe, zum Besten von Herrn und Mad. Esslair.		1800.	26. April. Der Wildfang, von Kotzebue.
1799.	9. Juli. Julius von Tarent, v. Leisewitz.		1807.	19. November. Zwei Worte, Singspiel von d'Alayrac.
1805.	1. Jan. Wilhelm Tell, Schauspiel in 5 Aufzügen, von Schiller.		1793.	16. August. Die Zauberflöte. Eine Operette in 2 Aufzügen, Musik vom Kapellmeister Mozart.
1799.	1. Februar. Kaspar, der Thorringer, Schauspiel in 5 Aufzügen.			

II. Zwei Briefe Friedrich von Schiller's an Dalberg und Rennschüb vom 1. Mai 1784.

Frankfurt a. M., den 1. Mai 1784.

Noch voll und warm von der Geschichte des gestrigen Abends eile ich, E. E. von dem Triumph zu benachrichtigen, den die Mannheimer Schauspielkunst feierlich in Frankfurt erhielt. Gestern, Freitags, wurde Hn. Ifflands Stück bei vollem Haus und ungewöhnlicher Stille mit ausserordentlichem Beifall gegeben. Hr. Iffland als Verfasser und Schauspieler und Hr. Beil wurden mit lärmendem Händeklatschen herausgerufen, und Alles bewies die äusserste Achtung gegen die fürtrefflichen

Abgesandten des Mannheimer Theaters. Es ist zu weitläuftig für einen Brief, meine Meinnng über Grossmanns Gesellschaft auszukramen, das aber ist zuverlässig wahr, dass Iffland und Beil unter den besten hiesigen Schauspielern, wie der Jupiter des Phidias unter Tüncherarbeiten hervorragten. Nie habe ich lebendiger gefühlt, wie sehr jedes andere Theater gegen das Unsrige zurückstehen müsse, als hier, und Grossmann wird Mühe haben, nach der Abreise unserer Schauspieler, zu Frankfurt in seinem Werth zu bleiben. Es soll einer meiner angenehmsten Augenblicke seyn, Euer Excellenz ausführlich zu sagen, wie sehr gegründet diese Erklärung ist, wenn ich die Gnade habe, mündlich mit Ihnen darüber zu sprechen.

Wo wir hinkommen, beweist man dem Mannheimischen Theater die entschiedenste Achtung; Ifflands und Beils Spiel haben eine Reputation unter dem Frankfurter Publikum veranlasst. Man ist warm für die Bühne geworden. Jedermann sagt auch, dass Grossmanns Schauspieler noch nie so warm als gestern gespielt haben; ein Beispiel, wie gross Muster und Mitschauspieler zu wirken im Stande sind. Heute ist die väterliche Rache und Montag Kabale und Liebe; ich gestehe, dass mir bei den schrecklichen Aussichten auf meine Lady und dergl. bange ist, konvulsivische Bewegungen anzustehen, wie ein Verurtheilter, und dass ich gerne auf die Ehre Verzicht thäte, eins meiner Stücke hier vorgestellt zu sehen, wenn ich Grossmanns mit guter Art davon zurück bringen könnte; indessen hoffe ich, dass meine Gegenwart, verbunden mit Ifflands nnd Beils Spiel, mehr bewirken soll, als Frankfort von Grossmanns Gesellschaft erwartet. Iffland wird den Kammerdiener spielen, den ich mit Weglassung aller amerikanischen Beziehungen, wieder ins Stück hineingeschoben habe. Ich brenne vor Begierde, Euer Excellenz weitläufig alle Bemerkungen mitzutheilen, die ich hier machte und noch machen werde, und ich weiss zuverlässig, dass, wenn es möglich wäre, meine Achtung für das Mannheimer Theater zu vergrössern, nichts in der Welt dieses mehr bewirken könnte, als mein hiesiger Aufenthalt.

Herr Müller, der die Gnade hat, Euer Excellenz diesen Brief zu übergeben, hat aus Nothwendigkeit und Eifer für die Mannheimer Bühne, alle angenehme Verbindungen abgebrochen, die ihn in unserer Gesellschaft hielten, um bei Zemire und Azor gegenwärtig zu seyn, und wird Euer Excellenz von dem Weitern benachrichtigen.

Ich bin mit der tiefsten Verehrung

Sr. Excellenz
unterthäniger
Schiller.

Herrn Baron von Dalberg
zu Mannheim.

(Beilage.)

Frankfurt a. M., den 1. Mai 1784.

Nur mit wenig Worten, liebster Freund, will ich Sie von dem guten Erfolg benachrichtigen, den Ifflands und Beils Spiel hier gehabt haben. Bei einem vollgestopften Schauspielhaus, und einer seit Kaiserkrönnung noch nie erhörten Stille ist gestern Hn. Ifflands Stück hier gegeben worden, und beide, Iffland und Beil, wurden mit ungestümem Applaudissement herausgerufen. Alles ist für die Mannheimischen Schauspieler enthusiasmirt, und Grossmanns Gesellschaft, die gestern sich selbst übertroffen haben soll, verschwindet neben der unsrigen. Wir werden von Fresserei zu Fresserei herumgerissen, und kaum, dass ich einen nüchternen Augenblick erwische, wo ich Ihnen, mein Bester! ein paar Zeilen schreiben kann. Von Grossmann viele Empfehlungen, das weitere kann ich Ihnen nur mündlich sagen. Heute ist die väterliche Rache, und Montag, mir zu Ehren, Cabale und Liebe, welche ich gern hintertreiben möchte, um meine Ohren nicht misshandeln zu lassen. Mir ist Angst für die hiesige Lady. Ihre Frau hat mich genug verwöhnt. Den Ausgang sollen Sie mündlich erfahren. Bis dahin bin ich Ihr aufrichtigster Freund

Schiller.

Küssen Sie mir Ihre liebe Frau.

Hrn. Rennschüb
Regisseur der Mannheimer Bühne.

(Aus Schiller's Briefwechsel mit Dalberg. Karlsruhe 1838.)

Quellen und Litteratur.

Acta archivalia Uglb. B. 90. No. 56. Tomus I—V. 1751—1788.
Uglb. A. 12. No. 36. 1791—1802.
L. 47. No. 1—12. 13. Tomus I—IV. 14.
Bau-Amtsacten der betreffenden Jahre. S. 34 u. 90.
Bender, Verhandlungen der gesetzgebenden Versammlung. 1817—1833.
Mittheilungen aus den Protokollen der gesetzgebenden Versammlung. Bd. I—XXVI. 1838—1866.
Mittheilungen aus den Protokollen der Stadtverordneten. Bd. I—III. 1867—1872.
Kirchner, Geschichte von Frankfurt a. M. 1807. 1810. Th. I. S. 564. Th. II. S. 509.
Kirchner, Ansichten von Frankfurt a. M. 1818. Th. I. S. 356—376.
Fichard, J. C. v., Frankfurter Archiv für ältere deutsche Litteratur und Geschichte. III. Th. S. 131—158. (Ordnung des Passionsspiels der St. Bartholomäusschule 1498 und 1506.)
Archiv für Frankfurts Geschichte und Kunst. N. F. III Bd. S. 77.
Mittheilungen des Vereins für Geschichte und Alterthumskunde. III. Th. S. 80 ff.
Batton, Topographische Beschreibung von Frankfurt. VI. Bd.
Kriegk, Dr. G. L., Deutsches Bürgerthum im Mittelalter. I. Bd. 1868. S. 435—442.
Scherr, Johannes, Studien. I. Bd. Leipzig 1865. S. 116—142. Das Theater im Mittelalter.
Wilken, Dr. E., Geschichte der geistlichen Spiele in Deutschland. 1872.
Gervinus, G. G., Geschichte der deutschen Dichtung. 1853. Th. IV. u. V.
Devrient, Ed., Geschichte der deutschen Schauspielkunst. 1848. 1861. Th. I—IV.
Gwinner, P. F., Kunst und Künstler in Frankfurt. 1862. Nachträge 1867.
Goethe, J. W. v., Werke. XX. Bd.: Aus meinem Leben. I. Th. 3. Buch. XXVI. Bd.: Schweizerreise. Frankfurt. S. 15—47.
Belli, Maria, geb. Gontard, Leben in Frankfurt a. M. Auszüge der Frage- und Anzeigungsnachrichten. 1722—1821. Frankfurt. 1850. 2 Th.
Heyden, Dr. Ed., Gallerie berühmter und merkwürdiger Frankfurter. 1861. (Ihlee S. 536 u. C. Malss betr. S. 538 ff.)
Becker, Dr. C. Chr., Beiträge zu der Kirchengeschichte der evangelisch-lutherischen Gemeinde zu Frankfurt. 1852. S. 162—166.
Keil, Rob., Frau Rath. Briefwechsel von Catharina Elisabeth Goethe. 1871.
Börne, Ludwig, Werke, insbesondere IV. u. V. Bd.: Dramaturgische Blätter. VI. Bd.: Briefe aus Frankfurt.
Malss, Carl, Volkstheater in Frankfurter Mundart. Frankfurt. 1849. Vorrede.
Hassel, Samuel Friedrich, Die Frankfurter Localstücke. Skizzen aus meinem Schauspielerleben, 1821 bis 1866. Frankfurt. 1867.
(Belli, M.), Christian August Joachim Leissering, ein Lebensbild. Frankfurt. 1853.

Gollmick, Carl, Autobiographie. Nebst einigen Momenten aus der Geschichte des Frankfurter Theaters. 3 Thle. Frankfurt. 1866.
Küstner, C. Th. v., Taschenhandbuch der Theaterstatistik. Berlin. 1855.
Lucā, Dr. Friedrich, Zur Geschichte des Frankfurter Theaters. Culturhistorische Mittheilungen aus der 2. Hälfte des 18. Jahrhunderts nach Quellen bearbeitet, in: Der Reichsadler. II. Jahrg. Frankfurt. 1859, No. 4—11.
Theateralmanache, herausgegeben alljährlich von den Souffleuren des Theaters. 1833—1871.
Die Theaterzettel. Sammlungen derselben in der Stadtbibliothek. Erste von 1741 u. 1742. Zweite von 1790—1812 (beide von Fiebard's Sammlung). Dritte von 1770—1824 (alphabetisch geordnet).
(Wagner, Heinrich Leopold), Briefe. Die Seylerische Schauspielergesellschaft und ihre Vorstellungen zu Frankfurt a. M. Frankfurt, bei Eichenberg. 1777.
(Schmidt, Georg Gottfried,) Schauspielkunde. 2 Quartale. 1799. (Theaterkritiken enthaltend.)
(Rühl, Phil. Jak. und Seyfried, Heinr. Wilh.), Frankfurter Beiträge zur Ausbreitung nützlicher Künste und Wissenschaften. I. Bd. 1780. II. Bd. 1780. III. Bd. 1781.
Sonntagsblatt. Frankfurt. 1802. Chronik des Nationaltheaters.
Auszüge aus Briefen über das Theaterwesen zu Frankfurt a. M. Berlin und Leipzig. 1802.
(Willemer, Fr.), Diverse Streitschriften über Theater. 1802.
Koffka, Dr. Wilh., Iffland und Dalberg. Geschichte der classischen Theaterzeit Mannheims. Nach den Quellen dargestellt. Leipzig. 1865.
(S. 137. Schiller in Frankfurt bei der Aufführung von Cabale und Liebe, April und Mai 1784 mit Iffland und Beil.
S. 129. Rennschüb als Regisseur in Mannheim. 2. Sept. 1783—1792.
S. 545—555. Theaterscandal zwischen Frau Wallenstein und Frau Rennschüb.)
Gleich, Ferd., Aus der Bühnenwelt. Skizzen und Characterbilder. I. Leipzig. 1866. (S. 176. Friedr. Aug. Werdy und dessen Frau, vorher verehelichte Vohs, geb. Port. 1801—1818.)

Berichtigungen.

S. 13 Zeile 5 statt von Heyda lies von Heyden.
, 20 . 10 . obaeratii . obaerati.
, 25 . 30 . ribas . ribus.
, „ . „ . fescrminis . fesceuninis.
, „ . 34 . Fleischbein, v. Kleeberg lies
   Fleischbein von Kleeberg.
, 26 . 23 . enger lies enge.
, „ . 38 . derer . deren.
, 27 . 20 . ertheilt . mitgetheilt.
, 28 . 21 . prächtiges" lies „prächtiges
   Schauspielhaus".
, 39 . 38 . abgesprochen lies abgesprochen.
, 41 . 14 . Bulle lies Bulla.
, 46 . 25 . Den lies Der.
, 49 . 14 . Rathsbeschluss lies Rathschluss.
, 50 . 17 . zuförderst lies zuvörderst.
, 53 . 37 . Gruner . Grüner.
, „ . 39 . Gruner . Grüner.
, 54 . 36 . Bachofen . Bachofen.
, 56 . 22 . 1837—1841 . 1827—1841.

S. 62 Zeile 27 statt Dieselbe lies Dasselbe.
, 63 . 30 . l. J. . d. J.
, 65 . 27 . die . dio.
, 70 . 29 . Vorkömmnisse lies Vorkommnisse.
, 76 . 20 . Prologe lies Epiloge.
, 84 . 14 . Stader . Starcke.
, „ . „ . Bogner . Bognar.
, 84 . 16 . Fr. Haase . und die Herren Fr.
   Haase, A. Müller.
, 84 . 17 . Goldmann lies Herr Goltermann.
, 84 . 33 . wegen . gegen.
, 85 . 28 . Ventatour . Vendatour.
, 96 . 5 . Diese . Die Pension.
, 109 . 27 . Bulle . Bulla.
, 120 . 9 . müssen die in Parenthese gestellten
   Worte: (beide von Fichard's Sammlung)
   am Schlusse des Satzes ohne Parenthese
   stehen und heissen: „beide letztere von
   Fichard's Sammlungen".